prépabac

RÉUSSIR L'EXAMEN

Tle L, ES, S

Philosophie

Stéphane Vial
Docteur en philosophie
Maître de conférences à l'Université de Nîmes

Hatier

Le mot de l'auteur

Pourquoi ce Prépabac ?

Pour vous aider à vous préparer à l'épreuve de Philosophie, tout au long de l'année et lors de la phase de révision finale.

Sur chaque notion du programme, vous sont proposés des **fiches** de synthèse, un quiz pour faire un **bilan** rapide de vos connaissances et des **sujets de type bac corrigés** pas à pas. En tête d'ouvrage, vous trouverez un **aide-mémoire** détachable pour faciliter vos révisions dans la dernière ligne droite.

FICHES **BILAN** **SUJETS CORRIGÉS**

Quel a été mon objectif ?

Au-delà de l'objectif du baccalauréat, ce Prépabac vise à stimuler votre curiosité intellectuelle et éveiller en vous un peu de **ce « plaisir de pensée » qui est au cœur de la pratique philosophique**. Grâce à lui, vous verrez peut-être votre monde et votre vie différemment. C'est ce que je vous souhaite, comme ce fut le cas pour moi lorsque j'étais lycéen.

Et le site annabac.com, quels compléments offre-t-il ?

L'achat de ce Prépabac vous permet de bénéficier d'un **accès** GRATUIT[1] à toutes les **ressources d'annabac.com** : fiches de cours, résumés audio, quiz interactifs, sujets d'annales corrigés...

Pour profiter de cette offre, rendez-vous sur www.annabac.com, dans la rubrique « Vous avez acheté un ouvrage Hatier ? »

[1] selon les conditions précisées sur le site.

 ISBN 978-2-218-99545-3

SOMMAIRE

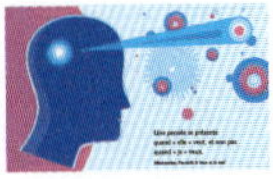

Le sujet

La conscience (L, ES, S)

FICHES

FICHE 1. La conscience : terminologie et citations clés 13
FICHE 2. Conscience empirique, conscience réflexive 14
FICHE 3. Conscience, subjectivité, intentionnalité 15
FICHE 4. Conscience, liberté, responsabilité 16
BILAN 17

SUJET CORRIGÉ

SUJET 1. Explication de texte : Freud, *Totem et Tabou* 18

La perception (L)

FICHES

FICHE 5. La perception : terminologie et citations clés 23
FICHE 6. Qu'est-ce que percevoir ? 24
FICHE 7. Les illusions de la perception 25
FICHE 8. Le problème de Molyneux 26
BILAN 27

SUJET CORRIGÉ

SUJET 2. Dissertation : Puis-je faire confiance à mes sens ? 28

L'inconscient (L, ES, S)

FICHES

FICHE 9. L'inconscient : terminologie et citations clés 32
FICHE 10. De l'inconscient physique à l'inconscient psychique 33
FICHE 11. Le divorce entre psychanalyse et philosophie 34
FICHE 12. Vers une conception psychanalytique du sujet 35

BILAN 36

SUJET CORRIGÉ

SUJET 3. Explication de texte : Freud, « Note sur l'inconscient en psychanalyse » 37

Autrui (L, ES)

FICHES

FICHE 13. Autrui : terminologie et citations clés 41
FICHE 14. De l'intersubjectivité au conflit. Métaphysique de l'autre 42
FICHE 15. Le rôle d'autrui dans la construction de soi 43
FICHE 16. Du mépris au respect d'autrui. Éthique de l'autre 44

BILAN 45

SUJET CORRIGÉ

SUJET 4. Dissertation : Qu'est-ce que comprendre autrui ? 46

Le désir (L, ES, S)

FICHES

FICHE 17. Le désir : terminologie et citations clés........................ 50
FICHE 18. Qu'est-ce que le désir ? 51
FICHE 19. Désir et désastre 52
FICHE 20. Le désir, créateur de la vie et du monde 53

BILAN 54

SUJET CORRIGÉ

SUJET 5. Dissertation : Pourquoi désirer l'impossible ?.................. 55

L'existence et le temps (L)

FICHES

FICHE 21. L'existence et le temps : terminologie et citations clés.......... 59
FICHE 22. Quel est l'être du temps ? 60
FICHE 23. La mort ou la finitude de l'existence 61
FICHE 24. De l'existence à l'existant 62

BILAN 63

SUJET CORRIGÉ

SUJET 6. Explication de texte : Kierkegaard, *Journal*.................... 64

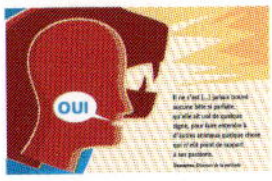

La culture

Le langage (L, ES)

FICHES

FICHE 25. Le langage : terminologie et citations clés 71
FICHE 26. Qu'est-ce que le langage ? 72
FICHE 27. Y a-t-il un langage animal ? 73
FICHE 28. Les faiblesses du langage naturel et les langues formelles 74
BILAN 75
SUJET CORRIGÉ
SUJET 7. Dissertation : Nos paroles traduisent-elles nos pensées ? 76

L'art (L, ES, S)

FICHES

FICHE 29. L'art : terminologie et citations clés 79
FICHE 30. L'art et la beauté : qu'est-ce que le beau ? 80
FICHE 31. L'art et la nature : le problème de l'imitation 81
FICHE 32. L'art et la création : la fabrique de l'œuvre d'art 82
BILAN 83
SUJET CORRIGÉ
SUJET 8. Dissertation : Le beau, est-ce ce qui ne sert à rien ? 84

Le travail et la technique (L, ES, S)

FICHES

FICHE 33. Le travail et la technique : terminologie et citations clés 87
FICHE 34. Le travail commence avec l'outil 88
FICHE 35. La servitude au travail à l'ère industrielle 89
FICHE 36. La valeur créatrice du travail et la peur de la technique 90
BILAN 91
SUJET CORRIGÉ
SUJET 9. Explication de texte : Nietzsche, *Le Gai Savoir* 92

La religion (L, ES, S)

FICHES

FICHE 37. La religion : terminologie et citations clés 96
FICHE 38. Le fait religieux 97
FICHE 39. L'existence de Dieu, la raison et la foi 98
FICHE 40. Les critiques de la religion : Marx, Nietzsche, Freud 99
BILAN 100

SUJET CORRIGÉ

SUJET 10. Explication de texte : Épicure, *Lettres* 101

L'histoire (L, ES)

FICHES

FICHE 41. L'histoire : terminologie et citations clés 105
FICHE 42. Le sens de l'histoire 106
FICHE 43. Le matérialisme historique 107
FICHE 44. L'interprétation de l'histoire 108
FICHE 45. La science historique 109
BILAN 110

SUJET CORRIGÉ

SUJET 11. Dissertation : Faut-il croire les historiens ? 111

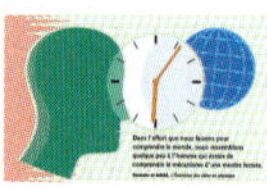

La raison et le réel

Théorie et expérience (L)

FICHES

FICHE 46. Théorie et expérience : terminologie et citations clés 117
FICHE 47. Le problème de l'origine de la connaissance 118
FICHE 48. La méthode scientifique : théorie et expérimentation 119
BILAN 120

SUJET CORRIGÉ

SUJET 12. Explication de texte : Nietzsche, *Le Gai Savoir* 121

La démonstration (L, ES, S)

FICHES

FICHE 49. La démonstration : terminologie et citations clés 126
FICHE 50. La démonstration et les sciences 127
FICHE 51. Démonstration et théorie déductive 128
FICHE 52. La vérité démonstrative 129
BILAN 130

SUJET CORRIGÉ

SUJET 13. Dissertation : Peut-on tout démontrer ? 131

L'interprétation (L, ES)

FICHES

FICHE 53. L'interprétation : terminologie et citations clés 135
FICHE 54. Qu'est-ce qu'interpréter ? Le problème du sens 136
FICHE 55. Du texte au symbole : la voie de l'herméneutique 137
FICHE 56. Le langage des sciences : une interprétation de la nature 138
BILAN 139

SUJET CORRIGÉ

SUJET 14. Explication de texte :
Freud, *L'Interprétation des rêves* 140

Le vivant (L, S)

FICHES

FICHE 57. Le vivant : terminologie et citations clés 145
FICHE 58. Qu'est-ce que le vivant ? 146
FICHE 59. L'évolution du vivant 147
FICHE 60. Finalité et normalité biologiques 148
BILAN 149

SUJET CORRIGÉ

SUJET 15. Explication de texte :
Kant, *Critique de la faculté de juger* 150

La matière et l'esprit (L, ES, S)

FICHES

FICHE 61. La matière et l'esprit : terminologie et citations clés 155
FICHE 62. L'idéalisme platonicien 156
FICHE 63. Matière, corps et atomes 157
FICHE 64. Du sujet pensant au primat de l'esprit 158

BILAN 159

SUJET CORRIGÉ

SUJET 16. Dissertation : La matière suffit-elle à expliquer la nature des choses ? 160

La vérité (L, ES, S)

FICHES

FICHE 65. La vérité : terminologie et citations clés 164
FICHE 66. Qu'est-ce que la vérité ? 165
FICHE 67. Le problème du critère de la vérité 166
FICHE 68. La quête de la vérité en question 167

BILAN 168

SUJET CORRIGÉ

SUJET 17. Dissertation : Peut-on refuser la vérité ? 169

La politique

La société (L, ES, S) et les échanges (ES)

FICHES

FICHE 69. La société et les échanges : terminologie et citations clés 175
FICHE 70. Les origines du lien social 176
FICHE 71. La société, un espace d'échanges et d'antagonismes 177
FICHE 72. Économie des échanges : la valeur et la production 178

BILAN 179

SUJET CORRIGÉ

SUJET 18. Explication de texte : Durkheim, *Les Règles de la méthode sociologique* 180

La justice et le droit (L, ES, S)

FICHES

FICHE 73. La justice et le droit : terminologie et citations clés 185
FICHE 74. Qu'est-ce qu'une loi ? 186
FICHE 75. Limites de la loi 187
FICHE 76. Faire régner la justice 188
BILAN 189

SUJET CORRIGÉ

SUJET 19. Dissertation : Y a-t-il des lois injustes ?...................... 190

L'État (L, ES, S)

FICHES

FICHE 77. L'État : terminologie et citations clés 194
FICHE 78. L'État, sa nature et sa fin 195
FICHE 79. La politique ou l'art de gouverner 196
FICHE 80. L'État, un instrument de domination ?........................ 197
FICHE 81. Une société sans État ?... 198
BILAN 199

SUJET CORRIGÉ

SUJET 20. Explication de texte : Montesquieu, *De l'esprit des lois*......... 200

La morale

La liberté (L, ES, S)

FICHES

FICHE 82. La liberté : terminologie et citations clés 207
FICHE 83. Liberté et volonté 208
FICHE 84. Liberté et nécessité 209

FICHE 85. La liberté politique 210
BILAN 211
SUJET CORRIGÉ
SUJET 21. Explication de texte : Kant, *Réponse à la question : « Qu'est-ce que les lumières ? »* 212

Le devoir (L, ES, S)

FICHES
FICHE 86. Le devoir : terminologie et citations clés 217
FICHE 87. Que dois-je faire ? De la volonté à la loi 218
FICHE 88. Critiques et déconstructions de la morale 219
FICHE 89. De la désobéissance civile à la responsabilité collective 220
BILAN 221
SUJET CORRIGÉ
SUJET 22. Explication de texte : Bergson, *Les Deux Sources de la morale et de la religion* 222

Le bonheur (L, ES, S)

FICHES
FICHE 90. Le bonheur : terminologie et citations clés 226
FICHE 91. Le bonheur ou la sagesse 227
FICHE 92. Le bonheur, entre plaisir et douleur 228
FICHE 93. Le travail psychique du bonheur 229
BILAN 230
SUJET CORRIGÉ
SUJET 23. Dissertation : Peut-on être heureux dans l'illusion ? 231

Repères 235

Boîte à outils 263

Le sujet

Une pensée se présente quand « elle » veut, et non pas quand « je » veux.

Nietzsche, *Par-delà le bien et le mal*

La conscience 13

La perception 23

L'inconscient 32

Autrui 41

Le désir 50

L'existence et le temps 59

Sujet et subjectivité

Du latin *subjectum*, littéralement « ce qui est jeté *(jectum)* dessous *(sub)* », la notion de sujet désigne en général l'unité permanente qui forme le **substrat** ou le **support** d'une activité ou d'une fonction.

Par exemple, en **grammaire**, le sujet est ce qui fait l'action exprimée par le verbe (la fonction qui « porte » la phrase) ; en **droit**, le sujet est la personne juridique qui est responsable de ses actes (l'être humain auquel « sont affectés » des droits et des obligations) ; dans une **monarchie**, le sujet est celui qui est soumis à l'autorité souveraine (celui qui est « placé sous » le pouvoir du roi, dans un rapport de « sujétion »).

Dans la philosophie moderne, c'est-à-dire depuis Descartes, la notion de sujet a pris un sens tout particulier au point que l'on parle de « philosophie du sujet ». Elle désigne l'unité indépendante et permanente qui est chez l'homme le **support de l'activité pensante** au sein de la **conscience** et qui est capable de se prendre pour objet en disant « **je** ». En ce sens, la notion de sujet est synonyme de *subjectivité* et renvoie au registre de l'intériorité. Elle s'oppose à la notion d'objet qui, *a contrario*, désigne toute chose extérieure au sujet et ayant une existence indépendante de lui.

Sujet et **objet** constituent un couple de notions classique en philosophie. Retrouvez-le dans le Repère « Objectif-subjectif » (p. 253).

Cependant, la notion de sujet subit au cours du XXe siècle de profondes transformations. Chez des phénoménologues comme Husserl ou des existentialistes comme Sartre, elle est repensée à l'aune de la problématique de l'**intersubjectivité**, qui accorde une place nouvelle et centrale à **autrui**. Et chez des psychanalystes comme Jacques Lacan ou des philosophes comme Alain Badiou, elle est repensée à partir de la notion d'**inconscient psychique** et devient la notion de **sujet divisé**.

La **phénoménologie** considère les phénomènes tels qu'ils apparaissent à la conscience. Elle est à l'origine de l'**existentialisme** qui envisage le réel sous l'angle de l'existence vécue.

1 La conscience : terminologie et citations clés

I Terminologie

- Du latin *cum* (« avec ») et *scientia* (« savoir, connaissance »), le terme de conscience désigne une propriété particulière que l'être humain a en commun avec les animaux – du moins jusqu'à un certain point – et qui consiste en une sorte de **savoir ajouté**.
- Être conscient, en effet, cela signifie agir, sentir ou penser et, en plus, **savoir que l'on agit, que l'on sent ou que l'on pense**. Par conséquent, la conscience est cette propriété que nous avons de vivre en ayant une connaissance immédiate de ce qui nous arrive.

C'est, par exemple, un tel savoir que nous perdons quand nous disons que nous **« perdons connaissance »** (endormissement, évanouissement).

II Citations

« Par le nom de pensée, je comprends tout ce qui est tellement en nous que nous en sommes immédiatement connaissants.

Descartes, *Méditations métaphysiques*.

Ce que Descartes appelle ici une « **pensée** », nous pourrions aussi l'appeler un **contenu de conscience**.

« L'homme, parce qu'il est esprit, a une double existence : d'une part il existe au même titre que les choses de la nature, mais d'autre part il existe aussi pour soi, il se contemple, se représente à lui-même, se pense et n'est esprit que par cette activité qui constitue un être pour soi.

Hegel, *Esthétique*.

« Le monde n'est pas pour moi autre chose que ce qui existe et vaut pour ma conscience.

Husserl, *Méditations cartésiennes*.

« Le mot intentionnalité n'est rien d'autre que cette particularité foncière et générale qu'a la conscience d'être conscience de quelque chose.

Husserl, *Méditations cartésiennes*.

La conscience est la notion centrale de la **phénoménologie**, dont Edmund **Husserl** est le fondateur.

« Quand nous disons que l'homme est responsable de lui-même, nous ne voulons pas dire que l'homme est responsable de sa stricte individualité, mais qu'il est responsable de tous les hommes.

Sartre, *L'existentialisme est un humanisme*.

« La conscience morale est la perception interne du rejet de certains désirs qui existent en nous.

Freud, *Totem et tabou*.

Le fait d'être conscient implique des **devoirs** et des **responsabilités** et ouvre le champ de la **morale**.

2 Conscience empirique, conscience réflexive

I La conscience empirique

■ La conscience empirique correspond au **niveau minimal de la conscience**. Elle est fondamentalement liée à la **perception**, dont elle produit le résultat, parce que le « savoir » auquel elle donne accès est un savoir issu des cinq sens, donc un **savoir perçu**.

« Tout animal a des idées puisqu'il a des sens », écrit Rousseau dans le *Discours sur l'origine et les fondements de l'inégalité parmi les hommes*.

■ Par exemple, lorsque mon chat mange ses croquettes, non seulement il exécute une action (ingestion) mais il est conscient de cette action par ses perceptions : il **sent** qu'il mange, il en a une forme de **connaissance sensitive**.

■ En ce sens, l'animal a bien une conscience, mais c'est toujours une conscience empirique, c'est-à-dire subordonnée à la **perception immédiate** et à l'**expérience sensible**.

II La conscience réflexive

■ Parce qu'il possède la faculté de penser, l'homme accède à un niveau supérieur de conscience qui lui permet d'avoir une **représentation de lui-même**, comme s'il se réfléchissait dans un miroir. C'est ce qu'on appelle la **conscience réflexive** ou **conscience de soi**, c'est-à-dire la capacité qu'a l'être humain de se prendre lui-même comme objet de conscience par un mouvement de retour sur soi (ipséité).

■ Dans l'*Esthétique*, Hegel écrit à ce propos : « L'homme, parce qu'il est esprit, a une **double existence** : d'une part il existe au même titre que les choses de la nature, mais d'autre part il existe aussi **pour soi**, il se contemple, se représente à lui-même, se pense et n'est esprit que par cette activité qui constitue un être pour soi ».

■ Selon Hegel, en effet, il y a deux modes d'existence : l'en-soi, qui est le mode d'existence des « choses de la nature » (minéraux, plantes, animaux) en tant qu'elles sont soumises à l'immédiateté et dépourvues de conscience de soi ; et le pour-soi, qui est le mode d'être propre à l'homme, en tant qu'il a conscience de lui-même et du monde qui l'entoure.

L'**en-soi**, c'est le mode de l'immédiateté. Le **pour-soi**, c'e le mode de la réflexivité.

3 Conscience, subjectivité, intentionnalité

I Le *cogito* ou la découverte du sujet

▪ En révélant l'évidence et la certitude du « Je suis » dans l'expérience du cogito, Descartes a fondé la **conception moderne du sujet** comme « **substance pensante** », c'est-à-dire comme **conscience**. « Par le nom de pensée, dit-il en effet dans les *Méditations métaphysiques*, je comprends tout ce qui est tellement en nous que nous en sommes immédiatement connaissants ».

Autrement dit, **la pensée est tout ce qui se manifeste à notre conscience**, en délimitant ainsi l'espace de notre **intériorité**.

▪ Or, selon Kant dans la *Critique de la raison pure*, la diversité de mes représentations (ou pensées conscientes) ne peut constituer un **moi unique et identique** qu'à une seule condition : « Le *Je pense* doit pouvoir accompagner toutes mes représentations ». Cela signifie que mes diverses représentations se lient ensemble en une « conscience générale de soi » seulement grâce à l'**unité synthétique** réalisée par le « *Je pense* ». Cette unité synthétique de la conscience, c'est précisément ce qu'on appelle **le sujet**, c'est-à-dire l'unité fondamentale et permanente qui forme le **substrat de l'activité de pensée** ou **substrat de la conscience**, et qui est capable de dire « je ». Husserl l'appelle **ego transcendantal**, c'est-à-dire le **moi pur** en tant qu'il est une condition *a priori* de l'expérience du monde extérieur et qu'il existe avant toute certitude de l'existence même de ce monde.

II L'intentionnalité : sujet et objet de conscience

Dans les *Méditations cartésiennes*, Husserl écrit : « Le mot **intentionnalité** n'est rien d'autre que cette particularité foncière et générale qu'a la conscience d'être conscience de quelque chose, de porter, en sa qualité de *cogito*, son *cogitatum* en elle-même. » Pour Husserl, en effet, **conscience** est synonyme de **cogito** et, en tant que telle, la conscience n'est jamais un « *Je pense* » vide : il y a toujours **quelque chose que je pense** (le ***cogitatum***), c'est-à-dire un objet (de représentation) que la conscience vise comme son intention. Dire que la conscience est **intentionnelle**, cela signifie donc que la conscience existe nécessairement comme conscience d'autre chose qu'elle-même, au sens où il n'y a pas d'état de conscience sans objet. Dès lors, écrit-il, « le monde n'est pas pour moi autre chose que ce qui existe et vaut pour ma conscience », autrement dit **le monde n'a de sens, voire d'existence, que pour un sujet qui en a conscience.**

4 Conscience, liberté, responsabilité

I Conscience et choix : la liberté

C'est parce que notre conscience est dotée de **volonté** que nous sommes **libres**.

■ Depuis le Moyen Âge, la **volonté** ou **libre arbitre** désigne cette propriété qu'a la conscience humaine de se déterminer elle-même **en dehors de toute contrainte extérieure**. Dans la quatrième des *Méditations métaphysiques*, Descartes lui donne le nom de « puissance d'élire », c'est-à-dire la **faculté de choisir**. Ainsi, écrit-il, la volonté « consiste seulement en ce que nous pouvons faire une chose, ou ne la pas faire [...] en telle sorte que nous ne sentons point qu'aucune force extérieure nous y contraigne ».

■ Dans *L'Énergie spirituelle*, Bergson va dans le même sens lorsqu'il écrit : « Conscience est synonyme de choix ». Selon lui, plus je dois **faire un choix** et **prendre une décision**, plus ma conscience est vive et exaltée, tandis que lorsque je n'ai pas besoin de décider ou de choisir, ma conscience s'endort et s'efface au profit d'un comportement mécanique et automatique, ce qui montre bien que la conscience est le critère de la liberté.

II Conscience et choix : la responsabilité

C'est aussi parce que notre conscience est dotée de **volonté** que nous sommes **responsables**.

■ Pour Sartre, la conscience est ce qui me rend responsable, du simple fait qu'elle m'offre le **choix**. Mais il s'agit de **responsabilité universelle**.

■ En effet, quand j'exécute un acte que j'ai choisi dans le but de devenir l'homme que je veux être, je crée en même temps une **image idéale de l'homme** tel que j'estime qu'il devrait être en jugeant bon pour tous ce qui est bon pour moi.

■ Par conséquent, écrit Sartre dans *L'existentialisme est un humanisme*, « quand nous disons que **l'homme est responsable de lui-même**, nous ne voulons pas dire que l'homme est responsable de sa stricte individualité, mais qu'il est responsable de tous les hommes [car] en me choisissant, je choisis l'homme ».

Quiz express

Vérifiez que vous avez bien retenu les points importants de l'**introduction** et des **fiches 1 à 4**.

1 La phénoménologie, c'est :

- ☐ **a.** l'étude des phénomènes, c'est-à-dire des faits constitutifs de l'expérience
- ☐ **b.** l'étude des phénomènes, c'est-à-dire des faits manifestés à la conscience
- ☐ **c.** l'étude des phénomènes, c'est-à-dire des faits pouvant avoir un sens

2 L'intentionnalité de la conscience, c'est :

- ☐ **a.** l'impossibilité d'être conscient sans être conscient de quelque chose
- ☐ **b.** la faculté d'être conscient de quelque chose de manière volontaire
- ☐ **c.** la faculté de penser et d'agir selon sa volonté consciente

3 Qui a écrit : « Le monde n'est pas pour moi autre chose que ce qui existe et vaut pour ma conscience » ?

- ☐ **a.** Husserl
- ☐ **b.** Descartes
- ☐ **c.** Sartre

4 La capacité à se penser soi-même ou à penser à soi relève de la conscience :

- ☐ **a.** empirique
- ☐ **b.** intentionnelle
- ☐ **c.** réflexive

5 L'expérience sensible immédiate est une forme de conscience :

- ☐ **a.** vrai
- ☐ **b.** faux

6 La volonté s'oppose :

- ☐ **a.** au libre arbitre
- ☐ **b.** à la contrainte
- ☐ **c.** à la liberté
- ☐ **d.** au choix

7 Pour Sartre, chaque homme est :

- ☐ **a.** potentiellement responsable de l'humanité entière
- ☐ **b.** uniquement responsable de lui-même et de ses choix

RÉPONSES

1. b • 2. a • 3. a • 4. c • 5. a • 6. b • 7. a

SUJET 1 | Freud, *Totem et Tabou*

EXPLICATION DE TEXTE

Expliquez le texte suivant.

« Si nous ne faisons pas erreur, la compréhension du tabou projette aussi une certaine lumière sur la nature et la genèse de la *conscience morale*. On peut parler, sans élargir les notions, d'une conscience morale taboue et d'une conscience de la faute taboue consécutive à une transgression du tabou. La conscience morale taboue est sans doute la forme la plus ancienne sous laquelle se présente à nous le phénomène de la conscience morale.

Qu'est-ce, en effet, que la conscience morale ? Selon le témoignage de la langue, elle fait partie de ce qu'on sait le plus sûrement ; dans certaines langues sa dénomination ne diffère guère de celle de la conscience en général.

La conscience morale est la perception interne du rejet de certains désirs qui existent en nous, le plus important étant que ce rejet n'a pas besoin de s'appuyer sur quelque chose d'autre, qu'il est sûr de lui. Cela est encore plus net dans le cas de la conscience de la faute, de la perception de la condamnation intérieure qui frappe les actes par lesquels nous avons accompli certains désirs. Une justification paraît superflue. Quiconque a une conscience doit ressentir en lui le bien-fondé de la condamnation, le reproche dont l'action accomplie est l'objet. Or le comportement des sauvages vis-à-vis du tabou présente le même caractère ; le tabou est un commandement de la conscience morale, sa violation provoque un épouvantable sentiment de culpabilité aussi naturel qu'inconnu pour ce qui est de son origine.

Sigmund Freud, *Totem et tabou*, traduction M. Weber, Éditions Gallimard, coll. « Connaissance de l'inconscient », 1993, p. 174-175.

DÉMARRONS ENSEMBLE

- Repérez les notions majeures : les deux notions centrales du texte sont la **conscience morale** et le **tabou**. Analysez le type de relation que Freud établit entre elles : il les **compare** et leur trouve un point commun. Il établit donc une **analogie**.
- La notion de tabou ne figure pas au programme, cherchez à en donner une **définition**. Un tabou est une personne, un animal ou une chose qu'il n'est pas permis de toucher pour des raisons liées au **sacré**. Par extension, on entend par là toute interdiction de caractère sacré et, plus largement, tout interdit collectivement admis.

- Demandez-vous quelle est la **finalité du texte** : s'agit-il de définir la conscience morale ou bien de comparer le phénomène tabou à cette dernière ? Si vous pensez que les deux aspects sont en jeu, vous devez montrer comment ils se lient et s'organisent entre eux sur le plan **logique**. Lequel est le plus important ?

CORRIGÉ

CORRIGÉ RÉDIGÉ

POINT MÉTHODE

Interpréter un texte

- L'explication de texte exige que vous jouiez le rôle d'un **interprète** fidèle et objectif, chargé de construire une interprétation personnelle et raisonnée d'un texte philosophique. Cela nécessite d'**analyser** et d'**élucider** le texte (étude linéaire), mais aussi de le **juger** et de le **discuter** (discussion critique).
- Être l'interprète de l'auteur implique de vous identifier à lui, en épousant (ou en faisant semblant d'épouser) ses idées afin de mieux les restituer. Lorsque vous expliquez un texte de Descartes, vous devez raisonner en cartésien ; lorsque vous expliquez un texte de Nietzsche, vous devez raisonner en nietzschéen. Il faut pouvoir non seulement **expliquer ce que dit l'auteur**, mais aussi ajouter ce qu'il ne dit pas ou ce à quoi il n'a pas pensé qui permettrait de renforcer son propos. Interpréter un texte, c'est aussi le **défendre**.
- Votre tâche principale est de **reformuler** le texte, c'est-à-dire l'énoncer avec d'autres mots, sans changer le sens de ce que vous reformulez. Sentez-vous libre de modifier la syntaxe de l'auteur, sinon vous tomberez dans le travers de la paraphrase, même déguisée. Il faut parvenir à dire la même chose que le texte tout en le disant autrement.

[Le corrigé suivant est présenté sous forme de plan détaillé. Les titres en gras ne doivent en aucun cas figurer dans votre copie.]

[INTRODUCTION]

- Il y a des actes qui provoquent en nous un sentiment de faute et de culpabilité, que nous condamnons intérieurement sans avoir besoin pour cela d'une quelconque raison ou justification : cela correspond selon Freud au « phénomène de la conscience morale ». Qu'est-ce donc que la conscience morale ? Aux yeux du créateur de la psychanalyse, la conscience morale présente de profondes analogies avec le tabou des peuples primitifs et se définit comme « la perception interne du rejet de certains désirs qui existent en nous » (l. 10-11).

Pour le montrer, Freud procède en trois temps : d'abord, il forme l'hypothèse d'une analogie entre le tabou et la conscience morale (l. 1 à 6). Ensuite, il définit la **conscience morale** dans les termes que nous venons d'indiquer et en explique le fonctionnement (l. 7 à 17). Enfin, il confirme l'hypothèse initiale en affirmant sa thèse finale : « le tabou est un commandement de la conscience morale » (l. 17 à 20).

Commencez par introduire la **thématique** du texte. Amene ensuite la **problématique** sous forme de questions. Puis, annoncez de manière claire et précise le **plan** du texte.

I Étude linéaire

Première partie

Dès les premières lignes du texte, Freud annonce qu'il va procéder à une analogie entre la **conscience morale** et le **tabou**, mot polynésien qui signifie « interdit » et qui désigne l'ensemble des interdictions et des restrictions auxquelles se soumettent les peuples dits « primitifs ».

Cette analogie est double : de même qu'il y a une conscience morale, il y aurait une « conscience morale taboue » ; et de même que la transgression des interdits engendre une conscience de la faute, la transgression du tabou engendre une « **conscience de la faute** taboue ». En ce sens, le tabou serait l'ancêtre (« la forme la plus ancienne », l. 5) de la conscience morale occidentale.

Deuxième partie

Afin de démontrer la vérité de cette analogie, Freud procède ensuite à la définition et à l'examen minutieux du « phénomène de la conscience morale ». Cette volonté d'approfondissement est d'ailleurs soulignée par le connecteur logique « en effet » (l. 7).

Vous pouvez vous appuyer su les **connecteurs logiques** pour analyser le texte Mais n'en abuse pas, ils ne sont pas toujours significatifs.

Selon lui, la conscience morale est la « perception interne » d'un « **rejet** », c'est-à-dire un état particulier de la conscience ayant pour objet un affect ou une représentation (donc un élément « interne » à la vie psychique) qui provoque immédiatement et machinalement un sentiment de **refus** (« rejet »).

Ainsi, lorsque notre conscience morale se manifeste, c'est pour **rejeter**, **refuser**, **repousser** un sentiment ou une idée (quelque chose que nous percevons intérieurement) qui nous dérange ou nous perturbe, voire nous écœure ou nous dégoûte.

Selon Freud, ce sentiment de rejet est toujours lié à un désir « qui existe en nous » (l. 11), ce par quoi il faut entendre un désir inconscient. Ce dont nous avons conscience, en effet, n'est pas le désir en lui-même, mais le **rejet de ce désir**.

Un texte de Freu sur la conscienc ne peut manque de vous amener à parler d'une **notion connex** comme l'**incons cient**.

Troisième partie

Toutefois, ce n'est pas cela « le plus important » (l. 11) dans le mécanisme de la conscience morale. Ce qui fait vraiment le propre de la conscience morale aux yeux de Freud, c'est l'**ignorance** dans laquelle elle est de l'origine et des fondements du sentiment de rejet.

En effet, celui-ci ne se fonde pas sur une motivation consciente qui le rendrait nécessaire et légitime (« il n'a pas besoin de s'appuyer sur quelque chose d'autre », l. 11-12). Ce rejet « est sûr de lui-même », c'est-à-dire **s'impose de lui-même**, sans aucun recours à une justification externe. Dans le cas de la conscience de la faute, qui n'est qu'une forme particulière de la conscience morale, cette absence de justification est encore plus flagrante : un acte interdit est commis sous l'impulsion d'un **désir inconscient**, puis la conscience morale se manifeste à travers le sentiment d'avoir commis une faute et la nécessité de condamner cette faute mais sans avoir besoin pour cela de trouver une raison (« une justification paraît superflue », l. 15) : la condamnation apparaît paradoxalement **justifiée sans justification**.

Quatrième partie

Dès lors, l'analogie annoncée au début du texte entre le tabou des peuples primitifs (les « sauvages », l. 17) et la conscience morale des peuples civilisés se trouve confirmée et définitivement révélée.

Comme dans la conscience morale de la faute, la transgression du tabou, c'est-à-dire de l'interdit, provoque un sentiment de culpabilité (la faute) qui semble « naturel », c'est-à-dire spontané, involontaire et inéluctable, en même temps qu'« inconnu », c'est-à-dire infondé consciemment ou ignorant de sa propre origine.

> On reconnaît là encore, à travers le terme « **inconnu** », la **notion d'inconscient**, à laquelle il conviendrait de recourir ici pour mieux expliquer le propos.

II Discussion critique

En comparant la morale des peuples dits « sauvages » avec celle des peuples dits « civilisés » (les Occidentaux), Freud est sans doute l'un des premiers scientifiques à avoir établi qu'il y avait entre eux et « nous » plus de convergences que de différences. Ainsi, écrit-il dans un autre passage de *Totem et tabou* : « Le tabou des sauvages de Polynésie n'est malgré tout pas aussi loin de nous que nous voulions le croire pour commencer ». Et pour cause : les **interdictions** de la morale auxquelles nous obéissons en Occident sont apparentées dans leur essence à ce « tabou primitif ». Par conséquent, l'élucidation du tabou revient à élucider l'origine historique de notre conscience morale. La force du texte de Freud est donc de proposer une généalogie de la (conscience) morale. Celle-ci permet de montrer que, comme le tabou, la conscience morale naît d'une **ambivalence des sentiments** : « Là où il y a une interdiction, doit se cacher un désir », écrit-il dans un autre passage de *Totem et tabou*. En ce sens, les actions qui donnent lieu à des interdictions sont toujours celles pour lesquelles il existe un fort désir dans l'inconscient : la conscience morale témoigne donc du **refoulement de certains désirs**.

La comparaison que fait Freud entre la vie psychique des sauvages et celle des Occidentaux se fonde toutefois sur un postulat évolutionniste issu de l'ethnologie de son époque, qui n'est plus recevable aujourd'hui. En effet, on ne peut plus considérer de nos jours que la culture des « sauvages » (que l'on n'appelle plus ainsi) représente, comme l'écrit Freud au début de *Totem et tabou*, un « stade préliminaire bien conservé de notre propre évolution » car ce serait faire preuve de cet ethnocentrisme faussement évolutionniste que dénonce Claude Lévi-Strauss dans *Race et histoire*, et qui consiste à dénier la « diversité des cultures » humaines en considérant les différents états où elles se trouvent comme les stades d'un développement unique. Une telle idée est en effet ethnocentrique car elle fait du type de société auquel on appartient un modèle de référence pour juger des autres sociétés.

On peut se permettre de **souligner les limites d'un texte** quand on a de solides argumen[ts] et références po[ur] le faire. Dans ce cas-là, on se doi[t] même de le faire[.] Mais en gardant toujours le sens de la mesure.

[CONCLUSION]

La conscience morale, souvent rattachée à l'héritage chrétien, n'est pas l'apanage de la culture occidentale. Le tabou des cultures traditionnelles est en tout point semblable à la conscience morale telle que l'Occident la connaît en ceci qu'il repose sur un sentiment de faute et de culpabilité, lié au rejet de certains désirs inconscients.

Par conséquent, ce texte montre que le phénomène de la conscience morale est aussi universel que celui de l'inconscient.

5 La perception : terminologie et citations clés

I Terminologie

- Du latin *perceptio* (« action de recueillir », qui dérive de *per*, « par, à travers », et *capio*, « prendre, saisir »), la perception désigne d'une part l'acte de recevoir ou de saisir au moyen des **sens**, et d'autre part l'acte de se représenter ces sensations dans la **conscience**.

- La perception peut ainsi s'entendre comme une simple sensation (« je perçois le bleu du ciel ») ou bien comme un acte de conscience (« je perçois votre émotion »).

Leibniz fait comprendre ces deux aspects en distinguant la **perception** de l'**aperception**.

II Citations

« Le sens est la faculté apte à recevoir les formes sensibles sans la matière, de même que la cire reçoit l'empreinte déterminée de l'anneau sans le fer ni l'or.

Aristote, *De l'âme.*

Ce qu'Aristote appelle ici « le sens », c'est la **sensation** (comme lorsqu'on dit « les cinq sens »).

« La perception est déjà une fonction d'entendement.

Alain, *Éléments de philosophie.*

« La perception est la conscience empirique, c'est-à-dire une conscience dans laquelle se trouve en même temps la sensation.

Kant, *Critique de la raison pure.*

« Tout ce que j'ai reçu jusqu'à présent pour le plus vrai et assuré, je l'ai appris des sens, ou par les sens : or j'ai quelquefois éprouvé que ces sens étaient trompeurs.

Descartes, *Méditations métaphysiques.*

« Il n'y a rien dans l'esprit qui n'ait d'abord été dans les sens.

Locke, *Essai sur l'entendement humain.*

« Rien n'est dans l'esprit qui n'ait été auparavant dans les sens, si ce n'est l'esprit lui-même.

Leibniz, *Nouveaux Esais sur l'entendement humain.*

Les philosophes classiques appellent **expérience sensible** tout ce que nous éprouvons par le moyen des **sens**, c'est-à-dire de nos **sensations**.

6 Qu'est-ce que percevoir ?

I Percevoir, c'est sentir

La perception est une faculté propre aux animaux et aux êtres humains, qui se confond d'abord avec la **sensation**. Dans son traité *De l'âme*, Aristote définit la sensation comme « la faculté apte à recevoir les formes sensibles sans la matière, de même que la cire reçoit l'empreinte déterminée de l'anneau sans le fer ni l'or ». Autrement dit, percevoir, c'est recevoir les qualités sensibles d'un objet au moyen des organes sensoriels.

La distinction entre **matière** et **forme** est un classique incontournable. Voir le Repère « Formel-Matériel » (p. 246.)

II Percevoir, c'est interpréter des sensations

- Dans la deuxième des *Méditations métaphysiques*, Descartes s'interroge sur la nature des choses corporelles et prend l'exemple d'un **morceau de cire** que l'on fait fondre auprès du feu et dont les qualités sensibles se mettent à changer (il se réchauffe, il devient liquide, etc.). Malgré ces transformations, c'est bien la même cire que l'on perçoit.
- Par conséquent, nous dit Descartes, « sa perception [...] n'est point une vision, ni un attouchement, ni une imagination, [...] mais seulement une **inspection de l'esprit** ». Autrement dit, seul notre jugement nous permet d'identifier que c'est la même cire, ce qui montre, comme le dit Alain dans ses *Éléments de philosophie*, que « la perception est déjà une fonction d'entendement ».

L'**entendement** est la faculté de comprendre, parfois simplement appelée « intellect » ou « esprit ».

III Matière et forme de la perception

Dans la *Critique de la raison pure*, Kant montre que « la perception est la conscience empirique, c'est-à-dire une conscience dans laquelle se trouve en même temps la sensation ». Autrement dit, la perception est bien la **sensation**, mais avec la **conscience de la sensation**. Toutefois, pour Kant, la sensation est seulement la matière de la perception. En effet, « notre mode de percevoir » est constitué de deux formes pures *a priori* : l'espace et le temps. Kant veut dire qu'espace et temps sont les conditions de possibilité de toutes nos sensations, c'est-à-dire que nous ne pouvons pas percevoir les objets de l'expérience autrement que **dans l'espace et dans le temps**. C'est pourquoi Kant appelle « phénomènes » les réalités matérielles que nous percevons, en tant qu'elles apparaissent (*phainô*) à la conscience dans les conditions ainsi fixées de la perception.

7 Les illusions de la perception

I Les sens sont trompeurs

■ Dans la première des *Méditations métaphysiques*, Descartes écrit : « Tout ce que j'ai reçu jusqu'à présent pour le plus vrai et assuré, je l'ai appris des sens, ou par les sens : or j'ai quelquefois éprouvé que ces sens étaient trompeurs. »

■ Dans la *Sixième Méditation*, il donne alors un exemple célèbre de ces tromperies et illusions des sens : « J'ai observé plusieurs fois que des tours, qui de loin m'avaient semblé rondes, me paraissaient de près être carrées, et que des colosses, élevés sur les plus hauts sommets de ces tours, me paraissaient de petites statues à les regarder d'en bas. »

■ Autrement dit, tous les **mirages** et autres **illusions** d'optique qui sont produits par l'**imagination** sont autant de preuves que les sens sont trompeurs et, par conséquent, que nos perceptions ne sont pas fiables.

La **méfiance envers les sens** est l'une des raisons sur lesquelles Descartes s'appuie pour fonder l'attitude du doute méthodique et radical qui le conduit à la découverte du *cogito*. Voir la fiche 3, p. 15.

II L'exemple de l'hallucination

■ En psychiatrie, la perception est définie comme la fonction par laquelle l'esprit se représente les objets à partir des données sensorielles. Lorsqu'elle vient à dysfonctionner, il s'ensuit une série de troubles dont le phénomène le plus spectaculaire est celui des **hallucinations**.

■ En effet, contrairement à l'**illusion sensorielle** comme l'illusion d'optique, qui est la perception déformée d'un objet réel, l'**hallucination** correspond plutôt à la perception réelle d'un objet irréel ou inexistant, c'est-à-dire une perception sans objet à percevoir, mais que le sujet ressent effectivement comme si elle était vraie. On les rencontre principalement dans les psychoses délirantes, par exemple sous la forme d'hallucinations auditives (le sujet entend des voix).

8 Le problème de Molyneux

I Nos perceptions peuvent-elles se contredire ?

En 1688, le savant irlandais Molyneux soumet dans une lettre à son ami Locke un épineux problème qui va partager pendant deux siècles les philosophes : on suppose un **aveugle-né** qui a appris à distinguer entre un **cube** et un **globe** uniquement par **le toucher**, et on suppose qu'il recouvre **la vue**. Le cube et le globe étant posés sur une table devant ses yeux, pourra-t-il les discerner sans les toucher et dire quel est le globe et quel est le cube ?

II La réponse empiriste de Locke

- Dans son *Essai sur l'entendement humain,* Locke défend l'idée que « cet aveugle ne serait point capable, à la première vue, de dire avec certitude, quel serait le globe et quel serait le cube » car « il ne sait pas encore que ce qui affecte son attouchement de telle ou telle manière, doive frapper ses yeux de telle ou telle manière ».
- Autrement dit, il n'y a **pas de rapport direct et essentiel** entre la perception visuelle et la perception tactile, et **seule l'expérience de toucher et de voir en même temps** ces deux objets géométriques permet de les différencier.
- Pour Locke, cela confirme le principe fondamental de l'empirisme, à savoir que **toutes nos connaissances dérivent de l'expérience** et qu'il n'y a rien dans l'esprit qui n'ait été auparavant dans les sens.

> L'**empirisme** et le **rationalisme**, respectivement représentés ici par l'Anglais Locke et l'Allemand Leibniz, sont deux courants majeurs de la philosophie classique.

III La réponse rationaliste de Leibniz

- Dans les *Nouveaux Essais sur l'entendement humain,* où il s'oppose à Locke, Leibniz affirme que, puisqu'il s'agit seulement de distinguer entre le cube et le globe et rien de plus, « l'aveugle qui vient de cesser de l'être les peut discerner **par les principes de la raison**, joints à ce que l'attouchement lui a fourni auparavant de connaissance sensuelle ».
- Autrement dit, s'appuyant à la fois sur les notions géométriques acquises au moyen de la perception tactile et sur les données nouvelles de la perception visuelle, la **capacité de raisonner** parvient à faire la différence entre les deux.
- Cela confirme le principe rationaliste que Leibniz oppose à Locke : « Rien n'est dans l'esprit qui n'ait été auparavant dans les sens, **si ce n'est l'esprit lui-même.** »

Quiz express

Vérifiez que vous avez bien retenu les points importants des **fiches 5 à 8**.

1 Perception et sensation :

- ☐ **a.** sont synonymes lorsqu'on se réfère à la conscience empirique
- ☐ **b.** désignent deux aspects très différents de la conscience humaine

2 Pour Kant, la « forme » de la perception désigne :

- ☐ **a.** les qualités sensibles de l'objet à percevoir, indépendamment de sa matière
- ☐ **b.** les conditions spatiotemporelles inhérentes à l'acte de percevoir

3 L'illusion perceptive est :

- ☐ **a.** une perception déformée d'un objet réel
- ☐ **b.** une perception réelle d'un objet déformé
- ☐ **c.** une perception inexistante d'un objet réel
- ☐ **d.** une perception réelle d'un objet inexistant

4 Qui a écrit : « La perception est déjà une fonction d'entendement » ?

- ☐ **a.** Alain
- ☐ **b.** Descartes
- ☐ **c.** Locke
- ☐ **d.** Leibniz
- ☐ **e.** Kant

5 L'empirisme considère que :

- ☐ **a.** l'esprit humain seul peut traduire n'importe quelle information visuelle en information tactile, et n'importe quelle information tactile en information visuelle
- ☐ **b.** l'esprit humain seul peut traduire une information visuelle en information tactile, mais pas l'inverse
- ☐ **c.** l'esprit humain seul ne peut pas traduire une information visuelle en information tactile, mais peut l'inverse
- ☐ **d.** l'esprit humain seul ne peut traduire aucune information visuelle en information tactile

RÉPONSES

1. a • **2.** b • **3.** a • **4.** a • **5.** d

SUJET 2 | Puis-je faire confiance à mes sens ?

DISSERTATION

DÉMARRONS ENSEMBLE

- Lorsqu'aucune notion officielle du programme n'est explicitement nommée dans le sujet, vous devez chercher laquelle est concernée. Ici, l'expression « mes sens » fait référence de manière évidente à la notion de **sensation**. C'est donc la **perception** qui est visée en premier lieu.
- Toutefois, vous ne devez pas vous fier seulement aux termes explicites du sujet. Ici, l'élaboration de la problématique montre qu'une autre notion importante est en jeu : la notion de « **connaissance** » (elle relève du groupe de notions « La raison et le réel » dans le programme).
- Prêtez attention à la formule « Puis-je », que l'on retrouve dans d'autres sujets sous la forme « Peut-on ». Il faut toujours l'entendre en deux sens : la **capacité effective** et l'**autorisation normative**. « Puis-je faire confiance à mes sens ? » est avant tout un sujet qui demande : « Dois-je faire confiance à mes sens ? ».

CORRIGÉ

CORRIGÉ RÉDIGÉ

POINT MÉTHODE

Mener l'enquête d'une dissertation

- Faire une dissertation de philosophie, c'est comme mener une **enquête intellectuelle**. Cela implique de mobiliser en soi le **sujet rationnel**, c'est-à-dire la capacité à se défaire de tout préjugé et de toute croyance, à se détacher de toute appartenance à une idéologie, une religion ou une doctrine particulières. Le but est de relever le défi de penser par soi-même en se haussant à ce niveau d'universalité où chaque point de vue peut devenir accessible aux raisons d'un autre point de vue.
- C'est un peu comme dans une enquête de police. Face à une infraction (*un sujet qui pose problème*), vous êtes chargé de résoudre l'affaire (*traiter le sujet*). Votre tâche est d'abord de recueillir les informations nécessaires (*analyse du sujet*) afin de formuler le problème à résoudre (*problématique*). Puis vous devez mener une recherche approfondie et minutieuse (*développement du devoir*) : la recherche des indices (*idées personnelles et questions de cours*) et des témoins (*auteurs pertinents*) doit vous fournir des preuves (*arguments*) permettant de présenter et soutenir des hypothèses (*les grandes parties du devoir*).

[Le corrigé suivant est présenté sous forme de plan détaillé. Les titres en gras ne doivent en aucun cas figurer dans votre copie.]

[INTRODUCTION]

■ On dit souvent que « l'on ne croit que ce que l'on voit » et on invoque les perceptions de nos sens comme des évidences incontestables et objectives auxquelles on ne peut que se fier, comme si ne pas croire à ses sens revenait finalement à avoir perdu le (bon) sens. Ainsi, au début de la tragédie d'*Hamlet* de Shakespeare, lorsque Bernardo et Marcellus veulent convaincre Horatio qu'ils ont vu apparaître le fantôme du roi, Horatio leur répond : « Devant Dieu, je ne pourrais le croire, sans la sensible et exacte garantie de mes propres yeux ».

Pour amener le sujet, on peut se servir d'une **référence**. Dans ce cas, il est préférable de recourir à une référence artistique, littéraire, scientifique, historique, etc., afin de conserver les références proprement philosophiques pour le développement.

■ Pourtant, on sait d'expérience que nos sens peuvent aussi nous trahir et nous tromper, comme il arrive lorsque l'on aurait juré avoir entendu un bruit ou aperçu une ombre dans le brouillard, et les philosophes ont souvent montré que les sens étaient à l'origine d'illusions et de mirages qui s'opposent à toute connaissance fiable et rigoureuse.

■ Dès lors, se demander si l'on peut faire confiance à ses sens, c'est avant tout s'interroger sur la **fiabilité** et la **valeur** des sens dans l'entreprise de la connaissance. En quoi devons-nous nous méfier de nos sens pour connaître ? Ne sommes-nous pas contraints de nous en remettre à eux, pour connaître comme pour agir, s'il est vrai que l'on ne peut pas s'en passer ? Dans quelles conditions nos sens peuvent-ils devenir, finalement, un moyen de connaissance authentique du monde ?

C'est bien la notion de **connaissance** qui est l'enjeu du sujet.

I Les sens sont source d'erreur et de fausseté : il faut s'en méfier

1. Les sens sont trompeurs là où la raison permet d'atteindre la vérité

Quand on n'a point « d'autre dessein que de vaquer à la recherche de la vérité », les sens sont les premières choses dont on doit douter. Dans la première des *Méditations métaphysiques*, Descartes écrit : « J'ai quelquefois éprouvé que ces sens étaient trompeurs, et il est de la prudence de ne se fier jamais entièrement à ceux qui nous ont une fois trompés. » En cela, **les sens s'opposent à la raison**, qui est définie, dans le *Discours de la méthode*, comme « la puissance de bien juger et de distinguer le vrai d'avec le faux ».

Il est habile de commencer la première partie par une idée déjà bien éprouvée par les philosophes classiques, comme ici l'idée que les sens sont **trompeurs**.

2. La sensation ne fournit aucune connaissance

Dans les *Seconds Analytiques*, Aristote est le premier à montrer qu'« il n'est pas possible d'acquérir par la sensation une connaissance scientifique », car la sensation porte sur des objets particuliers et déterminés dans le temps et l'espace, alors que la science porte sur des **notions générales et universelles** qui s'appliquent à tous les cas possibles : « Puisque donc les démonstrations sont universelles et que les notions universelles ne peuvent être perçues, il est clair qu'il n'y a pas de science par la sensation. »

II Pour connaître comme pour agir, on ne peut pas se passer des sens

1. Les sens sont indispensables à la vie pratique

Quoi qu'il critique la fiabilité des impressions sensibles pour celui qui veut connaître, Descartes accorde toutefois aux sens un rôle essentiel pour celui qui veut agir : dans la *Dioptrique*, il écrit que « toute la conduite de notre vie dépend de nos sens ». En effet, si nous étions privés de nos sens, nous serions incapables de diriger notre vie et peut-être même incapables de rester vivants.

Ici, il est moins question de « confiance » dans les sens que du **besoin** que nous avons d'eux. Il vous appartient, dans l'argumentation pleinement rédigée, de démontrer que la question du besoin est liée à celle de la confiance puisque **l'on ne peut pas éviter de se fier** à nos sens.

2. Toute connaissance dérive de l'expérience sensible

Dans l'*Essai sur l'entendement humain*, Locke écrit : « Au commencement, l'âme est ce qu'on appelle une table rase, vide de tous caractères, sans aucune idée quelle qu'elle soit. Comment vient-elle à recevoir des idées ? [...] À cela je réponds, en un mot, de l'expérience : c'est là le fondement de toutes nos connaissances, et c'est de là qu'elles tirent leur première origine. » Du point de vue empiriste, toutes nos connaissances dérivent donc de nos sens.

III Les sens : un moyen de connaissance authentique du monde

1. La perception est une « connaissance originaire »

Contrairement aux **perceptions secondes**, qui résultent du souvenir de perceptions précédentes et qui sont seulement « à la surface de l'être », la perception originaire est, selon Merleau-Ponty, celle qui nous fait accéder à « l'aspect instantané du monde » en nous faisant connaître chaque objet « avec le seul souci de le voir exister et déployer devant [nous] ses richesses ». Dans ce cas, « chaque perception [...] recommence pour son compte la naissance de l'intelligence et a quelque chose d'une invention géniale » (Merleau-Ponty, *Phénoménologie de la perception*).

La troisième partie choisit volontairement de prendre le contre-pied de l'attitude classique qui a tendance à opposer la sensation à la connaissance.

2. La poésie, ou l'apprentissage du monde par l'exploration des sens

Dans une lettre à Georges Izambard, Rimbaud écrit : « Je veux être poète, et je travaille à me rendre Voyant [...]. Il s'agit d'arriver à l'inconnu par le dérèglement de tous les sens. » L'exploration de toutes les jouissances et de toutes les souffrances sensorielles fait alors du poète *voyant* un savant.

[CONCLUSION]

Réputés « trompeurs », les sens ont toujours fait l'objet de méfiance et de suspicion, les philosophes invitant à s'en détourner. Pourtant, non seulement la sensation est une condition fondamentale de l'expérience du monde mais elle peut même être un moyen d'être au monde et d'accéder à sa vérité.

9 L'inconscient : terminologie et citations clés

I Terminologie

En 1922, Freud définit la **psychanalyse** comme :
1. un **procédé d'investigation** des processus psychiques inconscients ;
2. une **méthode de traitement** des troubles psychiques ;
3. une **théorie scientifique** produisant de nouvelles connaissances sur l'homme.

- Formé à partir du mot « conscience », et employé pour la première fois en français au cours du XIXe siècle, le terme **inconscient** a dans la langue courante un double sens. Au sens psychologique, il qualifie ce qui est **privé de conscience** (comme l'état de sommeil) ou ce qui ne fait pas l'objet d'une perception consciente (comme les gestes accomplis machinalement). Au sens moral, il qualifie un comportement **irréfléchi**, dans lequel le sujet ne se rend pas compte du sens de ses actes ou de ses paroles.
- En philosophie, le terme **inconscient** est surtout un emprunt fait à la psychanalyse de Sigmund Freud. Il désigne l'ensemble des contenus mentaux non présents dans le champ actuel de la conscience en tant qu'ils s'intègrent dans des instances organisatrices de la vie psychique elle-même, situées **au-delà de la conscience**. La psychanalyse est la science de l'inconscient.

II Citations

« Il y a à tout moment une infinité de perceptions en nous, mais sans aperception et sans réflexion.

Leibniz, *Nouveaux Essais sur l'entendement humain.*

« Le psychique en toi ne coïncide pas avec ce dont tu es conscient ; ce sont deux choses différentes, que quelque chose se passe dans ton âme, et que tu en sois par ailleurs informé.

Freud, *Une difficulté de la psychanalyse.*

« Il n'y a point de pensées en nous sinon par l'unique sujet, Je. […] il ne faut point se dire qu'en rêvant on se met à penser. Il faut savoir que la pensée est volontaire.

Alain, *Éléments de philosophie.*

« Une pensée se présente quand "elle" veut, et non pas quand "je" veux ; de sorte que c'est falsifier la réalité que de dire : le sujet "je" est la condition du prédicat "pense".

Nietzsche, *Par-delà le bien et le mal.*

« Le moi n'est pas maître dans sa propre maison.

Freud, *Une difficulté de la psychanalyse.*

« Le Moi n'est toujours que la moitié du sujet.

Lacan, *Écrits.*

10 De l'inconscient physique à l'inconscient psychique

I L'inconscient physique de Leibniz

Dans les *Nouveaux Essais sur l'entendement humain*, Leibniz soutient l'idée qu'« il y a à tout moment une infinité de perceptions en nous, mais sans aperception et sans réflexion ». L'**aperception**, comme il l'écrit dans les *Principes de la nature et de la grâce*, est la « conscience ou connaissance réflexive de l'état intérieur » et se distingue de la simple **perception**, qui se confond avec la sensation.

Dès lors, écrit-il dans la *Monadologie*, il existe des « perceptions dont on ne s'aperçoit pas », parce qu'elles sont généralement trop petites, mais dont l'effet se fait sentir par leur assemblage. Par exemple, « le mugissement ou bruit de la mer » se fait entendre parce que nous entendons la somme des bruits de chaque vague ; ou encore, pendant que nous dormons, nous percevons quantité de petits bruits qui, par accumulation, finissent par nous réveiller. On peut appeler inconscient physique l'ensemble de ces petites perceptions qui échappent à la conscience.

L'**inconscient physique** de Leibniz correspond à l'ensemble des sensations qui ne parviennent pas à notre conscience.

II L'inconscient psychique de Freud

Inventée par **Freud** à la fin des années 1890, à partir de ses études sur l'**hystérie** et de son **auto-analyse**, la psychanalyse est à la fois une pratique et une théorie.

En tant que **pratique**, la psychanalyse désigne « une certaine méthode de traitement des souffrances névrotiques », écrit Freud, grâce au cadre clinique de la **cure psychanalytique** ou « cure par la parole », qu'on appelle aussi couramment l'analyse.

On parle d'« **analyse** » car, comme l'écrit en 1967 le psychanalyste Didier Anzieu, la **parole** dite et échangée avec l'analyste permet à l'analysant de *décomposer* et *détruire* les « productions du **fantasme** » qui, telles un « voile imaginaire », s'interposaient à son insu dans ses rapports « avec lui-même et avec les autres » et produisaient ses **symptômes**.

En tant que **théorie**, la psychanalyse désigne aussi « la science des processus psychiques inconscients » qui s'élabore à partir de l'expérience de la cure et constitue une discipline scientifique nouvelle, que Freud nomme « **métapsychologie** » ou « psychologie des profondeurs » (science des processus de la vie psychique qui échappent à la conscience).

11 Le divorce entre psychanalyse et philosophie

I Contre le conscientialisme des philosophes

Bien qu'il admette que « la philosophie s'est sans doute occupée maintes fois du problème de l'inconscient », Freud ne cessera toute sa vie de dénoncer le **conscientialisme des philosophes**. Selon lui, comme il l'écrit en 1913 dans *L'Intérêt de la psychanalyse*, les philosophes « ont identifié le psychique avec le conscient et ont ensuite tiré de cette définition que l'inconscient n'était rien de psychique ».

Or, ce que la psychanalyse dit au moi, c'est ceci : « Le **psychique** en toi ne coïncide pas avec **ce dont tu es conscient** ; ce sont deux choses différentes, que quelque chose se passe dans ton âme, et que tu en sois par ailleurs informé », poursuit Freud dans *Une difficulté de la psychanalyse*.

Par conséquent, « les philosophes ont émis un jugement sur l'inconscient sans connaître les phénomènes de **l'activité psychique inconsciente** », comme les **rêves** et leurs mécanismes, les **désirs** et les **fantasmes** engagés dans les conflits **névrotiques**, la dynamique structurale du **complexe d'Œdipe**, ou les représentations sous-jacentes aux **actes manqués**. Aussi, dans une lettre du 11 avril 1930 à Juliette Favez-Boutonier, Freud écrit que « la découverte de l'inconscient a renversé toutes les positions antérieures des problèmes ».

> Ce qu'il y a de **renversant** pou[r] un philosophe dans la psychanalyse, c'est que, comme le souligne Didier Anzieu, « aux yeux du psychanalyste, le philosophe rentre dans le lo[t] commun » : il ignore jusqu'aux **effet[s] sur lui-même et sur ses idée[s]** de son propre inconscient.

II Contre l'inconscient des psychanalystes

Au cours du XXe siècle, rares sont les philosophes qui ont su, comme Bachelard, **intégrer les découvertes psychanalytiques** dans leur propre philosophie ou, comme Derrida et Ricœur, réfléchir sur les **enjeux philosophiques de la psychanalyse**. Les plus illustres contemporains de Freud, comme Husserl et Bergson, l'ont complètement ignorée, tandis que d'autres, comme Alain ou Sartre, ont tenté d'en faire la critique.

Ainsi, Alain affirme dans ses *Éléments de philosophie* que « le freudisme, si fameux, est un art d'inventer en chaque homme un animal redoutable » car « il n'y a point de pensées en nous sinon par l'unique sujet, Je » ; c'est pourquoi « il ne faut point se dire qu'en rêvant on se met à penser. Il faut savoir que la pensée est volontaire ».

12 Vers une conception psychanalytique du sujet

I La critique nitzschéenne du sujet

En 1886 déjà, dans *Par-delà le bien et le mal* (§ 17), Nietzsche dénonce l'imposture logico-grammaticale du *cogito* sur laquelle se fonde toute la philosophie moderne du sujet conscient depuis Descartes. Selon Nietzsche, « une pensée se présente **quand "elle" veut**, et non pas **quand "je" veux** ; de sorte que c'est falsifier la réalité que de dire : le sujet "je" est la condition du prédicat "pense" ».

À Descartes qui affirme : « Je pense, donc je suis », Nietzsche répond en quelque sorte : *ça pense en moi.*

Autrement dit, la prétendue « certitude immédiate » du *cogito* n'est qu'une **illusion** qui repose sur « la croyance à la grammaire », c'est-à-dire sur la croyance que « penser soit une activité à laquelle il faille imaginer un sujet », précise Nietzsche dans ses *Fragments posthumes*.

II Le « sujet divisé », de Freud à Lacan

Dans *Une difficulté de la psychanalyse*, Freud explique que « le narcissisme universel, l'amour-propre de l'humanité, a subi jusqu'à ce jour trois grandes vexations de la part de la recherche scientifique ». Après la **vexation cosmologique** de Copernic (les hommes ne sont pas au centre de l'Univers), après la **vexation biologique** de Darwin (les hommes sont issus de la lignée animale), la psychanalyse, en révélant l'existence des processus psychiques inconscients, a infligé au narcissisme humain une **troisième vexation, d'ordre psychologique** : « Le moi n'est pas maître dans sa propre maison. »

Cela signifie que le sujet est désormais conçu comme un **sujet divisé**, selon le modèle de la seconde topique de l'appareil psychique (théorie des « lieux » de la psyché) : le **moi** en est la **partie consciente**, tandis que la **partie inconsciente** comprend le **ça** (réservoir des pulsions) et le **surmoi** (instance des interdictions et des idéaux).

Ainsi, comme l'affirme Lacan dans ses *Écrits*, non seulement « le moi n'est toujours que la moitié du sujet », mais on peut même parler d'un « sujet de l'inconscient ».

La psychanalyste Joyce McDougall va dans le même sens en soulignant que, lorsqu'il entreprend une cure psychanalytique, il faut que « le futur analysant, l'analysant en devenir, accepte implicitement le concept d'un ***je* inconscient** ».

Quiz express

Vérifiez que vous avez bien retenu les points clés des **fiches 9 à 12**.

1 En psychanalyse, le terme « inconscient » signifie :

☐ **a.** qui n'est pas en état de veille, mais de sommeil
☐ **b.** qui se comporte de manière irréfléchie et irresponsable
☐ **c.** qui se situe au-delà du champ de la conscience

2 Qui a écrit : « Le psychique en toi ne coïncide pas avec ce dont tu es conscient » ?

☐ **a.** Nietzsche
☐ **b.** Freud
☐ **c.** Lacan

3 Le conscientialisme des philosophes désigne :

☐ **a.** le fait que les philosophes réduisent le sujet psychique au sujet conscient
☐ **b.** le fait que les philosophes sont très consciencieux dans l'étude du psychisme
☐ **c.** le fait que les philosophes voient dans l'inconscient une forme subtile de conscience

4 « Il ne faut point se dire qu'en rêvant on se met à penser. Il faut savoir que la pensée est volontaire. » Cette citation résume à elle seule l'intuition fondamentale de la psychanalyse :

☐ **a.** vrai
☐ **b.** faux

5 Qui a dit : « Une pensée se présente quand "elle" veut, et non pas quand "je" veux » ?

☐ **a.** Nietzsche
☐ **b.** Freud
☐ **c.** Alain

6 En psychanalyse, on conçoit le sujet comme :

☐ **a.** divisé
☐ **b.** désuni
☐ **c.** dispersé

RÉPONSES

1. c • **2.** b • **3.** a • **4.** b • **5.** a • **6.** c

UJET 3 | Freud, « Note sur l'inconscient en psychanalyse »

EXPLICATION DE TEXTE

Expliquez le texte suivant.

« Une représentation – ou tout autre élément psychique – qui est actuellement *présente* à ma conscience peut en être *absente* le moment suivant puis redevenir *présente* après un intervalle, sans changement, et ceci, comme nous disons, en provenant de notre mémoire et non à partir d'une nouvelle perception de nos sens. Nous rendons compte habituellement d'un tel fait en supposant que, pendant l'intervalle, la représentation a été présente à notre esprit tout en étant *latente* en notre conscience. […]

Ici attendons-nous à rencontrer l'objection des philosophes : la représentation latente n'existe pas comme objet de psychologie mais comme simple disposition physique à la résurgence du même phénomène psychique, à savoir de la représentation en question. Nous pouvons répondre qu'une telle théorie va au-delà du domaine de la psychologie proprement dite et repose sur une pétition de principe en maintenant que "conscient" est un terme identique à "psychique" ; or c'est là une faute évidente qui revient à dénier à la psychologie le droit de rendre compte par ses propres moyens des faits les plus communs, comme la mémoire.

Appelons donc "consciente" la représentation qui est présente à notre conscience et que nous percevons comme telle et posons que c'est là le seul sens du terme "conscient". En ce qui concerne les représentations latentes en effet, si nous sommes en droit de supposer qu'elles existent dans la vie mentale – comme c'est le cas avec la mémoire – nous les désignerons par le terme "inconscientes".

Sigmund Freud, « Note sur l'inconscient en psychanalyse »,
dans *Métapsychologie*, Éditions Gallimard, coll. « Folio Essais », 2002, p. 174-175.

DÉMARRONS ENSEMBLE

■ Analysez l'usage des termes « **présent** », « **absent** » et « **latent** » : comment les définir ? Quel est ce type de représentation dont parle Freud, qui peut à la fois être présente et absente à notre conscience ? Cherchez à qualifier cette « présence » et cette « absence » de manière concrète, en donnant des exemples.

■ Freud évoque une « **objection des philosophes** » comme si c'était quelque chose de connu et de clairement identifié. Cherchez si cela peut correspondre à quelque chose que vous avez étudié en classe. À défaut, tentez d'interpréter de quoi il peut s'agir en vous appuyant sur le contexte de ce paragraphe.

CORRIGÉ

CORRIGÉ RÉDIGÉ

POINT MÉTHODE

Analyser le vocabulaire d'un texte

■ La première chose que vous devez étudier, c'est le **lexique philosophique** du texte, c'est-à-dire l'ensemble des termes philosophiques utilisés par l'auteur.

■ Vous devez donc procéder à une série de lectures détaillées du texte dans le but de repérer et d'analyser différents éléments appartenant à ce lexique : les **notions** philosophiques du programme, les **concepts** traditionnellement philosophiques (exemples : raison, loi, substance, passion, volonté, libre arbitre, etc.), les termes de la **langue courante** pouvant avoir en philosophie un sens particulier (exemples : corps, nature, qualité, expérience, forme, moral, hasard, etc.), les termes de la langue courante qui acquièrent dans le texte un statut philosophique (il peut s'agir de n'importe quel mot), ou encore les termes qui se réfèrent à **un auteur** (par exemple « clair et distinct » pour Descartes, « monade » pour Leibniz, « noumène » pour Kant, « intentionnalité » pour Husserl, etc.).

[Le corrigé suivant est présenté sous forme de plan détaillé. Les titres de partie ne doivent en aucun cas figurer dans votre copie.]

[INTRODUCTION]

■ « La découverte de l'inconscient a renversé toutes les positions antérieures des problèmes », écrit Freud dans une lettre du 11 avril 1930 à la philosophe Juliette Favez-Boutonier qui l'interroge sur la proximité de ses idées avec celles de Spinoza. Manière, pour Freud, de balayer d'un revers de la main toute proximité de la psychanalyse avec la philosophie. C'est que les philosophes ont toujours identifié le psychique avec le conscient, ignorant la possibilité des représentations inconscientes. Seul Nietzsche, peut-être, l'a approché, lorsqu'il déclare qu'« une pensée se présente quand "elle" veut, et non pas quand "je" veux ».

Se peut-il que nous puissions penser sans être conscients et, pour ainsi dire, sans le savoir ? Y a-t-il de la pensée en dehors du *cogito* et du règne du moi ? C'est ce que Freud défend dans ce texte, dans lequel il s'emploie à définir minutieusement la notion de « représentation inconsciente ».

I Étude linéaire

Veillez à bien **décomposer le raisonnement** de l'auteur en détaillant chaque étape logique de son argumentation.

1. Freud commence par décrire un « fait »

Il y a des « éléments psychiques » (représentations, affects, etc.) qui tantôt apparaissent à notre conscience (« présente », l. 2) et tantôt disparaissent de notre conscience (« absente », l. 2), pour finalement réapparaître (« redevenir présente », l. 2-3), sans avoir fait l'objet de nouvelles stimulations aptes à les faire réapparaître. Par exemple, dans la vie quotidienne, c'est ce qui se produit quand nous oublions le nom d'une personne de notre entourage (acte manqué) et que, après quelque temps, nous nous en ressouvenons, mais sans l'avoir entendu prononcé à nouveau.

2. Freud expose l'explication psychanalytique de ce fait

Une représentation (c'est-à-dire une idée) absente de notre conscience qui est capable de redevenir présente est nécessairement une représentation qui, pendant qu'elle était absente de notre conscience, n'était **pas absente de notre esprit**. C'est ce que les psychanalystes (« nous », l. 5) appellent une représentation « **latente** », c'est-à-dire une représentation *dissimulée* à la conscience mais pourtant présente dans notre esprit.

3. Freud présente l'objection des philosophes

Pour un philosophe (de l'époque de Freud), le concept d'une « représentation latente » intrapsychique est **impossible**. S'il existe des représentations latentes, elles n'ont pas de statut ou caractère psychique en soi et sont nécessairement les produits d'une causalité physique.

4. Freud répond à l'objection des philosophes en la détruisant

Si l'on suppose, comme le font les philosophes, qu'une représentation latente n'est en rien psychique mais relève seulement d'un mécanisme physique, alors on dénie l'existence d'un inconscient psychique et on réduit le psychique au seul conscient, ce qui est une « faute évidente » (l. 14) sur le plan scientifique.

5. Freud propose une définition des termes « représentation consciente » et « représentation inconsciente »

Une **représentation consciente** est une représentation dont nous avons une perception manifeste, c'est-à-dire qui est actuellement « présente à notre conscience » (l. 17) ; tandis qu'une **représentation inconsciente** est une représentation « latente », c'est-à-dire une représentation qui, tout en étant dissimulée à notre conscience, est bien présente dans notre esprit.

II Discussion critique

Réutilisez les citations étudiées en classe, en veillant à les **adapter au contexte** de votre réflexion.

Tout le problème philosophique de ce texte tient à la validité du concept de « représentation inconsciente ». On sait que les philosophes, ancrés dans la tradition métaphysique du *cogito*, réservent habituellement le terme de **représentation** aux actes de pensée produits volontairement par la conscience. Ainsi, le philosophe Alain a pu écrire qu'« il n'y a point de pensées en nous sinon par l'unique sujet, Je » et que « la pensée est volontaire ».

Or, tout l'intérêt de ce texte, à travers la définition de la notion de « représentation inconsciente », est de révéler l'existence d'une **activité de pensée latente**, c'est-à-dire hors de la conscience. L'analyse des rêves et des actes manqués, mais aussi l'observation scientifique des troubles névrotiques et psychotiques, ne serait-ce que par l'extraordinaire activité fantasmatique inconsciente qu'elles mettent au jour, en sont les preuves cliniques vivantes.

[CONCLUSION]

Une représentation inconsciente se caractérise par la possibilité pour elle d'être, tantôt présente, tantôt absente du champ de notre conscience. Cette capacité d'être dissimulée tout en étant active au sein de la vie psychique est ce que Freud appelle la « latence », soutenant, en s'opposant à la tradition philosophique, que de telles représentations sont bel et bien psychiques et non le résultat d'un processus physique.

Aussi, ce texte démontre la possibilité et la réalité de la pensée inconsciente.

13 Autrui : terminologie et citations clés

I Terminologie

- Du latin *alterui*, variante du datif de *alter* qui signifie « l'autre », le terme « **autrui** » désigne un ou plusieurs **êtres humains**, éventuellement la totalité des hommes, par opposition au moi et à l'exclusion de lui.
- Il s'agit donc de tous les sujets extérieurs au moi, lui-même sujet, et différents de lui, mais considérés en même temps comme autant de **semblables** *(alter ego)*, avec lesquels il est potentiellement en relation.

On appelle **intersubjectivité** le monde des relations existant entre plusieurs sujets.

II Citations

« Je ne suis rien que le regard qui te voit, que cette pensée incolore qui te pense.

Jean-Paul Sartre, *Huis clos*.

« Autrui n'est ni un objet dans le champ de ma perception, ni un sujet qui me perçoit : c'est d'abord une structure du champ perceptif, sans laquelle ce champ dans son ensemble ne fonctionnerait pas comme il le fait.

Gilles Deleuze, *Logique du sens*.

« C'est dans l'autre que le sujet s'identifie et même s'éprouve tout d'abord.

Jacques Lacan, *Écrits*.

« Ce sont justement les petites différences dans ce qui se ressemble par ailleurs qui fondent les sentiments d'étrangeté et d'hostilité entre les individus.

Freud, *Le Tabou de la virginité*.

« Mépriser d'autres hommes, c'est-à-dire leur refuser le respect qui est dû à tout homme en général, est dans tous les cas contraire au devoir.

Kant, *Métaphysique des mœurs*.

« Je suis responsable d'autrui sans attendre la réciproque.

Levinas, *Éthique et Infini*.

14 De l'intersubjectivité au conflit. Métaphysique de l'autre

I De l'existence d'autrui

- S'opposant à tout **solipsisme**, selon lequel rien n'existe en dehors du seul moi dont j'ai conscience, **Husserl** montre dans les *Méditations cartésiennes* que la vérité première de la métaphysique est double : non seulement je suis certain que **j'existe** (vérité du *cogito*, mais en outre je suis certain de l'**existence d'autrui**, qui n'est rien d'autre qu'un autre moi (*alter ego*).
- Ma subjectivité est donc d'emblée existante parmi d'*autres subjectivités* avec lesquelles elle est en interaction ou relation, ce que définit la notion d'**intersubjectivité**. « Je perçois les autres », écrit Husserl : « D'une part, je les perçois comme objets du monde » et, d'autre part, « je les perçois en même temps comme sujets pour ce même monde ».

II La lutte pour la reconnaissance

- Dans la *Phénoménologie de l'esprit*, **Hegel** explique que « la conscience de soi est tout d'abord simple existence pour soi » puisqu'elle consiste pour le moi à affirmer son **identité avec lui-même** (« moi = moi »).
- Dans la rencontre avec une autre conscience de soi, chaque conscience de soi cherche à faire **reconnaître par l'autre** la vérité de son existence **pour soi**, si bien que « le rapport de deux consciences de soi est donc déterminé ainsi : elles s'éprouvent elles-mêmes et l'une et l'autre par une lutte à mort ». Hegel appelle « le maître » la conscience qui sort victorieuse de cette lutte : elle est **indépendante** et existe **pour soi**. Et, à l'inverse, il appelle « esclave » la conscience **dépendante** qui existe pour une autre.

III Le regard d'autrui fige ma liberté

- Selon Sartre dans *L'Être et le Néant*, « autrui est, par principe, **celui qui me regarde** » et par le regard duquel je prends conscience de ce que je suis. Par exemple, si je fais « un geste maladroit ou vulgaire » sans le juger mais que quelqu'un me voit, « je réalise tout à coup la vulgarité de mon geste et j'ai honte ».
- Ainsi, par son regard, « autrui est le médiateur indispensable entre moi et moi-même » car « je reconnais que je suis comme autrui me **voit** ». Mais, ce faisant, le regard d'autrui **m'enferme** parce qu'il me **contraint** à me percevoir comme il me perçoit.

> D'où la réplique d'Inès à Garcin dans *Huis clos*, de Sartre : « Je ne suis rien que le **regard** qui te voit, que cette pensée incolore qui te pense. » Et Garcin de conclure : « Pas besoin de gril, l'enfer, c'est les autres. »

15 Le rôle d'autrui dans la construction de soi

I Autrui, « pièce maîtresse de mon univers ». Anthropologie de l'autre

▪ Dans son roman *Vendredi ou les Limbes du Pacifique*, Michel Tournier montre comment Robinson Crusoé, **privé de tout contact avec autrui**, subit une lente et profonde **déstructuration** : altération de la perception, sentiment d'inquiétante étrangeté, hallucinations… « Quand on se plaint de la méchanceté d'autrui, écrit Robinson dans son *Journal*, on oublie cette autre méchanceté, plus redoutable encore, celle qu'auraient les choses s'il n'y avait pas autrui. »

▪ À partir de ce roman, le philosophe Gilles Deleuze montre dans *Logique du sens* qu'« autrui n'est ni un objet dans le champ de ma perception, ni un sujet qui me perçoit : c'est d'abord une **structure du champ perceptif** ». Par là, il faut entendre une **structure *a priori* de la perception** qui préexiste comme « condition d'organisation en général ».

II L'identification à l'autre ou la matrice du sujet. Métapsychologie de l'autre

▪ Dans *Psychologie des foules et analyse du moi*, Freud donne une définition du processus psychique inconscient de l'**identification** : « L'identification aspire à rendre le moi propre semblable à l'autre pris comme modèle. »

▪ Autrement dit, l'identification consiste pour le moi à **s'approprier une propriété psychique de l'autre**, comme, par exemple, dans la phase finale du complexe d'Œdipe, lorsque l'enfant acquiert son identité psychosexuelle en s'identifiant au parent du même sexe que lui. De ce point de vue, l'identification est **le processus par lequel le sujet psychique se construit**.

▪ À la suite de Freud, Jacques Lacan dira dans ses *Écrits* : le *je* « s'objective dans la dialectique de l'identification à l'autre ».

Lacan écrit aussi : « C'est dans **l'autre** que le sujet s'identifie et même s'éprouve tout d'abord ».

16 Du mépris au respect d'autrui. Éthique de l'autre

I La haine de l'étranger et le « narcissisme des petites différences »

- Autrui est aussi **l'étranger**, c'est-à-dire celui qui appartient à une **autre culture** que la mienne (familiale, locale, nationale) et au contact de qui je vis parce qu'il est aussi mon **semblable**.

- Dans la **haine de l'étranger**, Freud décèle l'existence d'un amour de soi particulier qu'il appelle « narcissisme des petites différences » : « Ce sont justement les petites différences dans ce qui se ressemble par ailleurs qui fondent les sentiments d'étrangeté et d'hostilité entre les individus. » De là proviennent la **xénophobie** et le **racisme**, mais aussi « ce phénomène que justement les communautés voisines et apparentées se combattent et se raillent réciproquement ».

On peut trouver de nombreux exemples de ce phénomène, comme dans la rivalité entre clubs de football voisins ou le conflit israélo-palestinien.

II La dignité de la personne humaine

- Dans la *Métaphysique des mœurs*, Kant soutient que « l'humanité est elle-même une **dignité** » et que, par conséquent, l'homme « est obligé de reconnaître dans le registre pratique la **dignité de l'humanité** en tout autre homme ».

- C'est pourquoi « mépriser d'autres hommes, c'est-à-dire leur refuser le **respect** qui est dû à tout homme en général, est dans tous les cas contraire au **devoir** », parce que chaque homme, en tant qu'être raisonnable, constitue une **personne**, c'est-à-dire une « fin en soi ».

III Le face-à-face avec le visage d'autrui

- Pour Levinas, la rencontre avec autrui est d'abord une rencontre avec son **visage**. Dans *Éthique et Infini*, il écrit que « le visage parle, il est parole d'avant la parole originaire » : autrement dit, avant même le discours verbal, le visage est déjà une **expression de l'autre**, qui, à travers l'expérience (au sens propre) du **face-à-face**, me communique sa **fragilité**.

- Dès lors, le visage d'autrui ne peut me laisser indifférent et crée pour moi des obligations : « Je suis **responsable d'autrui** sans attendre la réciproque », écrit Levinas : le visage de l'autre m'implique et engage ma **responsabilité** envers lui, même s'il ne se sent pas concerné par moi.

Quiz express

Vérifiez que vous avez bien retenu les points importants des **fiches 13 à 16**.

1 Le terme « autrui » désigne :

- ☐ **a.** tout objet extérieur au moi
- ☐ **b.** tout sujet humain extérieur au moi
- ☐ **c.** toute chose intérieure au moi

2 Le solipsisme désigne :

- ☐ **a.** la solitude du moi face aux autres
- ☐ **b.** la solitude des autres face au moi
- ☐ **c.** la position selon laquelle seul le moi existe

3 Pour Sartre, autrui est :

- ☐ **a.** celui dont le regard me fait honte
- ☐ **b.** celui dont le regard fige la perception que j'ai de moi-même
- ☐ **c.** celui dont je souhaite attirer le regard

4 Qui a écrit : « Quand on se plaint de la méchanceté d'autrui, écrit Robinson dans son *Journal*, on oublie cette autre méchanceté, plus redoutable encore, celle qu'auraient les choses s'il n'y avait pas autrui » ?

- ☐ **a.** Sartre
- ☐ **b.** Deleuze
- ☐ **c.** Tournier

5 Lorsque Kant écrit que « l'humanité est elle-même une dignité », il veut dire que :

- ☐ **a.** le fait d'être un homme est une valeur digne d'être respectée
- ☐ **b.** le respect concerne uniquement les êtres humains
- ☐ **c.** tout ce qui n'est pas humain ne mérite pas le respect

6 Pour Levinas, le visage, focalisé sur l'apparence, est le plus bas degré de la prise en compte d'autrui :

- ☐ **a.** vrai
- ☐ **b.** faux

RÉPONSES

1. b • 2. c • 3. b • 4. c • 5. a • 6. b

SUJET 4 | Qu'est-ce que comprendre autrui ?

DISSERTATION

DÉMARRONS ENSEMBLE

- Prêtez attention à la **grammaire de l'énoncé** : bien qu'il se présente sous la forme d'une question directe, ce sujet n'est pas de la forme grammaticale habituelle appelant une réponse par oui ou par non. Ici, le questionnement est beaucoup plus ouvert, se présentant comme une invitation à donner une définition. Bien évidemment, cela ne change rien à la méthode : il faut **rechercher la problématique**.
- Pour retrouver de la conflictualité conceptuelle (celle-ci n'étant pas suggérée par la grammaire), il suffit de **reformuler** la question négativement : « Qu'est-ce que ne pas comprendre autrui ? » Dès lors, on peut supposer qu'il existe **plusieurs théories** de ce qu'est comprendre autrui, et il convient de rechercher quels pourraient être les critères de différenciation, voire d'opposition entre ces théories.

CORRIGÉ

CORRIGÉ RÉDIGÉ

POINT MÉTHODE

Analyser un sujet de dissertation

- Il est impossible de comprendre tout ce que peut vouloir dire un sujet à la première lecture. Cela est dû au fait qu'en philosophie un sujet de dissertation a nécessairement et immanquablement plusieurs significations possibles. Tout le travail d'analyse du sujet consiste alors à déterminer ces multiples significations en **décomposant** la question en ses unités de sens constituantes, qu'il faut ensuite définir une à une de la façon la plus précise possible.
- Vous devez donc vous posez les questions suivantes et y répondre au brouillon : quelles sont les **notions** du programme potentiellement concernées par ce sujet, qu'elles soient explicites ou implicites ? De quelles **références** philosophiques disposez-vous sur ces notions, à quels **auteurs** vous font-elles penser ? Quels sont les termes clés de la question et quelles **définitions** peut-on en formuler ? Y a-t-il un **paradoxe** dans la formulation même de la question ? Quel est le **présupposé** du sujet ? Quel est **l'enjeu** fondamental de la question ?

[Le corrigé suivant est présenté sous forme de plan détaillé. Les titres en gras ne doivent en aucun cas figurer dans votre copie.]

[INTRODUCTION]

Autrui est par définition un autre moi-même, un *alter ego*, c'est-à-dire quelqu'un qui me ressemble et que je devrais comprendre d'autant mieux qu'il me ressemble.

Pourtant la vie quotidienne montre sans cesse qu'autrui et moi, nous ne nous comprenons pas facilement. Du malentendu qui aveugle à la rupture qui blesse, en passant par la dispute qui fâche, il semble impossible d'éviter le **conflit avec autrui**, preuve manifeste d'une incompréhension mutuelle qui nous fait vivre à chacun « l'inquiétante étrangeté » de l'autre.

Même si la question du sujet n'appelle pas de réponse par oui ou par non, elle contient une **problématique** qu'il convient de formuler grâce à plusieurs questions directes.

Qu'est-ce donc que **comprendre autrui** ? Est-ce percevoir le sens de son discours, partager ses affects, analyser son comportement, respecter sa différence ? Jusqu'à quel point doit-on s'identifier à l'autre pour le comprendre ? Ne prend-on pas le risque de ne jamais (re)connaître son *altérité* ?

I Comprendre autrui, c'est se reconnaître en lui

1. Ressentir avec l'autre : la sympathie

On ne comprend jamais mieux l'expérience et le ressenti de l'autre que lorsqu'on les a vécus et éprouvés soi-même. Comprendre autrui, c'est d'abord être capable d'éprouver l'**affect de l'autre**, ce que désigne le terme de sympathie. Dans *Nature et formes de la sympathie*, Max Scheler définit en effet le deuxième niveau de la sympathie comme le fait d'éprouver ensemble le même affect (« communauté affective »).

2. Compatir avec l'autre : la pitié naturelle

Comprendre autrui, c'est aussi reconnaître en lui son prochain et être capable de souffrir avec lui, ce que l'on appelle la **compassion**. Dans le *Discours sur l'origine et les fondements de l'inégalité parmi les hommes*, Rousseau appelle « pitié naturelle » cette tendance qui « nous inspire une répugnance naturelle à voir périr ou souffrir tout être sensible et principalement nos semblables ».

3. Avoir des points communs avec l'autre : la recherche du même

Dans la rencontre amicale ou amoureuse, on cherche toujours à retrouver quelque chose de soi dans l'autre (un point commun, une affinité, etc.), car on ne comprend bien que ce qui nous ressemble. Pour Montaigne, dans l'amitié

« nos âmes s'entretiennent » et se comprennent précisément en raison de leurs « accointances et familiarités ». Ainsi, la compréhension de l'autre naît de la **complicité** : « Parce que c'était lui, parce que c'était moi », écrit-il dans les *Essais* (I, 27).

II On ne comprend rien à autrui tant qu'on ne reconnaît pas son altérité

On essaie d'aborder dans cette partie l'envers de la question : qu'est-ce que ne pas comprendre autrui ?

1. Plaquer son moi sur autrui : l'illusion projective

Une façon très courante de ne rien comprendre à autrui consiste à prendre l'autre pour soi-même sans s'en rendre compte. Ce mécanisme inconscient est connu en psychanalyse sous le nom de « **projection** » : il consiste par exemple, pour le sujet, à attribuer à l'autre un affect qui est le sien. Dans *Le Président Schreber*, Freud en donne un exemple : « La proposition *je le hais* est transformée par projection en cette autre : *il me hait* (il me persécute). »

2. Refuser la différence de l'autre : du malentendu à la haine

Dans *De l'existence à l'existant*, Levinas écrit : « Autrui, en tant qu'autrui, n'est pas seulement un **alter ego**. Il est ce moi que je ne suis pas » et, peut-on ajouter, que je ne veux pas être. Ainsi, dans la haine de l'étranger, on assiste au refus de la différence de l'autre, qui se fonde selon Freud sur le « narcissisme des petites différences », et qui, non seulement ne permet en rien de comprendre autrui, mais porte atteinte à sa dignité et à sa liberté.

III Comprendre autrui, c'est le connaître sans se reconnaître en lui

La dernière partie doit développer la **thèse finale** que vous défendez sur ce sujet.

1. Se mettre à la place de l'autre : l'empathie

L'**empathie** est, selon les psychanalystes et les psychologues, « un moyen de connaissance d'autrui au sein duquel l'affect tient une place particulière ». Comprendre autrui, c'est ainsi avoir l'« intuition de ce qui se passe dans l'autre, sans oublier toutefois qu'on est soi-même, car dans ce cas il s'agirait d'identification » (R. Dorey, *Dictionnaire de psychologie*). S'opposant à la **sympathie** qui suppose de s'identifier à l'autre, l'empathie consiste à *percevoir dans* l'autre, par une sorte de pénétration psychique de son système de représentations et d'affects.

2. Comprendre sans éprouver

Dans *Nature et formes de la sympathie*, Max Scheler définit le troisième niveau de la sympathie comme le fait de comprendre l'affect de l'autre sans l'éprouver soi-même (« compréhension affective »). Cela rejoint l'empathie psychanalytique qui, selon Didier Anzieu, est « une certaine façon de comprendre l'autre comme habité par le fantasme, ce qui requiert qu'on se laisse toucher soi-même par le fantasme des autres sans se laisser impliquer par lui ».

[CONCLUSION]

- Notre première inclination est de rechercher en autrui quelque chose de soi.
- Toutefois, la projection de sa propre identité ou problématique dans celle d'autrui n'est pas un moyen de connaître autrui. Telle est l'illusion dans laquelle tombent généralement les hommes. Seule l'empathie, qui permet de connaître l'autre sans se reconnaître en lui, permet d'accéder à la compréhension de ceux qui nous entourent.
- Comprendre autrui, c'est accueillir en soi l'inconnu de l'autre sans chercher à le ramener à du connu.

17 Le désir : terminologie et citations clés

I Terminologie

- Du latin *desiderare* (« regretter l'absence de ») qui provient de *sidus* (« étoile, astre »), le désir signifie étymologiquement « être détaché de l'astre ». Au fondement du désir, il y a donc une absence ou un **manque** et, de ce fait, le désir peut être défini comme l'aspiration à la possession d'un objet que l'on n'a pas ou que l'on n'a plus.
- Comme en grec *(eros)* ou en latin *(cupido)*, le désir s'entend alors de deux manières : soit il s'agit du **désir amoureux**, qui est indissociable de la pulsion sexuelle et du corps ; soit il s'agit du **désir d'un objet quelconque**, qui vaut pour toute forme de souhait ou d'envie et est lié aux affects (ou passions) et à la psyché.

Il y a une proximité conceptuelle entre **désir, besoin et pulsion**. Le désir porte davantage sur la dimension du souhait, mais il peut être ancré dans un besoin et on parle alors de pulsion (ex. : la faim).

II Citations

« Quiconque éprouve le désir de quelque chose, désire ce dont il ne dispose pas et ce qui n'est pas présent ; et ce qu'il n'a pas, ce qu'il n'est pas lui-même, ce dont il manque, voilà les objets du désir et de l'amour.

Platon, *Le Banquet*.

« L'inquiétude qu'un homme ressent en lui-même par l'absence d'une chose qui lui donnerait du plaisir si elle était présente, c'est ce qu'on nomme désir.

Leibniz, *Nouveaux Essais sur l'entendement humain*.

« La vie oscille, comme un pendule, de droite à gauche, de la souffrance à l'ennui : ce sont là les deux éléments dont elle est faite en somme.

Schopenhauer, *Le Monde comme volonté et comme représentation*.

« Le désir est l'essence même de l'homme, en tant qu'on la conçoit comme déterminée à faire quelque chose.

Spinoza, *Éthique*.

« On appelle capacité de sublimation cette capacité [qu'a la pulsion] d'échanger le but qui est à l'origine sexuel contre un autre qui n'est plus sexuel mais qui est psychiquement parent avec le premier.

Freud, *La Morale sexuelle civilisée et la nervosité des temps modernes*.

18 Qu'est-ce que le désir ?

I Du manque au plaisir

■ Dans *Le Banquet*, Platon est le premier à avoir donné une définition du **désir** : « Quiconque éprouve le désir de quelque chose, désire ce dont il ne dispose pas et ce qui n'est pas présent ; et ce qu'il n'a pas, ce qu'il n'est pas lui-même, ce dont il manque, voilà les objets du désir et de l'amour. » Autrement dit, on ne désire que ce dont on est privé et l'objet du désir est toujours un **objet manquant**.

■ Cependant, chacun sait que le but du désir est de s'accomplir ou de se réaliser, c'est-à-dire d'accéder à la possession de cet objet qui manque, instant que l'on nomme **satisfaction** : il s'agit d'une expérience de **plaisir** ou **jouissance** qui comble le manque en le faisant provisoirement disparaître. Le désir est donc l'état qui précède le plaisir et qui se manifeste par une tension due à l'attente de la jouissance. Tout le paradoxe du désir est que ce moment de tension ou d'inquiétude est en lui-même agréable, c'est-à-dire source de plaisir (plaisir de l'attente, plaisir d'imaginer la satisfaction prochaine…).

C'est ce que **Leibniz**, dans les *Nouveaux Essais sur l'entendement humain*, appelle l'**inquiétude** : « L'inquiétude qu'un homme ressent en lui-même par l'absence d'une chose qui lui donnerait du plaisir si elle était présente, c'est ce qu'on nomme désir » (livre II, chap. 20, § 6).

II La nature du désir : une pulsion qui diffère du besoin

■ Dans *Au-delà du principe de plaisir*, Freud distingue deux grandes catégories de pulsions : les **pulsions de mort** (*Thanatos*) et les **pulsions de vie** (*Éros*), parmi lesquelles il distingue encore entre les **pulsions sexuelles** *(libido)* et les **pulsions d'autoconservation**. On peut dire que les pulsions d'autoconservation correspondent au registre du *besoin*, tandis que les pulsions sexuelles correspondent au registre du *désir* : dans un cas, il s'agit de satisfaire les fonctions corporelles indispensables à la survie, tandis que, dans l'autre cas, il s'agit de rechercher le plaisir en dehors de toute nécessité vitale.

Ainsi, Rousseau, dans la *Nouvelle Héloïse*, écrit : « On jouit moins de ce qu'on obtient que de ce qu'on espère et l'on n'est heureux qu'avant d'être heureux. »

■ Par exemple, explique Freud dans les *Trois Essais sur la théorie sexuelle*, l'activité de succion à laquelle l'enfant est habitué lors de la tétée maternelle devient rapidement pour lui un objet de désir sexuel, dans la mesure où il en recherche le plaisir sans aucune finalité alimentaire (l'enfant qui tète son pouce). **Avoir envie sans avoir besoin**, voilà donc le propre du désir au sens de la pulsion sexuelle.

19 Désir et désastre

I La condamnation chrétienne du désir

■ La religion chrétienne est sans aucun doute la doctrine qui a été la plus sévère et la plus critique à l'égard du désir. Dans le **mythe de la Genèse** (Ancien Testament), le désir apparaît déjà sous la forme d'une tentation diabolique (manger du fruit défendu) et est d'emblée lié au péché, c'est-à-dire à la désobéissance à la loi de Dieu.

■ Dans la **doctrine catholique**, cette condamnation est encore plus cinglante : elle s'exprime à travers la condamnation de la « chair », considérée comme le siège des désirs indignes du corps, par opposition à la **pureté de l'esprit**, d'où la pratique de la mortification de la chair destinée à racheter les péchés.

Dans son *Traité de la concupiscence*, Bossuet écrit « Il y a dans notre **chair** une secrète disposition à un soulèvement universel contre l'esprit [...] : tout y nourrit la concupiscence : tout y porte au péché [...] : il la faut donc autant haïr que le péché même. »

II Le cycle tragique et sans fin du désir

■ Selon **Schopenhauer**, le désir n'est pour l'homme qu'une source de malheurs et de souffrances, en raison du cycle sans cesse renaissant des désirs. En effet, tout désir procède d'un **manque**, donc d'une **douleur**. Mais, lorsque la satisfaction y met fin, non seulement elle est courte et, de ce fait, presque inexistante, mais de plus elle nous enlève tout motif de désirer et nous plonge alors dans l'**ennui**.

■ Ainsi, comme il le souligne dans *Le Monde comme volonté et comme représentation,* « le désir satisfait fait place aussitôt à un nouveau désir », et le **cycle tragique** recommence, de telle sorte que « la vie **oscille**, comme un pendule, de droite à gauche, **de la souffrance à l'ennui** : ce sont là les deux éléments dont elle est faite en somme » (§ 57).

■ Maupassant dit de Schopenhauer, représentant du pessimisme, qu'il est le plus « le plus grand saccageur de rêves que la terre ait porté ».

20 Le désir, créateur de la vie et du monde

I Désir et conatus : l'élan vital

■ Dans l'*Éthique*, Spinoza écrit : « Le désir est l'essence même de l'homme, en tant qu'on la conçoit comme déterminée à faire quelque chose » (III, Définition des affects, 1). Cela signifie que le désir est l'**ensemble des efforts** que l'homme fait pour sa propre conservation, c'est-à-dire pour demeurer et persister dans l'existence.

■ Cet effort, Spinoza l'appelle aussi le conatus (en latin, « effort, entreprise, tentative ») : « Chaque chose, autant qu'il est en elle, s'efforce [*conatur*] de **persévérer dans son être** » (III, proposition 6). Cet effort pour exister, pour durer dans l'être, ce conatus, c'est cela même qui constitue le désir pour Spinoza.

Le **conatus de Spinoza**, c'est en quelque sorte la force de la vie elle-même, le mouvement créateur de la vie, proche de ce que Bergson appelle « l'élan vital » et de ce que Freud nomme « pulsion ».

II Désir et sublimation : la création

■ Dans *La Morale sexuelle civilisée et la nervosité des temps modernes*, Freud écrit : « On appelle capacité de sublimation cette capacité [qu'a la pulsion] d'**échanger le but** qui est à l'origine sexuel contre un autre qui n'est plus sexuel mais qui est psychiquement parent avec le premier. »

■ En d'autres termes, la sublimation est le processus inconscient qui permet à la pulsion sexuelle de **déplacer** son but sexuel vers un nouveau but **non sexuel** et socialement valorisé, comme, par exemple, la **création artistique** ou la **recherche scientifique**.

■ Elle consiste donc à puiser de l'énergie dans la force de la pulsion sexuelle, laquelle est détournée et employée à des fins créatrices. En ce sens, les plus grandes créations humaines sont le résultat de la sublimation, autrement dit sont des produits du désir.

Quiz express

Vérifiez que vous avez bien retenu les points importants des **fiches 17 à 20**.

1 L'origine du désir, c'est :

- ☐ **a.** le corps
- ☐ **b.** le plaisir
- ☐ **c.** le manque

2 Le désir est un état de :

- ☐ **a.** tension douloureuse qui précède la satisfaction
- ☐ **b.** tension agréable qui précède la satisfaction
- ☐ **c.** plaisir sans tension qui précède la satisfaction

3 Une pulsion, c'est :

- ☐ **a.** un désir très fort
- ☐ **b.** un désir qui s'enracine dans un besoin
- ☐ **c.** un besoin indépendant d'un désir

4 La condamnation de la chair est une idée :

- ☐ **a.** freudienne
- ☐ **b.** chrétienne
- ☐ **c.** schopenhauerienne

5 Schopenhauer est connu comme le plus grand ennemi du pessimisme :

- ☐ **a.** vrai
- ☐ **b.** faux

6 Le conatus est la définition que donne Spinoza :

- ☐ **a.** à la connaissance
- ☐ **b.** au désir

7 La sublimation signifie :

- ☐ **a.** le détournement de la pulsion sexuelle vers un but non sexuel
- ☐ **b.** l'embellissement jusqu'au sublime de la vie sexuelle
- ☐ **c.** l'embellissement jusqu'au sublime dans la création artistique

RÉPONSES

1. c • 2. b • 3. b • 4. b • 5. b • 6. b • 7. a

UJET 5 | Pourquoi désirer l'impossible ? DISSERTATION

DÉMARRONS ENSEMBLE

- Nous sommes de nouveau face à un sujet dont la formulation grammaticale n'est pas de celles qui appellent à une réponse par oui ou par non. Comme précédemment (page 46), il convient de chercher à **problématiser** la question en la **reformulant négativement** : « Pourquoi ne pas désirer l'impossible ? » Cette reformulation permet de montrer que le terme « Pourquoi » peut avoir plusieurs sens : la causalité (« pour quelles raisons ? ») ou la finalité (« dans quel but ? ») mais aussi la valeur ou l'intérêt (« à quoi bon ? quel est l'intérêt de ? »).
- Ainsi, en exploitant les différentes significations du mot « impossible », on progresse vers une problématisation de la question qui passe par des **reformulations** telles que : « Quels facteurs ou quelles raisons nous poussent à désirer l'inaccessible ? Qu'a-t-on à gagner à désirer l'irréalisable ? Peut-on avoir de bonnes raisons de désirer l'utopique ? Pourquoi chercher à atteindre ce qui ne peut être atteint ? etc. ».

CORRIGÉ

CORRIGÉ RÉDIGÉ

POINT MÉTHODE

Élaborer la problématique d'une dissertation

- Pour bien comprendre l'idée de « problématique », il faut d'abord faire la **distinction entre** une **question** et un **problème**.
- Une **question**, c'est une interrogation pour laquelle il existe une seule réponse satisfaisante. Par exemple, la phrase : « Quelle heure est-il ? » est une question puisque, à un instant T, il n'y a qu'une seule heure possible. Un **problème**, au contraire, c'est une interrogation pour laquelle il existe plusieurs réponses satisfaisantes possibles, le plus souvent opposées. La problématique est précisément la tentative de formulation du problème que contient la question.
- La problématique doit être formulée **en introduction sous une forme interrogative** qui puisse être présentée comme le programme de l'enquête qu'il faut résoudre. Cela signifie qu'il ne saurait y avoir de problématique sans mise en scène d'un **conflit**, d'une opposition, voire d'une contradiction entre plusieurs réponses possibles. Car c'est précisément le conflit entre plusieurs possibilités différentes

qui fait problème. C'est pourquoi on peut définir la problématique comme la **formulation** méthodique et détaillée **d'une opposition de positions possibles** sous la forme d'un groupe de questions conceptuellement reliées entre elles.

- Pour énoncer la problématique de façon satisfaisante, il faut donc que vous formuliez plusieurs questions. Toutefois, afin de ne pas dissoudre dans la diversité l'unité du problème, **limitez-vous à 2 questions au minimum et 4 au maximum**. Il faut absolument proscrire les problématiques qui formulent une dizaine de questions successivement : le but de la problématique est au contraire de condenser le questionnement en l'ordonnant autour d'une opposition centrale.

[Le corrigé suivant est présenté sous forme de plan détaillé. Les titres en gras ne doivent en aucun cas figurer dans votre copie.]

[INTRODUCTION]

- Du désir pour un morceau de chocolat au désir de faire l'amour en passant par le désir de devenir astronaute, il semble que le désir soit toujours lié à la jouissance de posséder quelque chose qui nous manque. Or, parce qu'il définit quelque chose d'irréalisable, d'inaccessible voire d'inexistant, l'impossible se présente au contraire comme ce qui ne se possède jamais. Dans ces conditions, pourquoi désirer l'impossible ?

- Pour quelles raisons, en effet, sommes-nous généralement attirés par ce qui, par définition même, ne peut pas être atteint ? N'est-ce pas risquer de ne jamais être satisfait et ne vaut-il pas mieux, dans ce cas, désirer seulement ce qui est possible ? En quel sens le désir de l'impossible peut-il être, en définitive, une bonne chose pour l'homme ?

I Désirer l'impossible est dans la nature du désir

1. L'impossible est ce qui nous manque, donc on le désire

Par définition, on ne désire que ce que l'on n'a pas puisque le **désir naît du manque**. Or, l'impossible, c'est aussi ce que l'on n'a pas, au sens où c'est ce que l'on n'a jamais. Par conséquent, c'est dans la nature même du désir, qui est désir de ce qui manque, de désirer l'impossible comme ce qui manque toujours.

> Développez un **exemple en détail**, comme l[e] désir de changer de corps pour u[n] corps qui nous plaît davantage, le désir de l'immortalité, et[c.]

2. Le désir est insatiable, donc impossible à satisfaire

Le désir est **toujours renaissant** puisque, comme le dit Schopenhauer, « le désir satisfait fait place aussitôt à un nouveau désir ». C'est dire qu'il n'y a rien qui puisse satisfaire pleinement le désir au point de nous faire cesser de désirer. Par conséquent, le désir est **inextinguible**, si bien qu'on désire toujours l'impossible puisqu'on désire toujours une satisfaction qui n'est pas pleinement réalisable.

3. On désire toujours l'interdit, c'est-à-dire l'impossible moral

Dans *Totem et tabou*, Freud montre que « là où il y a une interdiction, doit se cacher un désir », ce qui signifie que l'interdit est toujours la **formulation inversée** d'un désir dont on se défend. Cela explique que l'on ait toujours la tentation de transgresser les interdits et que l'on désire souvent cela même que l'on sait être moralement impossible ou inacceptable.

II La quête de l'impossible peut conduire au désastre

1. La quête de l'impossible est source d'un malheur permanent

En se donnant des désirs impossibles, on est certain de ne jamais être satisfait puisqu'un désir impossible est un désir qui ne pourra pas se réaliser. Or, si nos désirs ne sont jamais satisfaits, on est constamment dans la **souffrance de la frustration** qui nous aigrit et on ne connaît jamais le plaisir.

Dans ce cas, le désir de l'impossible peut avoir pour fin de nous **protéger de la déception** en nous évitant de nous confronter à la réalité.

2. Au contraire, la quête du possible est source de bonheur et de sagesse

D'après le *Manuel* d'Épictète, le **désir** appartient aux « **choses qui dépendent de nous** », ce qui signifie que nous pouvons avoir une action sur lui grâce à notre libre volonté. La sagesse consiste ainsi à maîtriser nos désirs, en poursuivant seulement des **désirs possibles**, qui peuvent être effectivement réalisés, et en renonçant à tous les désirs impossibles, qui sont irréalisables. C'est la seule manière d'atteindre le bonheur ou « **ataraxie** », c'est-à-dire l'absence de trouble dans l'âme.

III Le désir de l'impossible est la force qui accroît le champ des possibles

1. La limite entre le possible et l'impossible est relative

L'histoire des sociétés humaines montre que ce qui était impossible à une époque donnée a pu devenir possible à une époque ultérieure. Le désir de faire un *Voyage dans la lune*, imaginé au cinéma en 1902 par Georges Méliès à partir d'un roman de Jules

Il est bon de maîtriser quelques bonnes **références historiques** utilisables comme exemples démonstratifs.

Verne, devient une réalité lorsqu'en 1969, Neil Armstrong pose pour la première fois le pied sur la lune.

2. L'utopie est le moteur de l'histoire

Sur le plan social et politique, le désir de l'impossible est le **moteur du progrès**. En effet, c'est grâce aux désirs utopiques, représentant un idéal de vie en commun, que le progrès social s'accomplit. Par exemple, les utopies socialistes du XIXe siècle ont permis la réduction du temps de travail en le faisant passer (en France) de 50 heures par semaine en 1848 à 39 heures en 1982 et à 35 heures en 2000.

[CONCLUSION]

- Le désir est la force qui, par nature, pousse l'homme à désirer ce qui lui manque, et plus encore ce qui lui manquera toujours et ce qui lui est interdit. Aussi, l'homme est constamment porté à désirer l'impossible, ce qui, on l'a vu, peut le conduire à la déception et au désastre quand le principe de réalité est plus fort que le principe de plaisir.
- L'homme ne doit cependant jamais abandonner ses idéaux car le désir de l'impossible est ce qui accroît le champ des possibles.

21 L'existence et le temps : terminologie et citations clés

I Terminologie

Du grec *ontôs*, qui concerne « l'être », on appelle « **ontologie** » l'**étude de l'être**, c'est-à-dire de ce qui est doté d'existence ou de ce qui est réel.

■ Du latin *existentia* (formé à partir du verbe *exsistere*, « sortir de, se manifester, se montrer »), **l'existence** s'oppose au néant et désigne le fait d'*être* en général, c'est-à-dire d'avoir une réalité certaine. En cela, le fait d'exister a une dimension ontologique et se distingue du simple fait de *vivre*, qui consiste à remplir des fonctions biologiques.

■ Du latin *tempus* (« moment, instant, temps »), **le temps** désigne, quant à lui, la durée irréversible dans laquelle les phénomènes et les êtres vivants se succèdent. Aussi, en dehors des réalités divines supposées par certains philosophes, tout ce qui est ou existe, est ou existe dans le temps.

II Citations

« Ce qui nous autorise à affirmer que le temps est, c'est qu'il tend à n'être plus.

Saint Augustin, *Confessions*.

« Le temps n'est que la condition subjective sous laquelle peuvent trouver place en nous toutes les intuitions.

Kant, *Critique de la raison pure*.

« Le temps pourra sans doute renaître, mais il lui faudra d'abord mourir. Il ne pourra pas transporter son être d'un instant sur un autre pour en faire une durée.

Bachelard, *L'Intuition de l'instant*.

« [S]on existence [celle de l'homme] est confinée dans le présent et, comme celui-ci ne cesse de s'écouler dans le passé, son existence est une chute perpétuelle dans la mort, un continuel trépas.

Schopenhauer, *Le Monde comme volonté et comme représentation*.

« Tant que nous existons nous-mêmes, la mort n'est pas et, quand la mort existe, nous ne sommes plus.

Épicure, *Lettre à Ménécée*.

« L'essentiel, c'est la contingence. Je veux dire que, par définition, l'existence n'est pas la nécessité. Exister, c'est être là, simplement.

Sartre, *L'existentialisme est un humanisme*.

22 Quel est l'être du temps ?

I L'évanescence du temps ou la permanence du présent

- Dans les *Confessions*, **saint Augustin** écrit : « Ce qui nous autorise à affirmer que le temps est, c'est qu'**il tend à n'être plus**. » En effet, dit-il, « le passé n'est plus et l'avenir n'est pas encore » (XI, 14). Quant au présent, s'il ne disparaissait pas à chaque instant, il ne serait plus le présent mais l'éternité et, par conséquent, il n'a pas vraiment d'existence, « lui qui ne peut être qu'en cessant d'être ».

- Alors, de deux choses l'une : ou bien il faut admettre que le temps n'a pas d'existence, ou bien il faut reconnaître que **seul le présent existe**. C'est à cette seconde possibilité que conclut saint Augustin : « Il y a trois temps : le présent du passé, le présent du présent et le présent du futur » en tant que « ces trois sortes de temps existent dans notre esprit et [...] pas ailleurs » (*Confessions*, XI, 20).

II Le temps est la forme du sens interne

Dans la *Critique de la raison pure*, **Kant** écrit que « le temps n'est pas quelque chose qui existe en soi », c'est-à-dire qu'il n'est **pas une propriété objective** des choses qui existerait indépendamment de nos impressions sensibles ou intuitions. Au contraire, « le temps n'est que la **condition subjective** sous laquelle peuvent trouver place en nous toutes les intuitions ». En ce sens, « le temps n'est autre chose que la forme du sens interne, c'est-à-dire de l'intuition de nous-mêmes et de notre état intérieur ».

> Autrement dit, le temps est la condition *a prio* d'organisation de notre vie intérieure au ser où toutes nos représentations sont, au sein de notre conscienc données dans le temps.

III La durée pure contre la réalité de l'instant

- Dans son *Essai sur les données immédiates de la conscience*, **Bergson** définit le temps vécu comme une **durée pure**. Par là, il entend « la forme que prend la succession de nos états de conscience quand notre moi se laisse vivre, quand il s'abstient d'établir une séparation entre l'état présent et les états antérieurs ».

- En revanche, pour **Bachelard**, « le temps n'a qu'une **réalité**, celle **de l'instant** ». Dans *L'Intuition de l'instant*, il écrit que « le temps pourra sans doute renaître, mais il lui faudra d'abord mourir. Il ne pourra pas transporter son être d'un instant sur un autre pour en faire une durée ».

23 La mort ou la finitude de l'existence

I L'être vers la mort (ou l'être pour la mort)

- L'existence de l'homme, parce qu'elle est un temps limité programmé biologiquement, est une existence vouée à la mort.

- Comme le souligne avec pessimisme **Schopenhauer** dans *Le Monde comme volonté et comme représentation,* « son existence [de l'homme] est confinée dans le présent et, comme celui-ci ne cesse de s'écouler dans le passé, son existence est une chute perpétuelle dans la mort, un continuel trépas ».

- C'est pourquoi, dans *Être et Temps* (§ 50), **Martin Heidegger** définit l'homme comme un « être vers la mort ». En effet, écrit-il, « le *Dasein* existe en tant qu'être jeté vers sa fin », au sens où « la fin attend le *Dasein,* elle le guette ».

- C'est pourquoi « l'être vers la mort fait originalement et essentiellement partie de l'être du *Dasein* ». C'est dans l'expérience de l'angoisse que le *Dasein* se révèle à lui-même comme « être pour la fin ».

Par le ***Dasein***, littéralement « l'être-là », Heidegger définit l'homme en tant qu'il est un être posé là, dans l'existence, sans raison apparente.

II La mort n'est rien pour nous

- Dans la *Lettre à Ménécée,* **Épicure** explique que toute souffrance vient des sens. Or, dit-il, « la mort est privation de toute sensibilité » (puisque le corps se corrompt). Dès lors, la mort n'est rien pour nous, non seulement parce qu'elle « ne cause aucun trouble par sa présence » (elle ne fait pas souffrir le corps), mais parce que, du même coup, il n'y a pas à craindre de l'attendre (elle n'est pas un danger).

- Ainsi, conclut-il, « **tant que nous existons nous-même, la mort n'est pas et, quand la mort existe, nous ne sommes plus** ». C'est pourquoi il y a plus à craindre de la vie que de la mort.

24 De l'existence à l'existant

I Essence et existence

■ Reprenant la distinction introduite par le philosophe arabe Alfarabi (xe siècle), **Thomas d'Aquin** écrit dans *L'Être et l'Essence :* « L'existence est autre chose que l'essence ou quiddité ». Autrement dit, la notion de *ce qu'est* (en latin, *quid* signifie « ce que ») une chose, c'est-à-dire sa nature profonde ou **essence**, est tout à fait **distincte de son existence**, c'est-à-dire du fait qu'elle existe réellement ou non. Par exemple, je peux concevoir *ce qu'est* le phénix, même s'il n'existe pas. Il y a toutefois, selon Thomas d'Aquin, un être qui contient dans son essence sa propre existence : c'est Dieu.

■ Cependant, pour **Sartre**, dans *L'existentialisme est un humanisme,* « il y a au moins un être chez qui l'existence précède l'essence, un être qui existe avant de pouvoir être défini par aucun concept et cet être c'est l'homme ».

Pour **Sartre**, l'existence est première chez l'homme au sens où l'homme « surgit dans le monde » bien avant d'être défini, pensé, conçu. En cela, « l'homme est d'abord un projet qui se vit subjectivement »

II L'homme est un animal métaphysique

Dans *Le Monde comme volonté et comme représentation*, **Schopenhauer** écrit : « Excepté l'homme, aucun être ne s'étonne de sa propre existence » mais, « avec l'apparition de la raison, c'est-à-dire chez l'homme, elle [l'existence] s'éveille pour la première fois à la réflexion ; elle s'étonne de ses propres œuvres et **se demande à elle-même ce qu'elle est** ». En cela, ajoute-t-il, « l'homme est un animal métaphysique ».

III La contingence de l'existence

■ Dans *La Nausée,* Sartre donne une interprétation littéraire saisissante de l'**angoisse métaphysique**. Celle-ci consiste en une sorte d'évanouissement du sens des choses, qui culmine dans une prise de conscience intense de la **facticité de l'existence** : « L'essentiel, c'est la **contingence**. Je veux dire que, par définition, l'existence n'est pas la nécessité. Exister, c'est être là, simplement », écrit Sartre.

■ La facticité signifie alors que le fait d'exister n'est pour l'homme rien d'autre qu'un **fait contingent**, c'est-à-dire une simple possibilité parmi d'autres. L'homme *est là* (*Dasein* chez Heidegger), il *existe*, c'est comme ça, sans raison particulière.

La **« nausée » sartrienne** est précisément la perception de cette contingenc absurde du monde : « Tout est gratuit, ce jardin, cette ville et moi-même. Quand il arrive qu'on s'en rende compte, ça vous tourne le cœur et tout se met à flotter. »

Quiz express

Vérifiez que vous avez bien retenu les points importants des **fiches 21 à 24**.

1 « Ontologique » est un terme qui signifie :

- ☐ **a.** relatif à la honte
- ☐ **b.** relatif à l'être
- ☐ **c.** relatif au temps

2 Bachelard conçoit le temps avant tout comme :

- ☐ **a.** ce qui n'existe pas
- ☐ **b.** ce qui ne dure qu'un instant
- ☐ **c.** ce qui constitue une durée pure

3 Selon Heidegger, l'homme est un « être pour la mort », c'est-à-dire :

- ☐ **a.** un être qui ne pense qu'à la mort
- ☐ **b.** un être qui est destiné à mourir
- ☐ **c.** un être dont l'existence prend son sens dans la mort

4 Qui a écrit : « La mort n'est rien pour nous » ?

- ☐ **a.** Heidegger
- ☐ **b.** Sartre
- ☐ **c.** Épicure

5 « L'homme est un animal métaphysique » est une célèbre citation de :

- ☐ **a.** Aristote
- ☐ **b.** Kant
- ☐ **c.** Schopenhauer

6 Chez Sartre, la facticité de l'existence, c'est :

- ☐ **a.** l'idée que l'existence de l'homme n'est qu'un fait contingent
- ☐ **b.** l'idée que l'existence de l'homme est un fait artificiel
- ☐ **c.** l'idée que l'existence de l'homme est une illusion fausse

7 L'existentialisme de Sartre est héritier de la pensée de Heidegger :

- ☐ **a.** vrai
- ☐ **b.** faux

RÉPONSES

1. b • 2. b • 3. b • 4. c • 5. c • 6. a • 7. a

SUJET 6 | Kierkegaard, *Journal*

EXPLICATION DE TEXTE

Expliquez le texte suivant.

« Ce qui me manque, au fond, c'est de voir clair en moi, de *savoir ce que je dois faire*, et non ce que je dois connaître, sauf dans la mesure où la connaissance précède toujours l'action. Il s'agit de comprendre ma destination, de voir ce que Dieu au fond veut que je fasse ; il s'agit de trouver une vérité qui en soit une *pour moi*, de trouver *l'idée pour laquelle je veux vivre et mourir*. Et quel profit aurais-je d'en dénicher une soi-disant objective, de me bourrer à fond des systèmes des philosophes et de pouvoir, au besoin, les passer en revue ; d'en pouvoir montrer les inconséquences dans chaque problème ; quel profit pour moi de pouvoir développer une théorie de l'État et, avec des détails tirés de toutes parts, de combiner une totalité, de construire un monde où encore une fois je ne vivrais pas, et dont je ne serais que le montreur pour d'autres ? [...] Quel profit pour moi qu'une vérité qui se dresserait, nue et froide, sans se soucier que je la reconnusse ou non, productrice plutôt d'un grand frisson d'angoisse que d'une confiance qui s'abandonne ? Certes, je ne veux pas le nier, j'admets encore un *impératif de la connaissance* et qu'en vertu d'un tel impératif on puisse agir sur les hommes, *mais il faut alors que je l'absorbe vivant*, et *c'est cela* maintenant à mes yeux l'essentiel. C'est de cela que mon âme a soif, comme les déserts de l'Afrique aspirent après l'eau.

Søren Kierkegaard, *Journal*, I,
Éditions Gallimard, coll. « Les essais », 1963, p. 51-52.

DÉMARRONS ENSEMBLE

- Notez que le texte est tiré d'un **journal,** lieu d'expression par excellence de la subjectivité et de l'intimité. Cela confère au texte une valeur un peu différente, dont il faudra tenir compte, puisqu'il ne provient pas d'un traité ou d'un essai. Cela signifie en particulier que l'auteur est **engagé de manière personnelle** et intime dans les idées qu'il avance, et qu'il écrit d'abord ici pour lui-même.
- Dans ce type de texte, vous devez donc tenter de repérer les **grandes notions** concernées (ici, la connaissance, l'action, la vérité, l'existence) et d'isoler les idées ou thèses qui peuvent avoir la valeur d'**idées générales** indépendamment du caractère intime et personnel que le contexte peut tendre à leur donner. Ce sont des idées générales qui feront l'objet de la problématisation du texte.

CORRIGÉ

CORRIGÉ RÉDIGÉ

POINT MÉTHODE

Analyser la structure logique d'un texte

- Une fois que vous avez analysé le vocabulaire du texte, vous devez repérer les grandes étapes de l'argumentation, autrement dit le plan du texte. Celui-ci correspond à la **structure logique du raisonnement** selon laquelle les idées et les arguments s'enchaînent et doit permettre de distinguer **plusieurs parties** au sein desquelles vous devez tenir compte de deux aspects.
- Le premier, c'est le **contenu conceptuel**, c'est-à-dire l'idée que chaque partie expose ; ce qui suppose qu'à chaque partie différente correspond une idée différente, ou du moins, lorsqu'il s'agit de la même idée, un niveau d'interprétation différent de cette idée.
- Le second, c'est le **statut logique**, c'est-à-dire le rôle que joue chaque partie dans le développement d'ensemble de l'argumentation, ce qui revient à déterminer la relation logique selon laquelle on passe d'une partie à l'autre : cause, conséquence, restriction, opposition, etc.
- Pour ce faire, dressez une liste des assertions du texte et cherchez à regrouper celles qui constituent des unités logiques. Ainsi, dès lors que vous parvenez à réunir plusieurs assertions qui forment à la fois une **unité de sens** et une **unité logique**, vous dégagez du même coup une étape dans la stratégie d'argumentation d'ensemble, autrement dit une « partie » du texte.

[Le corrigé suivant est présenté sous forme de plan détaillé. Les titres en gras ne doivent en aucun cas figurer dans votre copie.]

[INTRODUCTION]

- Kierkegaard est connu pour être le philosophe qui fait entrer le moi sur la scène philosophique parce que le moi, le sien, est la grande énigme de sa vie. Son *Journal*, dont le texte proposé est extrait, témoigne de cette interrogation aiguë où se mêlent introspection personnelle et problématique philosophique.
- Alors que tous les philosophes de la tradition ont fait de la recherche de la vérité et de la connaissance l'objet même de leur quête, Kierkegaard décide d'évaluer la légitimité de cette recherche à l'aune du moi : l'entreprise de la connaissance est-elle souhaitable si elle n'est pas avantageuse pour le moi ? A-t-elle seulement un intérêt si elle n'a aucun bénéfice dans l'existence individuelle ?
- Kierkegaard oppose dans ce texte connaissance et existence, et fait de la seconde la valeur suprême à laquelle la première doit être surbordonnée.

I Étude linéaire

1. Kierkegaard affirme le primat de l'existence sur la connaissance

Restituez le déta[il] des idées en **citant** à chaque fois précisément les mots du text[e] sur lesquels vou[s] vous appuyez.

- Au-delà du travail personnel d'introspection auquel il se livre dans ce texte (« voir clair en moi », l. 1) et qui se présente comme la recherche du but de son existence (« comprendre ma destination », l. 3), le problème posé est celui de l'**articulation** de la **connaissance** (« ce que je dois connaître », l. 2) **et** de l'**action** (« ce que je dois faire », l. 1-2). Dès les premières lignes, Kierkegaard pense cette articulation en termes de hiérarchie : il s'agit d'abord de vivre, donc d'agir, bien avant de connaître.
- Par conséquent, Kierkegaard pose ici le **primat de l'existence sur la connaissance** en attribuant à l'existence concrète une valeur première et directrice dans sa quête philosophique. Cela est immédiatement renforcé par la transformation qu'il fait subir au concept philosophique classique de **vérité**. Pour lui, la vérité qu'il faut chercher n'est pas la vérité générale et objective qui livrerait l'essence des phénomènes : c'est celle qui a un **sens individuel** pour celui qui la cherche et qui peut être rapportée à l'horizon de son existence singulière (« une vérité qui en soit une *pour moi* », l. 4-5). Autrement dit, il s'agit de chercher une vérité qui donne un sens à l'existence (« l'idée pour laquelle je veux vivre et mourir », l. 5).

2. Kierkegaard critique la vérité objective des philosophes

- Construite sur une **anaphore** (« quel profit », l. 4, 8, 11), la seconde partie du texte est constituée d'une série de **questions oratoires** dont la réponse est implicitement évidente (le profit serait nul).
- La vérité objective des philosophes n'est qu'une hypocrisie (« soi-disant objective », l. 6) car elle se fonde sur des constructions théoriques et générales (les « systèmes des philosophes », l. 7) qui, non seulement ont des failles (« inconséquences », l. 8), mais surtout forment des **totalités abstraites éloignées de l'existence concrète** (« un monde où encore une fois je ne vivrais pas », l. 10-11).

3. Kierkegaard confirme le primat de l'existence sur la connaissance

Le texte s'achève sur l'idée que l'exigence du savoir (« l'impératif de la connaissance », l. 15) est légitime et digne d'intérêt, mais à condition qu'elle soit encadrée et dirigée par une **exigence supérieure** que l'on pourrait appeler l'impératif de l'existence (« il faut alors que je l'absorbe vivant », l. 16).

II Discussion critique

> Essayez de montrer les **relations** entre les idées de l'auteur et celles d'autres philosophes que vous connaissez.

- L'intérêt philosophique du texte réside tout d'abord dans la dénonciation de la survalorisation de l'entreprise de la connaissance chez les philosophes. Kierkegaard rejoint ici Nietzsche qui en fera plus tard la critique systématique en contestant la valeur de la vérité elle-même : « Pourquoi vous faut-il à toute force la vérité ? », écrira-t-il dans *Par-delà le bien et le mal*. Dans cet ouvrage, il s'emploie d'ailleurs à détruire les « préjugés des philosophes » et prend le temps de faire ce à quoi Kierkegaard renonce ici : montrer leurs « inconséquences » dans chaque problème.
- En outre, en plaçant au premier plan de sa quête philosophique l'**importance de l'existence**, Kierkegaard inaugure la philosophie existentielle moderne qui aboutira, au XXe siècle, à l'**existentialisme**.
- Dans *L'existentialisme est un humanisme*, Sartre va en effet dans le même sens lorsqu'il affirme que « l'homme est d'abord un projet qui se vit subjectivement ».
- De la même manière, Camus s'inscrit lui aussi dans l'héritage kierkegaardien. Dans *Le Mythe de Sisyphe*, il écrit en écho direct avec ce texte : « Si je me demande à quoi juger que telle question est plus pressante que telle autre, je réponds que c'est aux actions qu'elle engage. »

[CONCLUSION]

Après Kierkegaard, l'impératif de la connaissance ne peut plus être l'impératif évident de la quête philosophique. Celui-ci doit être évalué à l'aune du moi et de l'existence individuelle. Aussi, le psychanalyste Jacques Lacan a raison de dire de Kierkegaard qu'il est « le questionneur le plus aigu de l'âme avant Freud ». Nul autre avant lui n'avait fait de l'existence vécue l'objet central de la philosophie.

La culture

Il ne s'est [...] jamais trouvé aucune bête si parfaite, qu'elle ait usé de quelque signe, pour faire entendre à d'autres animaux quelque chose qui n'eût point de rapport à ses passions.

Descartes, *Discours de la méthode*

Le langage 71

L'art 79

Le travail et la technique 87

La religion 96

L'histoire 105

La culture

Du latin *cultura*, qui signifie au sens propre « action de cultiver la terre, agriculture » et au sens figuré « culture de l'esprit, de l'âme », le terme de culture est devenu en philosophie (par transposition du terme allemand *Kultur* et sous l'influence de l'ethnologie moderne) synonyme de « **civilisation** ».

La définition la plus précise, aujourd'hui classique, en a été donnée en 1871 par l'ethnologue E. B. Tylor, dans son ouvrage *La Culture primitive* : « Culture ou civilisation pris dans son sens ethnologique le plus étendu, est ce tout complexe qui comprend les sciences, les croyances, les arts, la morale, les lois, les coutumes et les autres facultés ou habitudes acquises par l'homme en tant que membre de la **société** ».

Dès lors, la culture s'oppose à la nature et permet de distinguer « deux grands ordres de faits », comme le souligne Claude Lévi-Strauss. « La **nature**, c'est tout ce qui est en nous par **hérédité biologique** ; la **culture**, c'est au contraire [...] toutes les habitudes ou aptitudes apprises par l'homme en tant que membre d'une société », grâce à l'**éducation**. La première nous rapproche de l'animalité et la seconde n'est rien d'autre que « cet **univers artificiel** qui est celui dans lequel nous vivons en tant que membres d'une société » (G. Charbonnier, *Entretiens avec Claude Lévi-Strauss*). Tandis que l'ordre de la nature est celui des **instincts**, l'ordre de la culture est donc celui des **institutions**, et comprend tout ce que l'homme ajoute à la nature par son travail, comme la technique, l'art ou la religion. Les productions culturelles manifestent ainsi les pouvoirs de la **raison** humaine, et révèlent l'importance du **langage**.

Nature et **culture** constituent une distinction conceptuelle classique, aussi bien en philosophie qu'en sciences humaines et sociales.

Toutefois, le terme culture s'applique également à la culture particulière d'une société donnée (par exemple, la culture européenne, la culture aborigène...) et témoigne de la **diversité des cultures**, dont Lévi-Strauss nous dit dans *Race et Histoire* qu'elle est elle-même « un phénomène naturel, résultant des rapports directs ou indirects entre les sociétés ». Lévi-Strauss appelle alors **ethnocentrisme** l'attitude qui consiste à « rejeter hors de la culture, dans la nature, tout ce qui ne se conforme pas à la norme sous laquelle on vit » et qui naît de la tendance que les êtres humains ont à ressentir « cette même répulsion, en présence de manières de vivre, de croire ou de penser qui [leur] sont étrangères ». Ainsi, conclut-il, « le barbare, c'est d'abord l'homme qui croit à la barbarie ».

25 Le langage : terminologie et citations clés

I Terminologie

- Du latin *lingua* (« langue » au sens de l'organe de la parole), le langage désigne ordinairement « la faculté qu'ont les hommes de s'entendre au moyen de **signes vocaux** » (André Martinet, *Éléments de linguistique générale*).
- Autrement dit, le langage est la faculté de parler dans le but de communiquer. Il s'agit donc à la fois d'un **phénomène organique** lié à la voix et d'un **phénomène psychique** lié à la pensée.

On distingue généralement dans le langage un **moyen d'expression** et un **moyen de communication**.

II Citations

« Le critère même de la culture, c'est le langage.

Claude Lévi-Strauss, *Entretiens avec Georges Charbonnier*.

« La langue est un système de signes exprimant des idées.

Ferdinand de Saussure, *Cours de linguistique générale*.

« Nous découvrons bien évidemment qu'entre elles [les bêtes] il y a une pleine et entière communication et qu'elles s'entr'entendent.

Montaigne, *Essais*.

« Il ne s'est [...] jamais trouvé aucune bête si parfaite, qu'elle ait usé de quelque signe, pour faire entendre à d'autres animaux quelque chose qui n'eût point de rapport à ses passions.

Descartes, *Discours de la méthode*.

« Ce qui fait que les bêtes ne parlent point comme nous, est qu'elles n'ont aucune pensée.

Descartes, *Lettre au marquis de Newcastle du 23 novembre 1646*.

« Le langage technique de la philosophie représente les tendances de diverses écoles pour obtenir une expression explicite des idées générales que les faits d'expérience présupposent.

Alfred North Whitehead, *Procès et Réalité*.

26 Qu'est-ce que le langage ?

I Le langage, critère de démarcation entre nature et culture

Bergson définit l'homme comme un ***homo faber*** ou « homme fabricateur » car son intelligence consiste avant tout dans « la faculté de fabriquer des objets artificiels ».

- Pour **Lévi-Strauss**, la ligne de démarcation entre la nature et la culture ne se situe pas dans la capacité qu'a l'homme de fabriquer des outils (*homo faber*) mais bien dans le « langage articulé ».
- En effet, le langage est « le **fait culturel par excellence** » : d'abord parce qu'il s'acquiert par l'éducation et, à ce titre, constitue « une partie de la culture » ; ensuite, parce qu'il est « le moyen privilégié par lequel nous assimilons la culture de notre groupe » ; enfin, parce que toutes les autres productions culturelles (l'art, la religion, le droit, etc.) reposent sur lui.
- Par conséquent, « le critère même de la culture, c'est le langage » (G. Charbonnier, *Entretiens avec Claude Lévi-Strauss*).

II De la parole à la langue : le signe linguistique

- Dans son *Cours de linguistique générale* (Introduction, 3), **Ferdinand de Saussure** décompose la faculté du langage en « faculté de parler » et en « faculté de constituer une langue ». La **parole** constitue l'exercice individuel et accessoire du langage, tandis que la **langue** en est « la partie sociale » et essentielle.
- Dès lors, « la langue est un **système de signes** exprimant des idées » qui repose sur une « convention » : pour chaque signe linguistique, un signifié (une idée ou concept) se trouve associé à un signifiant (« image acoustique » ou représentation à la fois graphique et phonétique du signifié) « en vertu d'une sorte de contrat passé entre les membres de la communauté ».
- En cela, « la langue est une **convention** » et constitue « une institution sociale ». Saussure appelle alors « langage articulé » le langage humain, au sens où il constitue une chaîne de signes linguistiques articulés entre eux.

Le **signifiant** et le **signifié** sont des concepts fondamentaux qui ont eu une influence sur toute la pensée du XXe siècle, par exemple dans la sociologie de Jean Baudrillard avec la notion de signifiant de consommation.

27 Y a-t-il un langage animal ?

I Le langage des bêtes

- Dans ses *Essais* (II, 12), **Montaigne** écrit à propos des bêtes : « Nous découvrons bien évidemment qu'entre elles il y a une pleine et entière communication et qu'elles s'entr'entendent [...] car qu'est-ce autre chose que parler, cette faculté que nous leur voyons de se plaindre, de se réjouir, de s'entr'appeler au secours, de se convier à l'amour comme [elles] font par l'usage de leur voix ? »
- Autrement dit, les **animaux ont eux aussi la faculté de parler et de communiquer**, et c'est seulement parce qu'ils ne les comprennent pas que, par orgueil, les humains se considèrent comme étant au-dessus des animaux.

II La parole ne convient qu'à l'homme seul

Pour **Descartes**, au contraire, les animaux « ne peuvent parler ainsi que nous, c'est-à-dire en témoignant qu'ils pensent ce qu'ils disent » *(Discours de la méthode,* V*)*. Car « il ne s'est [...] jamais trouvé aucune bête si parfaite, qu'elle ait usé de quelque signe, pour faire entendre à d'autres animaux quelque chose qui n'eût point de rapport à ses passions ».

> C'est pourquoi « la parole [...] ne convient qu'à l'homme seul » et « ce qui fait que les bêtes ne parlent point comme nous, est qu'elles n'ont aucune pensée » (Descartes, *Lettre au marquis de Newcastle du 23 novembre 1646*).

III La double articulation du langage humain

- Selon **André Martinet**, la propriété qu'a le langage humain d'être un « langage articulé » est **double**. Dans ses *Éléments de linguistique générale* (chapitre 1), il montre qu'un énoncé linguistique peut en effet être décomposé en **monèmes** (unités de première articulation), qui correspondent aux signes linguistiques définis par Saussure et qui sont constitués d'un signifiant et d'un signifié (par exemple, « tête » est un monème).
- À son tour, chaque monème peut être décomposé en **phonèmes** (unités de deuxième articulation), qui correspondent aux petites unités phoniques qui entrent dans la composition des monèmes et qui ne peuvent pas être décomposées en signes plus petits (par exemple, [t-ɛ-t] sont les phonèmes du monème « tête »).
- D'après Martinet, cette double articulation « existe dans toutes les langues décrites jusqu'à ce jour » et constitue le propre du langage humain.

28 Les faiblesses du langage naturel et les langues formelles

I Langage ordinaire et langage philosophique

■ Dans *Procès et Réalité* (I, 1), **Whitehead** dénonce les **insuffisances du langage ordinaire** : « C'est pure crédulité que de prendre les formulations du langage pour des énoncés adéquats de proposition », car « le langage est entièrement indéterminé ». Pourtant, « l'outil que requiert la philosophie est le langage » puisque celle-ci cherche à « exprimer dans une forme explicite les généralités les plus grandes ».

■ C'est pourquoi, en philosophie, « les mots et les expressions doivent être portés à un degré de généralité étranger à leur usage ordinaire ». Ainsi, « le langage technique de la philosophie représente les tendances de diverses écoles pour obtenir une expression explicite des idées générales que les faits d'expérience présupposent ».

Dans *Aventures d'idées* (XV, I), Whitehead poursuit en disant que le but même de la **philosophie**, « est donc de creuser sous la clarté apparente du langage courant ».

II La caractéristique de Leibniz : une langue universelle symbolique

■ Dans une lettre à Jean Berthet de 1677, **Leibniz** forge l'utopie d'« arriver à la caractéristique ou écriture universelle » qui « donnerait une écriture, ou si vous voulez langue universelle, qui s'entendrait de tous les peuples ». Elle consisterait en un ensemble de **caractères simples et univoques**, de telle sorte que « cette langue s'apprendrait tout entière en peu de jours, et ne se saurait oublier ».

■ Dans *La Caractéristique géométrique*, Leibniz s'attaque à ce gigantesque projet en tentant de créer une **nouvelle géométrie** consistant à « exprimer complètement une figure en n'utilisant que des caractères ». En effet, écrit-il, « les caractères sont très simples et ne s'appuient, en dehors des lettres, que sur quelques symboles ». Ils permettent ainsi d'échapper à l'ambiguïté des mots : c'est l'origine de la **logique**.

■ Ce projet, totalement nouveau au XVIIe siècle, sera repris sous d'autres formes au XXe siècle, notamment dans la logique mathématique de Bertrand Russell.

La **logique** est « conçue de manière à fournir, au moyen de ses symboles, une expression parfaitement précise des propositions mathématiques (**Russell** et Whitehead, *Principia mathematica*, Introduction).

Quiz express

Vérifiez que vous avez bien retenu les points importants de l'**introduction** et des **fiches 25 à 28**.

1 Qui a écrit : « Le critère même de la culture, c'est le langage » ?
- ☐ **a.** Claude Lévi-Strauss
- ☐ **b.** Georges Charbonnier
- ☐ **c.** Ferdinand de Saussure

2 La langue est un système de signes. Un signe, c'est :
- ☐ **a.** un élément ne signifiant rien par lui-même
- ☐ **b.** un élément composé d'un signifiant et d'un signifié
- ☐ **c.** un élément composé d'un signifiant sans signifié

3 Pour Descartes, les animaux :
- ☐ **a.** sont capables de communiquer uniquement par signes
- ☐ **b.** sont incapables d'employer des signes pour communiquer
- ☐ **c.** se comprennent sans avoir besoin d'aucun signe

4 La distinction entre signifiant et signifié est due à :
- ☐ **a.** René Descartes
- ☐ **b.** Ferdinand de Saussure
- ☐ **c.** André Martinet

5 Qui est l'auteur de cette phrase : « Ce qui fait que les bêtes ne parlent point comme nous, est qu'elles n'ont aucune pensée » ?
- ☐ **a.** René Descartes
- ☐ **b.** Montaigne
- ☐ **c.** Émile Benveniste

6 La logique est :
- ☐ **a.** un langage formel aussi précis que les mathématiques
- ☐ **b.** une pensée claire qui se situe au-delà du langage
- ☐ **c.** le moyen de communication des philosophes

RÉPONSES

1. a • **2.** b • **3.** b • **4.** b • **5.** a • **6.** a

SUJET 7 | Nos paroles traduisent-elles nos pensées ?

DISSERTATION

DÉMARRONS ENSEMBLE

■ Le terme « paroles » indique que le sujet se rapporte, parmi les notions inscrites au programme, à celle de langage, quoique l'angle de vue semble au premier abord restreint à la dimension orale du langage. Notez la **symétrie** entre « **paroles** » (mots, phrases, discours) et « **pensées** » (idées, jugements, émotions). De toute évidence, le sujet interroge sur la relation problématique qui existe entre le fait de parler et le fait de penser.

■ Cette relation doit être questionnée de manière large à partir de l'angle d'attaque proposé par le sujet pour la penser, celui de la « **traduction** ». Demandez-vous en quel sens il faut entendre ici ce mot pour que le sujet ait un sens. Nos paroles expriment-elles nos pensées ? Tel semble être le sens de la question, à condition de l'entendre comme : nos paroles restituent-elles fidèlement nos pensées, comme un traducteur le ferait pour la pensée d'un auteur ?

CORRIGÉ

CORRIGÉ RÉDIGÉ

POINT MÉTHODE

Construire le plan d'une dissertation

■ Le plan d'une dissertation consiste à déterminer les différentes **parties du raisonnement** qui va permettre de répondre à la problématique. Cela signifie imaginer la structure logique du développement de votre dissertation. On considère généralement que celle-ci doit obéir au modèle du plan dialectique en trois parties.

■ Le **plan dialectique** ne correspond pas à la caricature qu'on en fait souvent sous la forme du slogan hégélien « thèse – antithèse – synthèse » car, à proprement parler, celui-ci revient à affirmer une idée, puis à la nier, pour finir par hésiter (oui – non – ça dépend).

■ Parce qu'il doit progresser vers une solution, le plan de la dissertation doit plutôt obéir au modèle « **hypothèse – parathèse – métathèse** », ce qui revient cette fois à affirmer une idée, puis à développer une ou plusieurs objections, pour finir par en déduire une thèse finale meilleure que les précédentes (oui – mais – donc).

[Le corrigé suivant est présenté sous forme de plan détaillé. Les titres en gras ne doivent en aucun cas figurer dans votre copie.]

[INTRODUCTION]

■ On dit souvent que nos **paroles** ont dépassé notre **pensée**, comme si les mots avaient pensé plus vite que nous ou avaient pensé ce que nous ne voulions pas penser. S'il est vrai, comme l'écrit Freud dans *Psychopathologie de la vie quotidienne*, que « c'est, non pas l'influence des effets de contact des sons, mais celle de pensées situées à l'extérieur de l'intention qui sous-tend le discours, qui est déterminante dans la naissance du lapsus », alors, il faut reconnaître l'existence d'un écart entre nos paroles et nos pensées.

■ Dès lors, on peut se demander si nos paroles sont capables de traduire correctement nos pensées. Dans quelle mesure la parole est-elle un moyen d'expression de la pensée ? Y a-t-il des pensées que la parole ne peut pas exprimer ? Comment faut-il concevoir les rapports entre penser et parler ?

I Nos paroles expriment nos pensées

1. Le circuit de la parole : un moyen de communiquer nos pensées

Dans son *Cours de linguistique générale*, **Saussure** décrit le circuit de la parole qui s'établit entre deux interlocuteurs : dans le cerveau, une **pensée (signifié)** est d'abord associée à une **image acoustique (signifiant)** ; ensuite, le cerveau transmet cette image acoustique à la voix qui en fait un son, lequel se propage enfin par une onde sonore jusqu'à l'oreille de l'interlocuteur. Par ce biais, nos pensées s'extériorisent et se communiquent aux autres.

2. « C'est dans le mot que nous pensons »

Dans l'*Encyclopédie des sciences philosophiques* (III, § 463), **Hegel** écrit que nos pensées, qui constituent notre activité interne la plus haute, ne deviennent des « pensées réelles et déterminées » que lorsqu'elles s'extériorisent par le langage, en prenant la forme objective des mots.

En effet, « c'est dans le mot que nous pensons » et la pensée « ne devient claire que lorsqu'elle trouve le mot ».

II Cependant, il y a des pensées que nous ne parvenons pas à exprimer

1. « La pensée demeure incommensurable avec le langage »

■ Dans son *Essai sur les données immédiates de la conscience*, **Bergson** montre que le langage **ne permet pas d'exprimer notre intériorité profonde**, qui s'oppose à notre moi de surface en contact avec le monde extérieur.

Nous ressentons en effet quantité d'affects et d'émotions uniques mais « le langage désigne ces états par les mêmes mots chez tous les hommes » et ne permet pas d'exprimer adéquatement ce qu'il y a de singulier en chacun. Ainsi, écrit-il, « nous échouons à traduire ce que notre âme ressent : la pensée demeure incommensurable avec le langage ».

2. L'incapacité du langage naturel à exprimer nos pensées les plus fines

Dans *Procès et Réalité,* **Whitehead** écrit que « le langage est entièrement indéterminé » et qu'il « échoue à exprimer dans une forme explicite les généralités les plus grandes – ces généralités mêmes que la métaphysique cherche à exprimer ». Dans l'Introduction aux *Principia mathematica,* il constate avec **Russell** les mêmes insuffisances à propos des idées mathématiques : « La simplicité très abstraite des idées de cet ouvrage met le langage en échec. »

III C'est par la parole que notre pensée se développe

1. Penser, c'est se parler à soi-même

Dans le *Sophiste* (263 e), **Platon** définit la pensée comme « ce dialogue intérieur que l'âme entretient en silence avec elle-même ». Dans le *Théétète* (189 e-190 a), il explique : « Voici ce que me semble faire l'âme quand elle pense : rien d'autre que dialoguer, s'interrogeant elle-même et répondant. »

Autrement dit, l'activité de pensée n'est rien d'autre qu'une **parole intérieure** que l'on s'adresse à soi-même.

2. Penser, c'est élaborer par la parole

La **cure psychanalytique** a toujours été définie, depuis la célèbre formule d'Anna O., comme une *talking cure* ou « cure par la parole ». Au sujet de l'analyste et de l'analysant, **Freud** souligne dans *La Question de l'analyse profane* qu'« il ne se passe entre eux rien d'autre que ceci : ils parlent ensemble ».

Dès lors, c'est bien par la **parole et elle seule** que s'accomplit le travail psychique de la pensée qui conduit l'analysant à éliminer ses symptômes et à se transformer psychiquement, sous l'effet de ce que Freud nomme la « perlaboration » ou processus d'intégration psychique des interprétations de l'analyste.

[CONCLUSION]

Si nos paroles sont naturellement destinées à exprimer nos pensées, elles n'y parviennent pas toujours. La pensée s'enracine dans notre inconscient, là où les mots n'ont pas toujours accès. C'est pourquoi la parole demeure essentielle pour objectiver ce que nous pensons.

29 L'art : terminologie et citations clés

I Terminologie

■ Du latin *ars* (« talent, savoir-faire, habileté », équivalent du grec *technê*), le terme d'art s'applique primitivement à toute production *(poïêsis)* issue de l'habileté humaine et obéissant à certaines règles d'exécution. À ce titre, l'art relève de l'**artificiel** (l'ordre des *artefacts,* c'est-à-dire des objets fabriqués par l'homme) par opposition au **naturel** (l'ordre de ce qui existe dans la nature indépendamment de l'homme).

■ À partir du XIXe siècle, le terme d'art prend toutefois une **signification plus restreinte** en s'appliquant seulement aux productions des beaux-arts, qui sont pour Hegel au nombre de six (l'architecture, la sculpture, la peinture, la musique, la danse et la poésie), le cinéma devenant au cours du XXe siècle le « septième art ».

Hegel appelle « esthétique » la science du beau ou « philosophie des **beaux-arts** », que l'on considère plus généralement aujourd'hui comme la philosophie de l'art.

II Citations

« « Le beau artistique est plus *élevé* que le beau dans la nature » car la beauté artistique est la beauté née et comme deux fois née de l'esprit.

Hegel, *Esthétique.*

« Est beau ce qui plaît universellement sans concept.

Kant, *Critique de la faculté de juger.*

« Se rappeler qu'un tableau, avant d'être un cheval de bataille, une femme nue ou une quelconque anecdote, est essentiellement une surface plane recouverte de couleurs en un certain ordre assemblées.

Maurice Denis, dans la revue *Art et critique.*

« Le génie ne fait rien que d'apprendre d'abord à poser des pierres, puis à bâtir, rien que de chercher toujours des matériaux et de toujours les travailler.

Nietzsche, *Humain, trop humain.*

« L'art est un langage : instrument de connaissance et instrument de communication.

Jean Dubuffet.

30 L'art et la beauté : qu'est-ce que le beau ?

I L'essence du beau ou le beau en soi

Dans *Hippias majeur*, **Platon** pose la question : « Qu'est-ce que le beau ? » Une telle question implique selon lui de rechercher ce qu'est le **beau en soi** ou l'**essence universelle du beau**, c'est-à-dire « cette beauté qui, s'ajoutant à un objet quelconque, fait qu'il est beau, qu'il s'agisse de pierre ou de bois, d'un homme ou d'un dieu, d'une action ou d'une science » (292 d).

II Beauté naturelle et beauté artistique

- Alors que Platon considère le beau comme ce qui s'applique indifféremment à toutes les choses belles, **Hegel** établit une distinction et une hiérarchie entre le **beau dans la nature** et le **beau dans l'art**.

- Selon lui, « le beau artistique est plus *élevé* que le beau dans la nature » car « la beauté artistique est la beauté née et comme deux fois née de l'esprit ».

Au XXe siècle, le photographe **Helmut Newton** illustre cette idée lorsqu'il note dans son carnet : « Tout ce qui est beau est faux », « le plus beau des gazons est en plastique ».

III Le jugement de goût et l'universalité du beau

- Dans la *Critique de la faculté de juger*, **Kant** appelle jugement de goût la faculté d'apprécier un objet beau, c'est-à-dire qui procure un **plaisir désintéressé et libre**.

- En tant que tel, puisque le plaisir qu'il procure « ne se fonde pas sur quelque inclination du sujet », alors, l'objet beau « doit contenir un principe de satisfaction pour tous ». Lorsque quelqu'un « dit qu'une chose est belle, il attribue aux autres la même satisfaction ; il ne juge pas seulement pour lui, mais pour autrui » au sens où « *il exige* l'adhésion des autres ».

- Par conséquent, le beau est **universel** et, comme il repose sur un plaisir esthétique et non sur un concept logique, Kant le définit ainsi : « Est beau ce qui plaît universellement sans concept ».

31 L'art et la nature : le problème de l'imitation

I L'esthétique classique et l'imitation de la nature

■ Dans la *Physique* (II, 2), Aristote écrit que « l'art imite la nature », ce qu'il précise dans la *Poétique* en affirmant que les arts « sont tous d'une manière générale des **imitations** » : c'est selon lui le cas de l'épopée, de la tragédie, de la comédie, de la musique, de la peinture...

■ Pendant des siècles, les philosophes et les artistes ont ainsi considéré que la plus haute finalité de l'art était d'imiter le plus fidèlement possible la nature, comme Zeuxis qui peignit des raisins si réalistes que des oiseaux tentèrent de les picorer sur la toile (pensez aussi aux peintures en « trompe-l'œil »).

Un peintre comme **Ingres** affirme encore au XIXe siècle : « L'art n'est jamais plus parfait que lorsqu'on peut le prendre pour la nature elle-même. »

II L'esthétique moderne et l'expressivité formelle

■ Dans son *Esthétique*, **Hegel** est l'un des premiers à **dénoncer** l'art mimétique : « En voulant rivaliser avec la nature par l'imitation, l'art restera toujours au-dessous de la nature et pourra être comparé à un ver de terre faisant des efforts pour égaler un éléphant. »

■ La naissance de l'**art moderne**, avec l'impressionnisme, le cubisme, l'art abstrait, le surréalisme... va alors accomplir une véritable **révolution**. « L'art consiste à inventer et non à copier » : il « doit être libre dans son invention, il doit nous enlever à la réalité trop présente », écrit le peintre cubiste Fernand Léger dans *Fonctions de la peinture*.

■ Ainsi, l'œuvre d'art *moderne* accorde plus d'importance aux moyens formels qu'au sujet : « Toute toile, même non représentative, qui procède des rapports harmonieux des trois forces : couleur, valeur, dessin, est œuvre d'art », écrit-il.

En 1890, dans la revue *Art et critique*, le peintre **Maurice Denis** donne aussi cette célèbre définition : « Se rappeler qu'un tableau, avant d'être un cheval de bataille, une femme nue ou une quelconque anecdote, est essentiellement une surface plane recouverte de couleurs en un certain ordre assemblées. »

32 L'art et la création : la fabrique de l'œuvre d'art

I L'inspiration en question

- Dans *Ion*, **Platon** écrit au sujet des poètes que « ce n'est pas par un effet de l'art qu'ils disent tant et de si belles choses [...] mais par l'effet d'une grâce divine », c'est-à-dire d'une **inspiration**. En effet, leurs poèmes sont « l'œuvre des dieux, les poètes n'étant, de leur côté, que les interprètes de ces derniers » (534 c-e).

Pour Platon, l'œuvre d'art n'est pas créée mais reçue par l'artiste dans un état de **possession divine**.

- Cette théorie de l'inspiration, qui alimente les clichés populaires sur la création artistique, a été fortement **remise en cause** par les artistes eux-mêmes. Ainsi, dans sa *Poétique musicale*, le compositeur Igor Stravinsky écrit : « Cet appétit qui s'éveille en moi à la seule idée de mettre en ordre des éléments notés n'est pas du tout chose fortuite comme l'inspiration, mais habituelle et périodique, sinon constante, comme un besoin de nature. »

II Le génie et le travail

- Dans *Humain, trop humain* (I, § 162), **Nietzsche** affirme que « c'est notre vanité, notre amour-propre qui nous poussent au culte du génie : car il nous faut l'imaginer très loin de nous, en *miraculum*, pour qu'il ne nous blesse pas ». Autrement dit, le meilleur moyen de ne pas être touché par le génie est de le croire intouchable.
- Or, pour Nietzsche, l'activité du génie n'est pas différente de celle de l'inventeur mécanicien, du savant astronome... Dans tous les cas, elle consiste en un **travail** passionné auquel tous les éléments du quotidien servent de matériau.
- C'est pourquoi, poursuit-il, « le génie ne fait rien que d'apprendre d'abord à poser des pierres, puis à bâtir, rien que de chercher toujours des matériaux et de toujours les travailler ».

Quiz express

Vérifiez que vous avez bien retenu les points importants des **fiches 29 à 32**.

1 L'opposition classique entre le naturel et l'artificiel signifie que :

☐ **a.** est naturel ce qui est authentique et vrai, tandis qu'est artificiel ce qui est factice et simulé

☐ **b.** est naturel ce qui existe sans l'intervention de l'homme, tandis qu'est artificiel ce qui est fabriqué par l'homme

2 Qu'est-ce que l'esthétique ?

☐ **a.** La philosophie du beau et de l'art

☐ **b.** Le penchant naturel de l'homme pour le beau

☐ **c.** L'art de prendre soin de son corps et de le rendre beau

3 « Est beau ce qui plaît universellement sans concept » : qui est l'auteur de cette célèbre définition du beau ?

☐ **a.** Platon ☐ **b.** Hegel ☐ **c.** Kant

4 « L'art imite la nature » est :

☐ **a.** une formule d'Aristote, qui a été longtemps le mot d'ordre de l'art classique

☐ **b.** une formule de Platon pour dénoncer le vide de la création artistique

☐ **c.** une formule qui énonce la finalité de l'art moderne selon Hegel

☐ **d.** une formule célèbre prononcée par Claude Monet lorsqu'il peignait les *Nymphéas*

5 Hegel considère que le beau dans l'art est plus élevé que le beau dans la nature :

☐ **a.** vrai

☐ **b.** faux

6 Quand Nietzsche écrit que « le génie ne fait rien que d'apprendre d'abord à poser des pierres », que veut-il dire ?

☐ **a.** Que les grands génies ont tous commencé leur carrière comme maçons

☐ **b.** Que le génie est un talent intellectuel qui se révèle seulement chez ceux qui combinent à cela le travail manuel

☐ **c.** Que le génie n'est pas inné et immédiat, mais qu'il se construit patiemment par le travail

RÉPONSES

1. b • 2. a • 3. c • 4. a • 5. a • 6. c

SUJET 8 | Le beau, est-ce ce qui ne sert à rien ?

DISSERTATION

DÉMARRONS ENSEMBLE

- Voilà un sujet dont la formulation peut être dite de type « X, est-ce Y ? » C'est une formulation assez classique qui invite à faire l'**examen critique d'une notion** (« le beau ») à travers une possible définition de celle-ci (« ce qui ne sert à rien »), laquelle doit être analysée, critiquée, débattue. Bien entendu, la première notion du programme concernée est l'**art**, mais pas seulement puisque la beauté peut s'appliquer à autre chose que des œuvres artistiques.
- Ce sujet nous demande donc de manière générale : qu'est-ce que le beau ? Toutefois, il ne faut pas ignorer le reste de l'énoncé, qui exige d'examiner cette question sous un angle particulier, celui de l'**utilité** (servir à quelque chose, ne servir à rien). Autrement dit, le sujet demande si le **beau** est quelque chose d'**inutile**. Le problème à traiter est donc celui qui met en tension beauté et utilité, même si l'objectif ultime est de définir le beau.

CORRIGÉ

CORRIGÉ RÉDIGÉ

POINT MÉTHODE

Composer une copie de dissertation

- **Rédigez seulement l'introduction** au brouillon pour vous mettre à l'aise avec l'écriture et, ensuite, écrivez directement le devoir au propre : vous perdrez moins de temps et gagnerez en vitalité intellectuelle pour aller jusqu'au bout. Dans tous les cas, rédigez au minimum une copie double (quatre pages) et au maximum trois copies doubles.
- **Séparez** nettement l'introduction du développement, et le développement de la conclusion en sautant deux lignes. À l'intérieur du développement, distinguez également les **parties** en sautant une ligne entre chacune. Et à l'intérieur de chaque partie, distinguez les **sous-parties** par des paragraphes indépendants, facilement repérables sous forme d'alinéas. À la suite du dernier d'entre eux, à la fin de chaque partie, rédigez une courte **transition**.
- **Soignez** la **langue** française et votre **style** (cherchez le mot juste, faites des phrases claires et directes, veillez à la fluidité de leur enchaînement).

[Le corrigé suivant est présenté sous forme de plan détaillé. Les titres en gras ne doivent en aucun cas figurer dans votre copie.]

[INTRODUCTION]

Face au spectacle de la folie des hommes et de la misère du monde, la quête artistique du beau peut apparaître au premier abord comme quelque chose de futile et d'accessoire. Le beau, en effet, appartient au monde de l'art et des musées et, à ce titre, se présente plutôt comme un objet de loisir que comme une préoccupation fondamentale, contrairement au travail, par exemple, considéré comme l'activité la plus utile qui soit, tant elle est indispensable à la vie et à la survie des hommes.

Dès lors, on peut se demander si le beau se réduit, selon l'expression du langage courant, à « ce qui ne sert à rien ». En quoi le beau s'oppose-t-il à la sphère de l'utile ? La quête de la beauté peut-elle néanmoins être profitable et bénéfique ? Quelle est, en définitive, l'essence du beau ?

I Le beau s'oppose à l'utile

1. Le beau est matériellement inutile

Le beau est, par définition, ce qui provoque en nous un sentiment de plaisir intense que l'on appelle émotion esthétique, et qui est lié à la perception d'une forme sensible. Dans *La Pesanteur et la Grâce*, Simone Weil écrit : « La beauté séduit la chair pour obtenir la permission de passer jusqu'à l'âme. » En cela, le beau n'est source d'aucun profit ni d'aucun avantage pour la satisfaction des besoins matériels.

2. La beauté artistique lève le voile de l'utilité et révèle le réel

Dans *Le Rire*, Bergson remarque que « la vie exige que nous appréhendions les choses dans le rapport qu'elles ont à nos besoins ». C'est pourquoi « l'*individualité* des choses et des êtres nous échappe toutes les fois qu'il ne nous est pas matériellement utile de l'apercevoir ».

L'art, au contraire, permet d'éviter cela et nous fait entrer en **communication immédiate** avec les choses : « L'art n'a d'autre objet que d'écarter les symboles pratiquement utiles, les généralités conventionnellement et socialement acceptées, enfin tout ce qui nous masque la réalité, pour nous mettre face à face avec la réalité même. »

II Mais la quête de la beauté peut être bénéfique

1. Le beau au service du progrès : le « beau utile »

Dans son essai intitulé *William Shakespeare* (II, 6), **Victor Hugo** remet en cause l'opposition du beau et de l'utile : « L'utile, loin de circonscrire le sublime, le grandit. » En effet, « l'art pour l'art peut être beau, mais l'art pour le progrès est plus beau encore », écrit-il. « Être utile, ce n'est qu'être utile ; être beau, ce n'est qu'être beau ; être **utile et beau**, c'est être **sublime**. »

2. « La laideur se vend mal » : les bénéfices économiques du beau

Dans les années 1930, les entreprises américaines vantaient leurs produits pour leurs performances, sans se soucier de leur aspect esthétique. En devenant l'un des premiers dessinateurs à travailler pour une entreprise commerciale, **Raymond Loewy** a fondé l'**esthétique industrielle**, et ouvert la voie au design moderne. La « beauté formelle » des produits commerciaux est ainsi devenue un argument de vente très puissant.

C'est ce que Loewy résume en intitulant l'un de ses livres : *La laideur se vend mal.*

III L'essence du beau, c'est d'être à lui-même sa propre fin

1. Le beau est désintéressé

Lorsqu'il définit l'esthétique du Parnasse, courant littéraire qui proclame les vertus de « l'art pour l'art » et dont il fut l'un des maîtres, Théophile Gautier insiste sur le **caractère fondamentalement inutile du beau** : « Il n'y a de vraiment beau que ce qui ne peut servir à rien ; tout ce qui est utile est laid » (Préface de *Mademoiselle de Maupin*). Par là, il faut entendre que le beau est désintéressé, c'est-à-dire qu'il ne vise par essence que lui-même.

2. Le beau est universel

Dans la *Critique de la faculté de* juger, **Kant** explique que le sentiment du beau « ne se fonde pas sur quelque inclination du sujet » mais constitue « une satisfaction **désintéressée et libre** ». Dès lors, s'il n'est pas dépendant de l'intérêt d'un sujet en particulier, le beau est en principe appréciable par tous les sujets en général. D'où la définition qu'il en donne : « Est beau ce qui plaît universellement sans concept ».

[CONCLUSION]

- Le beau n'est pas par lui-même nécessaire à la satisfaction des besoins. Toutefois, le beau peut être mis au service de fins utilitaires, dans l'art ou le design, et à ce titre avoir une **efficacité sociale ou pratique**.
- Cependant, son essence demeure foncièrement désintéressée et c'est ce qui le rend indispensable à nos âmes. Comme le souligne Nietzsche dans *Le Livre du philosophe* : « Nous avons donc besoin, pour vivre, de l'art à chaque instant. »

33 Le travail et la technique : terminologie et citations clés

I Terminologie

- Du latin *tripalium* (« instrument à trois pieux » servant à l'immobilisation et à la torture), le terme de *travail* s'applique à l'origine à toute **activité faite de peine et de souffrance**, des affres du supplice au labeur contraignant que l'on fait « à la sueur de son front », en passant par les douleurs du « travail d'accouchement ».
- Indissociable d'un effort qui coûte de l'énergie, le travail désigne aussi, de manière plus générale, toute **activité de production** par laquelle l'homme transforme la nature en utilisant des moyens techniques.

Dans les sociétés occidentales modernes, le **travail** a pris le sens restreint de l'emploi salarié et désigne l'activité professionnelle rétribuée nécessaire à la subsistance.

II Citations

« À l'être capable d'acquérir le plus grand nombre de techniques, la nature a donné l'outil de loin le plus utile, la main.

Aristote, *Des parties des animaux.*

« L'intelligence humaine est la faculté de fabriquer des objets artificiels, en particulier des outils, à faire des outils, et d'en varier indéfiniment la fabrication.

Bergson, *L'Évolution créatrice.*

« « Le travail est extérieur à l'ouvrier » car l'ouvrier n'a le sentiment d'être auprès de lui-même qu'en dehors du travail et, dans le travail, il se sent en dehors de soi.

Marx, *Manuscrits de 1844.*

« Le travail constitue la meilleure des polices, il tient chacun en bride et s'entend à entraver puissamment le développement de la raison, des désirs, du goût de l'indépendance.

Nietzsche, *Aurore.*

« Dans l'acte de façonner l'objet, la conscience esclave atteint la conscience d'exister en tant qu'être pour soi.

Hegel, *Phénoménologie de l'esprit.*

« La société technologique est un système de domination.

Herbert Marcuse, *L'Homme unidimensionnel.*

« L'homme est l'organisateur permanent d'une société des objets techniques qui ont besoin de lui comme les musiciens ont besoin du chef d'orchestre.

Gilbert Simondon, *Du mode d'existence des objets techniques.*

34 Le travail commence avec l'outil

I La main ou l'origine de l'habileté humaine (*technê*)

- C'est de la main que l'homme tire son habileté à travailler.
- Dans les *Parties des animaux* (687 a-b), Aristote souligne que l'homme est « l'être le plus intelligent » précisément parce qu'il est « capable de bien utiliser le plus grand nombre d'outils » grâce à sa main, qui est « pour ainsi dire un outil qui tient lieu des autres ».

Par conséquent, c'est « à l'être capable d'acquérir le plus grand nombre de techniques que la nature a donné l'outil de loin le plus utile, la **main** », poursuit Aristote.

II L'intelligence humaine : l'*homo faber*

- Dans *L'Évolution créatrice*, **Bergson** remarque que « l'intelligence humaine [...] est la faculté de fabriquer des objets artificiels, en particulier des outils, à faire des outils, et d'en varier indéfiniment la fabrication ».
- Autrement dit, l'homme est un être qui **fabrique des outils**, qui servent eux-mêmes à fabriquer d'autres outils...
- Ainsi, poursuit Bergson, « si nous pouvions nous dépouiller de tout orgueil » pour définir l'espèce humaine, « nous ne dirions peut-être pas *homo sapiens*, mais homo faber » (non pas « homme qui sait » mais « homme qui fabrique »).

III La machine-outil et le travail industrialisé

- Dans *Le Capital*, **Marx** écrit : « La machine-outil est un mécanisme qui, ayant reçu le mouvement convenable, exécute avec ses instruments les mêmes opérations que le travailleur exécutait auparavant. »
- Ainsi, « c'est la machine-outil qui inaugure au XVIIIe siècle la **révolution industrielle** » et qui, avec la division technique du travail, fait entrer l'Europe occidentale dans le « mode de production capitaliste ». La société industrielle est une société **mécanisée**.

35 La servitude au travail à l'ère industrielle

I Le mode de production capitaliste et l'aliénation du travail

- Selon **Marx**, « ce qui caractérise l'époque capitaliste, c'est que la force de travail acquiert pour le travailleur lui-même la forme d'une marchandise » (*Le Capital*). Ainsi se crée un « marché du travail » sur lequel le travailleur offre sa **force de travail** contre un salaire, tandis que le capitaliste offre ses **moyens de production** (machines) contre l'exécution du travail.
- Dès lors, la vente de la force de travail implique que le salarié travaille *plus* que ce qui est nécessaire pour assurer sa subsistance (« **surtravail** »), ce qui entraîne la production d'un volume de marchandises supérieur aux besoins (« **surproduit** »).
- Ainsi, le revenu global de la production est lui-même plus grand que celui qui est nécessaire pour payer aux salariés les moyens de leur subsistance.

Marx, dans ses *Manuscrits de 1844*, précise que, dans le système capitaliste, « le travail est extérieur à l'ouvrier » car « l'ouvrier n'a le sentiment d'être auprès de lui-même qu'en dehors du travail et, dans le travail, il se sent en dehors de soi ». Le travail le rend donc **étranger à lui-même** (en latin, *alienus*) : « Dans le travail l'ouvrier ne s'appartient pas à lui-même, mais appartient à un autre. »

II L'exploitation capitaliste

- Or, ce qui est payé aux salariés, c'est seulement la valeur de la force de travail, à savoir, précisément, le strict nécessaire pour assurer la subsistance, c'est-à-dire le **salaire**.
- Par conséquent, le revenu engendré par le travail global des salariés est plus grand que le volume des salaires qui leur sont versés.
- L'exploitation capitaliste consiste alors dans le fait que les salariés ne reçoivent pas l'équivalent du revenu engendré par leur travail. Marx appelle « **plus-value** » cet écart entre la valeur créée par le travail des salariés et la valeur de leur force de travail payée par le salaire.

36 La valeur créatrice du travail et la peur de la technique

I La dialectique du maître et de l'esclave

- Dans la lutte de deux consciences de soi pour la reconnaissance, la conscience **esclave**, par peur de mourir devant son **maître** triomphant, se dissout intérieurement et n'existe plus que comme un objet du maître ayant renoncé à sa liberté. Cette dissolution, elle l'accomplit par le travail servile que le maître lui impose pour satisfaire ses désirs.
- Mais, en travaillant pour lui, l'esclave domine la nature et acquiert une existence indépendante qui lui fait **retrouver une existence pour soi**.
- Ainsi, un **renversement** « **dialectique** » s'opère : l'esclave affirme sa liberté par le travail tandis que le maître, jouissant du travail de l'esclave sans faire d'efforts, devient dépendant de lui.

Dans son *Introduction à la lecture de Hegel*, Alexandre Kojève (1901-1968) reformule cette idée en disant : « Le travail est un acte **autocréateur** » car « il crée et manifeste l'humanité du travailleur ».

II La technologie est totalitaire

- Dans *L'Homme unidimensionnel*, **Herbert Marcuse** (1898-1979) affirme qu'« il n'est plus possible de parler de *neutralité* de la technologie ». Dans nos sociétés industrielles, « par le truchement de la technologie, la culture, la politique et l'économie s'amalgament dans un système omniprésent qui dévore ou qui repousse toutes les autres alternatives ».
- Autrement dit, « l'appareil technique de production » détermine toute la vie sociale et ne cesse d'étendre son pouvoir en instituant de nouvelles formes de contrôle. Ainsi, « la société technologique est un **système de domination** » où « la rationalité technologique est devenue une rationalité politique ».

III L'homme au centre de la société technologique

- Dans *Du mode d'existence des objets techniques*, **Gilbert Simondon** (1924-1989) **critique « l'opposition dressée entre la culture et la technique »** : la culture traite les objets techniques, soit comme « de purs assemblages de matière dépourvus de vraie signification », soit comme des robots « animés d'intentions hostiles envers l'homme ».
- Pour Simondon, au contraire, « l'homme est l'organisateur permanent d'une société des objets techniques qui ont besoin de lui comme les musiciens ont besoin du chef d'orchestre ».

Quiz express

Vérifiez que vous avez bien retenu les points importants des **fiches 33 à 36**.

1 Pourquoi Bergson définit-il l'homme comme un *homo faber* ?

- ☐ **a.** Parce que son intelligence s'exprime par la faculté de fabriquer des outils
- ☐ **b.** Parce que son intelligence réside dans sa fabuleuse habileté manuelle
- ☐ **c.** Parce que son intelligence s'exprime par la faculté de raconter des fables à ses semblables

2 Selon Marx, à l'époque capitaliste, le « marché du travail » signifie que :

- ☐ **a.** le travail est une marchandise comme les autres, qui se vend et s'achète
- ☐ **b.** le travail est une activité cupide tournée vers le gain financier
- ☐ **c.** le travail ne doit pas être rémunéré car il n'a rien à voir avec un marché

3 Qu'est-ce que l'exploitation capitaliste pour Marx ?

- ☐ **a.** Le fait que les salariés reçoivent moins que l'équivalent du revenu engendré par leur travail
- ☐ **b.** Le fait que les salariés reçoivent plus que l'équivalent du revenu engendré par leur travail
- ☐ **c.** Le fait que les salariés reçoivent plus d'argent que leur patron grâce à leur force de travail

4 Qui a écrit : « Le travail constitue la meilleure des polices, il tient chacun en bride et s'entend à entraver puissamment le développement de la raison, des désirs, du goût de l'indépendance » ?

☐ **a.** Marx ☐ **b.** Nietzsche ☐ **c.** Hegel

5 La dialectique hégélienne du maître et de l'esclave est une théorie selon laquelle :

- ☐ **a.** l'esclave dominé par son maître peut, en lui résistant, engager un dialogue libérateur avec lui
- ☐ **b.** le maître domine l'esclave en lui infligeant un travail et, par nature, l'esclave en est prisonnier
- ☐ **c.** l'esclave affirme sa liberté par le travail et, par renversement, son maître devient dépendant de lui

RÉPONSES

1. a • **2.** a • **3.** a • **4.** b • **5.** c

SUJET 9 | Nietzsche, *Le Gai Savoir*

EXPLICATION DE TEXTE

Expliquez le texte suivant.

« Dans les pays de la civilisation, presque tous les hommes se ressemblent maintenant en ceci qu'ils cherchent du travail à cause du salaire ; pour eux, tout le travail est un moyen et non le but lui-même ; c'est pourquoi ils mettent peu de finesse au choix du travail, pourvu qu'il procure un gain abondant. Or il est des natures plus rares qui aiment mieux périr que travailler sans joie : ces hommes sont minutieux et difficiles à satisfaire, ils ne se contentent pas d'un gain abondant, lorsque le travail n'est pas lui-même le gain de tous les gains. De cette espèce d'hommes rares font partie les artistes et les contemplatifs de toute espèce, mais aussi ces oisifs qui passent leur vie à la chasse ou bien aux intrigues d'amour et aux aventures. Tous ceux-là cherchent le travail et la peine lorsqu'ils sont mêlés de plaisir, et le travail le plus difficile et le plus dur, si cela est nécessaire. Mais autrement, ils sont d'une paresse décidée, quand même cette paresse devrait entraîner l'appauvrissement, le déshonneur, les dangers pour la santé et pour la vie. Ils ne craignent pas autant l'ennui que le travail sans plaisir : il leur faut même beaucoup d'ennui pour que *leur* travail puisse leur réussir. Pour le penseur et l'esprit inventif, l'ennui est ce "calme plat" de l'âme qui précède la course heureuse et les vents joyeux ; il leur faut le supporter, en *attendre* l'effet à part eux : c'est *cela* précisément que les natures moindres n'arrivent absolument pas à obtenir d'elles-mêmes ! Chasser l'ennui de n'importe quelle façon, cela est vulgaire, tout comme le travail sans plaisir est vulgaire.

Friedrich Nietzsche, *Le Gai Savoir*, § 42,
trad. H. Albert, Mercure de France, 1930, p. 85.

DÉMARRONS ENSEMBLE

- Faites attention à **ne pas confondre** dans le texte **« travail » et « salaire »**. Cherchez à définir avec précision, comme si vous étiez un dictionnaire, le sens que Nietzsche donne au mot « travail » et à éclaircir la distinction qu'il fait entre deux types de travail.
- Analysez ensuite la **relation entre**, d'un côté, **le travail et**, de l'autre, **le plaisir et la joie**. Quelles sont les activités qui s'apparentent le mieux à un travail agréable et plaisant ? Une telle forme de travail est-elle accessible à tous ? Est-elle compatible avec la logique industrielle ? Qu'est-ce qui, d'ailleurs, rend un travail plaisant et agréable ? Y a-t-il dans le texte des indices permettant de l'expliquer ?

CORRIGÉ

CORRIGÉ RÉDIGÉ

POINT MÉTHODE

Analyser les exemples et les références d'un texte

- Après la première lecture du texte, cherchez à **séparer les idées des exemples**, qui n'ont pas du tout la même fonction logique puisque ceux-ci servent à illustrer les idées, c'est-à-dire à les **éclairer** par des situations concrètes. Les exemples peuvent être introduits par des connecteurs logiques spécifiques, mais également par la ponctuation (parenthèses), sachant qu'ils peuvent aussi s'intégrer à l'énonciation sans indices particuliers. Analysez leur contenu attentivement, ils enveloppent toujours une idée qui complète le propos, voire le détermine de manière décisive.
- De même, le cas échéant, **repérez les références** qu'un auteur peut faire à un autre auteur ou à une autre théorie sous la forme de citations explicites, de désignations nominatives (en nommant l'auteur visé) ou bien d'allusions implicites (par exemple, en employant certains concepts propres à l'auteur visé). Il peut s'agir d'invectives ou d'apostrophes directes, ou bien d'évocations subtiles et discrètes. L'**analyse** de ces références s'avère utile pour mieux comprendre le « positionnement » de l'auteur par rapport à celui des autres auxquels il se réfère.

[Le corrigé suivant est présenté sous forme de plan détaillé. Les titres en gras ne doivent en aucun cas figurer dans votre copie.]

[INTRODUCTION]

- Dans les sociétés occidentales, les individus en âge de travailler cherchent un emploi dans le but de gagner leur vie, c'est-à-dire de toucher un salaire. De ce point de vue, le salaire peut sembler être la finalité première du travail dans les sociétés industrielles. Or, ces mêmes individus qui travaillent aspirent à l'épanouissement personnel, c'est-à-dire à la satisfaction de leurs désirs. Le travail peut-il alors être considéré comme un obstacle à cet épanouissement ?
- Conformément à son étymologie qui le rapproche d'un labeur douloureux, le travail s'oppose-t-il au plaisir ? Peut-on prendre du plaisir à son travail ? À quelles conditions cela est-il possible ? Comment faut-il orienter son âme pour prendre du plaisir à son travail ? Dans ce texte, Nietzsche répond à ces questions en concentrant son étude sur les artistes et les esprits créatifs, qui inclinent naturellement vers l'activité mêlée de plaisir.

I Étude linéaire

1. Nietzsche critique la conception ordinaire du travail-salaire

Dans les pays industrialisés (« pays de la civilisation », l. 1), la majorité des hommes (« presque tous », l. 1) ne s'intéresse au travail que dans la mesure où celui-ci leur permet de percevoir un salaire : c'est même la seule raison pour laquelle ils en cherchent un (« à cause du salaire », l. 2). La valeur accordée au travail est **réduite** au volume d'argent qu'il permet de gagner, à tel point que le choix d'un emploi se fonde uniquement sur ce critère (« pourvu qu'il procure un gain abondant », l. 4).

Ainsi, le travail est conçu uniquement **comme un moyen, et non comme une fin**. Les hommes n'accordent aucun intérêt au travail en lui-même.

2. Nietzsche oppose à cela la conception du travail-plaisir

Selon Nietzsche, il existe des hommes qui accordent plus d'importance au fait de travailler en y prenant plaisir qu'au fait même de vivre. Ces hommes sont une minorité (« rares », l. 8) et sont « difficiles à satisfaire » (l. 6) car, contrairement à la majorité des individus, ils n'ont que faire d'un bon salaire. La récompense du travail, pour eux, n'est pas le salaire, mais le **travail lui-même** (« le gain de tous les gains », l. 7).

L'effort ne leur fait pas peur (« le travail et la peine », l. 10) et, même s'il faut que le travail soit difficile et pénible pour qu'il soit mêlé de plaisir, ils n'hésitent pas à le rechercher. C'est au point où, si le plaisir vient à manquer, alors « ils sont d'une paresse décidée » (l. 12) et préfèrent ne pas travailler du tout, quitte à en subir les conséquences contre eux-mêmes.

Comme exemple de ce genre d'hommes, **Nietzsche** cite les « artistes », les « contemplatifs » (philosophes, intellectuels...) et les « oisifs » (qui n'ont pas de travail salarié mais un travail personnel et passionné).

3. Nietzsche fait l'éloge de l'ennui

Pour ce genre d'hommes, le travail sans plaisir est le pire ennemi, bien plus que l'ennui qui est leur allié. En effet, l'ennui est pour eux un moment de maturation intérieure (« calme plat », l. 16) qui prépare l'activité intense et créatrice du travail (« vents joyeux », l. 17). Ils savent donc utiliser l'ennui et le faire servir à leur travail, ce dont sont incapables les hommes ordinaires, qui ne pensent qu'à le « chasser » (l. 19).

II Discussion critique

L'intérêt philosophique de ce texte réside dans le **renversement** qu'opère Nietzsche dans la conception du travail, traditionnellement associé à l'idée de souffrance et d'effort, et qu'il relie ici au plaisir.

Dans *Malaise dans la culture*, **Freud** va dans le même sens : « Le travail, en tant que voie vers le bonheur, est peu apprécié par les hommes. » Or, pour Freud, c'est pourtant du travail que, grâce au mécanisme de la **sublimation**, proviennent les plus grandes joies de l'existence : « Je ne peux me représenter une vie sans travail comme vraiment agréable », écrit-il dans une lettre de 1910 au pasteur Pfister. Les artistes n'ont d'ailleurs fait que confirmer cette thèse.

Dans son *Testament*, le sculpteur **Auguste Rodin** écrit : « Le monde ne sera heureux que quand tous les hommes auront une âme d'artiste, c'est-à-dire quand ils prendront plaisir à leur tâche. »

Pour finir, on peut objecter à Nietzsche que « l'activité professionnelle procure une satisfaction particulière [seulement] quand elle est librement choisie » (Freud, *Malaise dans la culture*), ce qui n'est pas toujours le cas du travailleur de son époque ou de la nôtre.

[CONCLUSION]

Envisager le travail comme un simple moyen de gagner sa vie est, aux yeux de Nietzsche, une conception vulgaire et réductrice du travail, qui ne l'envisage que comme un moyen.

Pour Nietzsche, le travail a une valeur bien plus élevée s'il est considéré comme une fin en soi, susceptible de libérer un plaisir désintéressé, comme on l'observe dans le travail artistique. Pour cela, il faut être prêt à se détourner de la morale conventionnelle du travail, étrangère aux rythmes secrets de l'âme créative, et construire sa vie laborieuse en artiste.

37 La religion : terminologie et citations clés

I Terminologie

- Du latin *religio* (« scrupule, respect », qui provient de *relegere,* « recueillir, rassembler » ou *religare,* « lier, attacher »), la religion désigne l'ensemble des croyances et des rites destinés à mettre les humains en **relation avec une divinité**.

- Dans les religions dites **monothéistes** (judaïsme, christianisme, islam), la divinité est représentée par un Dieu unique, considéré comme l'être suprême qui est le créateur de tout ce qui existe.

En Occident, la science de Dieu s'appelle **théologie**.

II Citations

« Une religion est un système solidaire de croyances et de pratiques relatives à des choses sacrées, c'est-à-dire séparées, interdites, croyances et pratiques qui unissent en une même communauté morale, appelée *Église*, tous ceux qui y adhèrent.

Durkheim, *Les Formes élémentaires de la vie religieuse.*

« La majorité des “sans religion” se comportent encore religieusement, à leur insu.

Eliade, *Le Sacré et le Profane.*

« Il est impossible que la vérité de la foi soit contraire aux principes que la raison connaît naturellement.

Thomas d'Aquin, *Somme contre les Gentils.*

« De cela seul que je ne puis concevoir Dieu sans existence, il s'ensuit que l'existence est inséparable de lui, et partant qu'il existe véritablement.

Descartes, *Méditations métaphysiques.*

« La dernière démarche de la raison est de reconnaître qu'il y a une infinité de choses qui la surpassent ; elle n'est que faible, si elle ne va pas jusqu'à reconnaître cela.

Pascal, *Pensées.*

« C'est l'homme qui fait la religion, ce n'est pas la religion qui fait l'homme.

Marx, *Critique de la philosophie du droit de Hegel.*

« Dieu est mort.

Nietzsche, *Le Gai Savoir.*

« La religion [est] la névrose obsessionnelle universelle de l'humanité.

Freud, *L'Avenir d'une illusion.*

38 Le fait religieux

I Qu'est-ce qu'une religion ?

- Dans *Les Formes élémentaires de la vie religieuse*, **Durkheim** écrit : « La division du monde en deux domaines comprenant, l'un tout ce qui est **sacré**, l'autre tout ce qui est **profane**, tel est le trait distinctif de la pensée religieuse. »
- Par « choses sacrées », il faut entendre non seulement « ces êtres personnels que l'on appelle des dieux ou des esprits » mais aussi tout objet matériel ou artificiel, acte, geste, parole, etc.
- Dès lors, « une religion est un système solidaire de croyances et de pratiques relatives à des choses sacrées, c'est-à-dire séparées, interdites, croyances et pratiques qui unissent en une même communauté morale, appelée *Église*, tous ceux qui y adhèrent ».
- En cela, la religion est « chose éminemment **collective** ».

II Le sacré dans le profane, ou le retour « inconscient » du religieux

- Dans *Le Sacré et le Profane*, **Mircea Eliade** écrit : « La majorité des "sans religion" se comportent encore religieusement, à leur insu. »
- En effet, « l'homme moderne qui se sent et se prétend areligieux dispose encore de toute une mythologie camouflée et de nombreux ritualismes dégradés », comme les fêtes du Nouvel An, les réjouissances liées aux naissances, à l'obtention d'un nouvel emploi, à la « pendaison de crémaillère », etc.
- Tous ces rituels laïcisés attestent d'une **survivance de l'homme religieux** des ancêtres **dans l'homme profane**.
- Ainsi, chez les modernes qui se disent sans religion, « la religion et la mythologie se sont "**occultées**" dans les ténèbres de leur **inconscient** ».
- L'homme moderne n'a pas fini d'évacuer le religieux, qui se présente socialement sous des formes nouvelles.

> En décembre 2011, l'annonce de l'arrivée possible du célèbre footballeur David Beckham dans un club parisien a déclenché en France une ferveur digne d'un **culte**.

39 L'existence de Dieu, la raison et la foi

I Vérité de la foi et vérité de la raison : l'union sacrée

Au sommet de l'œuvre théologique médiévale du XIIIe siècle, dont tout l'effort consiste à **concilier la raison philosophique et la foi chrétienne**, **Thomas d'Aquin** écrit : d'un côté, « ce qui est naturellement inscrit dans la raison est absolument vrai » et, de l'autre, « ce qui est tenu par la foi, puisque Dieu l'a confirmé de manière si évidente, il n'est pas permis de croire que c'est faux ». Par conséquent, « il est impossible que la vérité de la foi soit contraire aux principes que la raison connaît naturellement » (*Somme contre les Gentils*).

II L'argument ontologique : une preuve logique de l'existence de Dieu

- Dans la cinquième des *Méditations métaphysiques* (§ 7-9), **Descartes** propose « une **preuve démonstrative** de l'existence de Dieu » qui peut se formuler en trois temps, à la manière d'un syllogisme :

1. J'ai en moi l'idée de Dieu, « c'est-à-dire l'idée d'un être souverainement parfait ». 2. Or, « l'existence est une perfection ». 3. Donc Dieu existe.

- En effet, explique Descartes, « il n'est pas en ma liberté de concevoir un Dieu sans existence » parce que, contrairement à toutes les autres choses, son existence ne peut pas être séparée de son essence. Ainsi, « de cela seul que je ne puis concevoir Dieu sans existence, il s'ensuit que l'existence est inséparable de lui, et, partant, qu'il existe véritablement ».

Dans la *Critique de la raison pure*, **Kant** critique cet **argument** qu'il nomme « **ontologique** ». Pour lui, « être n'est évidemment pas un prédicat réel, c'est-à-dire un concept de quelque chose qui puisse s'ajouter au concept d'une chose ».

III « Dieu sensible au cœur, et non à la raison »

- Dans ses *Pensées,* **Pascal** écrit : « La dernière démarche de la raison est de reconnaître qu'il y a une infinité de choses qui la surpassent ; elle n'est que faible, si elle ne va pas jusqu'à reconnaître cela. »

- Parmi ces choses, se trouvent les choses surnaturelles et le problème de **la foi**. Ainsi, « c'est le cœur qui sent Dieu et non la raison » car « le cœur a ses raisons, que la raison ne connaît point ».

40 Les critiques de la religion : Marx, Nietzsche, Freud

I « L'opium du peuple »

- Dans la *Critique de la philosophie du droit de Hegel*, **Marx** écrit : « C'est l'homme qui fait la religion, ce n'est pas la religion qui fait l'homme. »

- Pour lui, la religion est un **produit social** qui appartient à la « superstructure » de la société et qui joue le rôle d'une **consolation** pour le peuple : « La religion est le soupir de la créature opprimée, la chaleur d'un monde sans cœur, comme elle est l'esprit de conditions sociales d'où l'esprit est exclu. Elle est l'opium du peuple. »

Par là, Marx veut dire que la religion est comme une drogue qui procure au peuple un « **bonheur** illusoire » afin de supporter sa « **détresse** réelle ».

II « Dieu est mort »

- Dans *Le Gai Savoir* (§ 125), **Nietzsche** fait de la mort de Dieu l'événement le plus important de la modernité : « Les dieux aussi se décomposent ! Dieu est mort ! Dieu demeure mort ! Et nous l'avons tué ! »

- Dans *L'Antéchrist*, il s'en prend clairement à la religion comme à une pure **construction imaginaire** : « Dans le christianisme, ni la morale, ni la religion n'a aucun point de contact avec la réalité » ; « il n'y a là que des causes imaginaires ("Dieu", "âme", "moi"...) ; que des effets imaginaires ("péché", "rédemption", "grâce"...) ; qu'un commerce entre des êtres imaginaires... » D'après lui, « tout ce monde de fiction prend ses racines dans la **haine du naturel** – la réalité ! ; il est l'expression d'un profond malaise devant le réel ».

III Une « névrose obsessionnelle »

- Dans *L'Avenir d'une illusion*, **Freud** affirme que « la religion [est] la névrose obsessionnelle universelle de l'humanité ». Elle propose une solution aux conflits de l'enfance issus du complexe paternel : le besoin d'être protégé par le père, issu de la détresse infantile, trouve désormais à se satisfaire dans l'amour d'un **père tout-puissant** qu'est **Dieu**.

- Par conséquent, « ces idées, qui professent d'être des dogmes [...] sont des **illusions**, la réalisation des désirs les plus anciens, les plus forts de l'humanité ». En effet, « nous appelons illusion une croyance quand, dans la motivation de celle-ci, la réalisation d'un désir est prévalente ». L'illusion « se rapproche par là de l'idée délirante en psychiatrie ».

Quiz express

Vérifiez que vous avez bien retenu les points importants des **fiches 37 à 40**.

1 La théologie est la science de Dieu :
- ☐ **a.** vrai
- ☐ **b.** faux

2 « Profane » s'oppose à :
- ☐ **a.** laïque
- ☐ **b.** païen
- ☐ **c.** sacré

3 Qui a écrit : « Une religion est un système solidaire de croyances et de pratiques relatives à des choses sacrées, c'est-à-dire séparées, interdites, croyances et pratiques qui unissent en une même communauté morale, appelée Église, tous ceux qui y adhèrent » ?
- ☐ **a.** Émile Durkheim
- ☐ **b.** Mircea Eliade
- ☐ **c.** Thomas d'Aquin

4 D'après Descartes, l'existence de Dieu :
- ☐ **a.** est indémontrable, quel qu'en soit le moyen
- ☐ **b.** peut être démontrée par voie de raisonnement
- ☐ **c.** est accessible au cœur et non au raisonnement

5 « La religion est l'opium du peuple » est une phrase de Marx signifiant que :
- ☐ **a.** la religion est un plaisir si fort pour le peuple qu'il ne peut pas s'en passer
- ☐ **b.** la religion assoupit l'esprit et fait oublier au peuple ses souffrances réelles, ce qui l'empêche de se révolter
- ☐ **c.** la religion altère l'état normal de l'esprit et place le peuple en état d'euphorie, ce qui le conduit à la révolte

6 Freud compare le phénomène religieux à :
- ☐ **a.** une névrose obsessionnelle
- ☐ **b.** une névrose hystérique
- ☐ **c.** une névrose phobique
- ☐ **d.** une psychose délirante

RÉPONSES

1. a • **2.** c • **3.** a • **4.** b • **5.** b • **6.** a

SUJET 10 | Épicure, *Lettres*

EXPLICATION DE TEXTE

Expliquez le texte suivant.

« Commence par te persuader qu'un dieu est un vivant immortel et bienheureux, te conformant en cela à la notion commune qui en est tracée en nous. N'attribue jamais à un dieu rien qui soit en opposition avec l'immortalité ni en désaccord avec la béatitude ; mais regarde-le toujours comme possédant tout ce que tu trouveras capable d'assurer son immortalité et sa béatitude. Car les dieux existent, attendu que la connaissance qu'on en a est évidente.

Mais, quant à leur nature, ils ne sont pas tels que la foule le croit. Et l'impie n'est pas celui qui rejette les dieux de la foule : c'est celui qui attribue aux dieux ce que leur prêtent les opinions de la foule. Car les affirmations de la foule sur les dieux ne sont pas des prénotions, mais bien des présomptions fausses. Et ces présomptions fausses font que les dieux sont censés être pour les méchants la source des plus grands maux comme, d'autre part, pour les bons la source des plus grands biens. Mais la multitude, incapable de se déprendre de ce qui est chez elle et à ses yeux le propre de la vertu, n'accepte que des dieux conformes à cet idéal et regarde comme absurde tout ce qui s'en écarte.

Épicure, *Lettres*, © Éditions Nathan,
coll. « Les Intégrales de philo », 1998, p. 76.

DÉMARRONS ENSEMBLE

- L'usage répété du terme « dieu » indique clairement que le texte traite de la **croyance** et plus précisément de la **religion**, deux notions qui figurent au programme. Demandez-vous à quelle époque l'auteur écrit, afin de ne pas faire d'anachronisme et de bien **identifier le contexte culturel** religieux particulier avec lequel il est en rapport. Ici, il s'agit d'un auteur grec antique pour qui, même si vous ne savez pas qu'il date du IIIe-IVe siècle avant Jésus-Christ, la religion est celle du **polythéisme** des dieux de l'Olympe.
- Les textes sur la religion sont toujours **difficiles à analyser** car, dans ce domaine plus que dans n'importe quel autre, les contresens peuvent être lourds de conséquences. Cherchez à comprendre le **point de vue particulier** d'Épicure dans ce texte : défend-il une thèse critique ? Si oui, sur quoi porte cette critique : sur les dieux eux-mêmes ou sur les préjugés que nous avons sur eux ? Qui est visé par la critique ?

CORRIGÉ

CORRIGÉ RÉDIGÉ

POINT MÉTHODE

Dégager la problématique d'un texte

- Comme le disent les instructions officielles, vous devez « rendre compte, par la compréhension précise du texte, du **problème** dont il est question ». Ce « problème dont il est question » dans le texte, c'est précisément le problème philosophique pour lequel la thèse de l'auteur constitue une réponse possible. **La thèse du texte, c'est donc la solution élaborée par l'auteur pour répondre au problème**. Par conséquent, le problème est antérieur à la thèse, qui lui répond, et implique l'éventualité d'autres thèses possibles.
- Pour formuler le problème, il vous faut procéder en **deux temps**. D'abord, au **niveau grammatical**, cherchez à déduire la question à laquelle la thèse répond. Ensuite, au **niveau notionnel**, recherchez à quelle grande problématique philosophique en rapport avec les notions du programme cette question peut être rattachée.

[Le corrigé suivant est présenté sous forme de plan détaillé. Les titres en gras ne doivent en aucun cas figurer dans votre copie.]

[INTRODUCTION]

- La conception du divin varie beaucoup d'une culture à l'autre mais, dans chaque culture, il existe une représentation commune et populaire de la divinité, d'autant plus prégnante qu'elle est répandue dans l'ensemble de la population. Cette représentation commune de la divinité est généralement associée à des traits anthropomorphiques qui ont souvent plus de signification humaine que divine, comme on le voit dans les mythes grecs mettant en scène les dieux de l'Olympe.
- Pour Épicure, cette représentation commune de la divinité fait obstacle à une véritable connaissance des dieux. Quelle est donc la nature des dieux ? Quels sont leurs attributs essentiels ? En quoi consistent les représentations ordinaires des dieux dont le peuple dispose ? Peut-on se fier aux opinions courantes en matière de connaissance religieuse ?

I Étude linéaire

1. Épicure définit la nature des dieux

- Le problème de savoir si les dieux existent n'est pas du tout celui d'Épicure : « les dieux existent » (l. 6), il s'agit là d'une « évidence », d'une certitude immédiate n'ayant besoin d'aucune démonstration. Un dieu est même un « vivant » (l. 1), écrit-il, c'est-à-dire un être qui, comme nous, est constitué d'atomes et a une existence matérielle et concrète.

- Tout le problème du texte est plutôt de déterminer quelle est « leur nature » (l. 7). Selon Épicure, la nature des dieux consiste en **deux attributs** essentiels : ils sont **immortels et bienheureux** (l. 1), et possèdent **en eux-mêmes** les moyens et les ressources (« ce que tu trouveras capable d'assurer », l. 5) de cette immortalité et de cette « béatitude ». Il s'agit là d'une « notion commune », c'est-à-dire d'une vérité naturelle et spontanée (Épicure va appeler cela une « **prénotion** »).

2. Épicure critique les préjugés ordinaires sur la nature des dieux

- La majorité des hommes (la « foule », l. 9) se trompe sur la nature des dieux : la « foule » porte sur eux des jugements totalement contraires au vrai, qui ne sont que des croyances et des préjugés (« présomptions fausses », l. 10) et non pas des « prénotions » (l. 10), c'est-à-dire des vérités anticipées naturellement.
- Ces fausses croyances populaires reposent sur l'idée que les dieux **récompenseraient** les bons et **puniraient** les méchants, comme s'ils étaient les juges et les justiciers des actions humaines. De cette croyance extrêmement vivace (« incapable de se déprendre », l. 13), la foule a même fait un « idéal » (l. 15) auquel elle souhaite que les dieux se conforment.
- Pour Épicure, une telle erreur sur la nature des dieux est si grave qu'elle constitue une véritable **impiété** : ainsi, « l'impie n'est pas celui qui rejette les dieux de la foule : c'est celui qui attribue aux dieux ce que leur prêtent les opinions de la foule » (l. 7-9). Par conséquent, le meilleur moyen de ne pas se tromper sur la nature des dieux est de ne jamais se fier aux opinions de la foule à leur sujet.

> Pour le sage qui cherche le repos de l'âme ou **ataraxie**, cela signifie, contrairement aux croyances populaires, que les dieux ne sont pas à craindre.

II Discussion critique

- L'intérêt philosophique de ce texte tient à la **critique** de la conception naïve et populaire de la divinité, qui conçoit toujours les dieux comme des juges « anthropocentriques », c'est-à-dire centrés sur les actions humaines. Dans l'*Éthique*, **Spinoza** dénonce le même préjugé selon lequel « les Dieux destinent tout à l'usage des hommes ».
- À cela, on peut opposer la religion naturelle de l'homme raisonnable selon laquelle, comme le dit **Rousseau** dans l'*Émile*, « les plus grandes idées de la Divinité nous viennent par la **rai-**

> On peut donc voir dans ce texte une **critique implicite** des dieux homériques de l'*Iliade* et de l'*Odyssée*, qui, du haut de l'Olympe, s'irritent et se fâchent quand ils ne sont pas satisfaits du culte que leur rendent les humains.

son seule ». C'est là le meilleur moyen d'éviter le piège anthropomorphique qui consiste à concevoir les dieux à l'image de l'homme : « Qu'est-ce que les hommes nous diront de plus ? Leurs révélations ne font que dégrader Dieu en lui donnant des passions humaines », écrit Rousseau.

■ En effet, le christianisme ne fait rien d'autre, sur le modèle d'un **arbitre moral** des actions humaines, que d'inventer « un Dieu rémunérateur et vengeur » (**Voltaire**, *Dictionnaire philosophique*), « qui punit et qui récompense selon le code des prêtres » (**Nietzsche**).

[CONCLUSION]

Pour Épicure, le sage en quête de vérité sur la nature des dieux doit se détourner des opinions de la foule s'il veut atteindre une véritable connaissance de la divinité. La foule ne fait en effet que projeter sur l'idée du divin son propre besoin de récompenser les bons et punir les méchants, et ne permet pas de forger une connaissance vraie des dieux. La conception populaire de la divinité est si naïve qu'elle constitue même une impiété.

41 L'histoire : terminologie et citations clés

I Terminologie

- Du grec *historia* (« enquête, recherche », qui signifie en latin, « exposé, récit »), l'histoire s'entend en **deux sens**.
- En **premier lieu**, elle désigne l'ensemble des événements du passé humain et leur évolution au cours du temps : c'est le **devenir historique**.
- En **second lieu**, elle désigne la connaissance de ces événements et de leur logique, à partir d'une recherche rigoureuse qui donne lieu à un récit fondant la mémoire collective : c'est la science historique.

On distingue également l'**histoire naturelle**, à savoir l'étude des corps et des êtres qui se trouvent dans la nature, de l'histoire proprement dite ou **histoire culturelle**, qui est celle des hommes et des sociétés.

II Citations

« La nature, dans le jeu de la liberté humaine, n'agit pas sans plan ni sans dessein final.

Kant, *Idée d'une histoire universelle au point de vue cosmopolitique.*

« La raison domine le monde et par conséquent l'histoire universelle s'est elle aussi déroulée rationnellement.

Hegel, *La Raison dans l'histoire.*

« Ce n'est pas l'histoire qui se sert de l'homme comme moyen pour réaliser – comme si elle était une personne à part – *ses* fins à elle ; elle n'est que l'activité de l'homme qui poursuit ses fins à lui.

Marx, *La Sainte Famille.*

« L'histoire de toute société jusqu'à nos jours n'a été que l'histoire des luttes de classes.

Marx, *Manifeste du parti communiste.*

« L'histoire fait l'historien autant que l'historien fait l'histoire.

Paul Ricœur, *Histoire et Vérité.*

« L'histoire se définit par la vérité qu'elle se montre capable d'élaborer.

Henri-Irénée Marrou, *De la connaissance historique.*

« Un physicien ne s'intéressera qu'aux aspects nécessaires de ces phénomènes ; il laissera tomber le reste, ce que ne pourra faire un historien, qui s'intéresse à tout ce qui se passe et n'a pas vocation à découper les événements taillés sur mesure pour l'explication scientifique.

Paul Veyne, *Faire de l'histoire.*

42 Le sens de l'histoire

I Le « dessein de la nature » ou la téléologie de l'histoire

- Dans son *Idée d'une histoire universelle au point de vue cosmopolitique*, Kant écrit que « la nature, dans le jeu de la liberté humaine, n'agit pas **sans plan ni sans dessein final** » (proposition 9). Cette idée est utile « pour nous représenter ce qui ne serait sans cela qu'un *agrégat* des actions humaines comme formant, du moins en gros, un *système* » (*ibid.*).

- Ainsi, le projet d'une philosophie de l'histoire est de « rechercher [...] si l'on ne peut pas découvrir dans ce cours absurde des choses humaines un **dessein de la nature** », c'est-à-dire une finalité générale de l'histoire qui soit comme son principe organisateur et qui serait commune à toutes les sociétés humaines.

Pour **Kan** la **téléologie** de l'histoire consiste en une « unification politique totale dans l'espèce humaine » (proposition 9) visant à produire « une constitution politique parfaite » (proposition 8).

II La raison dans l'histoire ou la « ruse de la raison »

- Selon Hegel, dans *La Raison dans l'histoire*, « le monde de la volonté n'est pas livré au hasard ». Au contraire : « une fin ultime domine les événements de la vie des peuples ». Cela signifie que « la raison domine le monde et que, par conséquent, l'histoire universelle s'est elle aussi déroulée rationnellement ».

- Pour Hegel, il ne s'agit pas de « la raison d'un sujet particulier, mais [de] la **raison divine, absolue** » : « Le contenu de la raison est l'idée divine, essentiellement le plan de Dieu ». Ainsi, « l'histoire universelle n'est que la manifestation de cette raison unique », c'est-à-dire « la marche progressive de l'esprit universel ».

- Cependant, cette raison universelle ne se met en œuvre dans l'histoire que grâce aux **actions des hommes**, qui agissent toujours en fonction de leurs désirs et de leurs intérêts particuliers, en un mot de leurs **passions**.

- Ainsi, la raison universelle s'accomplit dans l'histoire grâce aux passions humaines particulières : « On peut appeler **ruse de la raison** le fait que celle-ci laisse agir à sa place les passions ».

C'est pourquoi selon **Hegel**, « rien de grand ne s'es accompli dans l monde sans **passion** ».

43 Le matérialisme historique

I Le matérialisme historique

- Le matérialisme historique se développe chez **Marx contre l'idéalisme de Hegel**, d'après lequel l'esprit détermine l'histoire.
- Pour Marx, au contraire, l'histoire est le **produit de l'activité productrice et matérielle de l'homme**, qu'il appelle la « praxis » (en grec, *praxis* signifie « action »).
- Ainsi, « ce n'est pas l'histoire qui se sert de l'homme comme moyen pour réaliser - comme si elle était une personne à part - *ses* fins à elle ; elle n'est que l'activité de l'homme qui poursuit ses fins à lui », écrit-il dans *La Sainte famille*.

II La lutte des classes

- Selon Marx, la logique de l'histoire est celle de la succession des différents modes de production, à partir d'un **conflit entre classes sociales antagonistes**.
- « L'histoire de toute société jusqu'à nos jours n'a été que l'histoire des luttes de classes » (*Manifeste du parti communiste*).
- La classe dominée, c'est-à-dire la majorité chargée de l'exécution du travail et dépossédée des moyens de production, se révolte contre la classe dominante, c'est-à-dire la minorité chargée de la direction du travail qui possède les moyens de production et qui extorque le fruit du **surtravail**.
- Ainsi, le **progrès** de l'histoire passe par la révolte de la classe exploitée qui doit remplacer le régime existant par un mode de production nouveau et supérieur.

« **Pas d'antagonisme, pas de progrès**. C'est la loi que la civilisation a suivie jusqu'à nos jours », écrit **Marx** dans *Misère de la philosophie*.

44 L'interprétation de l'histoire

I Contre la philosophie de l'histoire

Dans *L'Archéologie du savoir* (1969), **Michel Foucault** appelle « **histoire globale** » la façon dont les philosophies de l'histoire – comme celles de Hegel ou de Marx – ont conçu l'histoire. « Le projet d'une histoire globale, c'est celui qui cherche à restituer la forme d'ensemble d'une civilisation, le principe – matériel ou spirituel – d'une société. »

Or, un tel projet n'est possible que grâce à un certain nombre de postulats contestables, comme le fait que l'histoire pourrait être divisée en grandes périodes ayant chacune en elle-même son principe organisateur.

À cela, Foucault oppose l'« **histoire générale** » de l'époque contemporaine, qui permet de constituer des « tableaux » très différents de l'histoire humaine : « Une description globale resserre tous les phénomènes autour d'un centre unique [...] ; une histoire générale déploierait au contraire l'espace d'une dispersion. »

II L'objectivité de l'historien

Dans *Histoire et Vérité* (1955), Paul Ricœur reconnaît que « l'histoire *reflète* la subjectivité de l'historien », du fait que celui-ci ajoute à l'histoire son jugement, son imagination, sa sympathie.

Paul Ricœur écrit ainsi : « L'histoire fait l'historien autant que **l'historien fait l'histoire**. »

Toutefois, « ces dispositions subjectives sont des dimensions de l'objectivité historique elle-même » car « le métier d'historien *éduque* la subjectivité de l'historien ».

Ainsi se crée en lui un « **moi de recherche** » qui consiste en une « *épochê* [terme grec signifiant « interruption », « suspension »] de la subjectivité quotidienne ».

45 La science historique

I La vérité historique

- Dans *De la connaissance historique* (1954), l'historien **Henri-Irénée Marrou** écrit : « L'histoire se définit par la **vérité** qu'elle se montre capable d'élaborer. » À ce titre, la connaissance historique s'oppose au mythe, à la légende, à la tradition populaire et à la fiction littéraire. « Sans doute cette vérité de la connaissance historique est-elle un idéal [...] : l'histoire du moins doit être le résultat de l'effort le plus rigoureux, le plus systématique pour s'en rapprocher. »
- Par conséquent, on peut définir l'histoire comme « la **connaissance scientifiquement élaborée du passé** », c'est-à-dire « élaborée en fonction d'une méthode systématique et rigoureuse » présentant « le facteur *optimum* de vérité ».

II La scientificité de l'histoire

- Dans *Faire de l'histoire* (1986), **Paul Veyne** écrit que « les événements humains se prêtent à l'explication scientifique ni plus, ni moins que ceux de la nature : ils s'y prêtent pour une petite partie qui présente un caractère nécessaire, général et infaillible ».
- Autrement dit, l'historien est en un sens dans la **même situation que le physicien** : il est capable d'expliquer scientifiquement une partie des phénomènes, mais seulement une partie.
- En revanche, il s'en distingue en ceci : « Un physicien ne s'intéressera qu'aux aspects nécessaires de ces phénomènes ; il laissera tomber le reste, ce que ne pourra faire un historien, qui s'intéresse à tout ce qui se passe et n'a pas vocation à découper les événements taillés sur mesure pour l'explication scientifique. » Par conséquent, l'histoire n'est pas tout entière une activité scientifique comme l'est la physique. Elle comporte seulement des **noyaux de scientificité**.

Quiz express

Vérifiez que vous avez bien retenu les points importants des **fiches 41 à 45**.

1 La « téléologie » de l'histoire signifie que :
- ☐ **a.** l'histoire humaine a une finalité
- ☐ **b.** l'histoire humaine est sans finalité

2 Comment Hegel désigne-t-il le fait que la raison s'accomplit dans l'histoire grâce aux passions humaines ?
- ☐ **a.** La ruse de la raison
- ☐ **b.** La passion de la raison
- ☐ **c.** La téléologie de la raison
- ☐ **d.** La ruée de la raison

3 La philosophie de l'histoire de Karl Marx s'appelle l'« idéalisme historique » :
- ☐ **a.** vrai
- ☐ **b.** faux

4 D'après Marx, la classe dominante est :
- ☐ **a.** une minorité chargée de la direction du travail et qui possède les moyens de production
- ☐ **b.** une majorité chargée de l'exécution du travail et qui possède uniquement sa force de travail
- ☐ **c.** la classe politique qui détient le pouvoir de gouverner

5 Qui a écrit : « L'histoire fait l'historien autant que l'historien fait l'histoire » ?
- ☐ **a.** Marx
- ☐ **b.** Hegel
- ☐ **c.** Foucault
- ☐ **d.** Ricœur

6 L'histoire est :
- ☐ **a.** une science exacte et infaillible
- ☐ **b.** une science partielle et partiale
- ☐ **c.** tout sauf une science

RÉPONSES

1. a • **2.** a • **3.** b • **4.** a • **5.** d • **6.** b

SUJET 11 | Faut-il croire les historiens ?

DISSERTATION

DÉMARRONS ENSEMBLE

- Les sujets dont le libellé commence par « Peut-on » ou « Faut-il » doivent toujours être analysés en distinguant et combinant deux points de vue : le point de vue de la **capacité raisonnée** (a-t-on des raisons de croire) et le point de vue du **devoir** (doit-on croire). Ici, la formulation est un peu **provocante** puisqu'elle présuppose que les historiens ne seraient pas dignes de foi alors que, précisément, ils sont considérés comme des hommes de science.
- Il convient donc d'analyser le sujet en vue de faire apparaître le véritable problème qui se cache derrière cette provocation. Dans ce but, allez **jusqu'au bout du présupposé** et demandez-vous : pourquoi les historiens ne seraient-ils pas dignes de foi ? Sont-ils des menteurs patentés ? Qu'est-ce qui peut décrédibiliser ou fragiliser leur discours ? Y a-t-il suffisamment matière pour se détourner de ce qu'ils énoncent ?

CORRIGÉ

CORRIGÉ RÉDIGÉ

POINT MÉTHODE

Rédiger une partie du développement

- L'**argumentation** est l'opération qui consiste à rendre raison de ses propres affirmations, autrement dit à justifier son propre discours et à fonder son jugement, en produisant des **arguments**. Un argument, c'est un raisonnement destiné à établir la validité d'une thèse. Il a une visée démonstrative et cherche à **convaincre** le destinataire en s'adressant à sa raison grâce à des procédés logiques.
- Dans chaque partie, vos arguments doivent être clairement distingués les uns des autres par des **paragraphes indépendants** présentés sous forme d'alinéas. Ainsi, chaque argument développe une idée particulière de sorte qu'il y ait une idée par paragraphe et un paragraphe par idée.
- L'ordre et la succession des arguments doit se faire en allant **du plus important au moins important** et leur enchaînement doit être logique et nécessaire, notamment grâce à l'utilisation de **connecteurs logiques** qui marquent l'adjonction ou l'accumulation (par exemple : *en outre, de plus, par ailleurs, ensuite, enfin*...). Chacune des parties de votre développement se compose ainsi d'une suite ordonnée d'arguments en faveur d'une thèse spécifique.

[Le corrigé suivant est présenté sous forme de plan détaillé. Les titres en gras ne doivent en aucun cas figurer dans votre copie.]

[INTRODUCTION]

Dans sa *Seconde Considération inactuelle* (§ 4), Nietzsche déclare que « tout homme, tout peuple a besoin, selon ses buts, ses forces, ses manques, de posséder une certaine connaissance du passé ». Ce besoin d'histoire est donc à l'origine des études historiques qui tentent de reconstruire le cours des événements humains.

Pourtant, on constate que les historiens ne sont pas toujours d'accord dans l'interprétation qu'ils donnent d'un même fait. Faut-il alors croire les historiens ? Quelles raisons avons-nous de douter de leur travail ? N'est-il pas indispensable à l'élaboration de nos connaissances autant qu'à notre devoir de mémoire ?

I On ne peut pas faire autrement que de croire les historiens

1. Sans les historiens, nous n'avons aucune connaissance du passé

Dans *L'Idée de l'histoire*, le philosophe allemand **Ernst Cassirer** (1874-1945) écrit que « nous ne pouvons saisir notre vie passée, la vie de l'humanité » sans le travail de la science historique qui la porte à notre connaissance et la fait exister pour nous. « En effet, sans le labeur constant et infatigable de l'histoire, cette vie demeurerait un livre clos » car, alors, nous n'aurions plus aucune perception de notre passé.

2. La connaissance historique permet d'atteindre la vérité

Selon l'historien **Henri-Irénée Marrou**, « l'histoire se définit par la vérité qu'elle se montre capable d'élaborer ». Autrement dit, même si c'est un idéal dont elle tente de se rapprocher par un effort constant de méthode et de rigueur, le but de la science historique est bien d'établir la vérité des événements du passé.

On en trouve de multiples illustrations, par exemple dans le travail de l'historien **Stéphane Courtois** dans *Le Livre noir du communisme* (1997), qui tente de faire la lumière sur les crimes des régimes staliniens, maoïste ou khmer rouge.

II Cependant, le discours des historiens doit être relativisé

1. L'historien est soumis à sa subjectivité

Dans ses *Écrits sur l'histoire* (1969), l'historien **Fernand Braudel** écrit : « Tout travail historique décompose le temps révolu, choisit entre ses réalités chronologiques, selon des préférences et exclusives plus ou moins conscientes. »

- Autrement dit, l'historien fait des **choix** dans la façon dont il reconstruit les événements du passé, et ces choix sont **déterminés par ses convictions** et son jugement. Ainsi, comme le souligne Paul Ricœur dans *Histoire et Vérité* : « L'histoire *reflète* la subjectivité de l'historien. »

2. L'interprétation de l'histoire est variable et changeante

Pour un même événement historique, il existe de nombreuses **analyses et interprétations différentes**, en fonction des choix méthodologiques ou des préférences idéologiques des historiens. La Révolution française en est le meilleur exemple puisque les historiens ne sont pas d'accord entre eux sur l'analyse de ses causes, de son sens, et même de sa chronologie.

Pour certains, la Révolution française commence en 1789 et s'achève en 1815, alors que d'autres, comme **François Furet**, proposent « une version longue et étalée sur plus de cent ans », allant de 1770 à 1880.

III Ne pas croire les historiens, c'est nier l'histoire

1. La subjectivité de l'historien n'empêche pas l'objectivité historique

- Bien qu'il reconnaisse que « l'histoire *reflète* la subjectivité de l'historien », **Paul Ricœur** montre dans *Histoire et Vérité* que **cette subjectivité n'est pas un obstacle à la constitution d'une objectivité possible**. Au contraire, écrit-il, « ces dispositions subjectives sont des dimensions de l'objectivité historique elle-même » car « le métier d'historien *éduque* la subjectivité de l'historien ».
- Autrement dit, la méthode du travail d'historien permet l'instauration d'un « moi de recherche », qui constitue pour l'historien la forme d'une subjectivité créatrice **purgée** de « la subjectivité quotidienne ».

2. Les dangers du révisionnisme ou le déni de l'histoire

- Dans *Les Assassins de la mémoire* (1995), **Pierre Vidal-Naquet** écrit : « J'appellerai ici "révisionnisme" la doctrine selon laquelle le génocide pratiqué par l'Allemagne nazie à l'encontre des Juifs et des Tsiganes n'a pas existé mais relève du mythe, de la fabulation, de l'escroquerie. »
- Les **révisionnistes** sont donc ceux qui prônent la **révision** (au sens de la modification *a posteriori*) de certains événements historiques en refusant de croire aux vérités attestées par les historiens. Une telle attitude, moralement pernicieuse et politiquement dangereuse, constitue une négation très grave de l'histoire.

[CONCLUSION]

- Parce qu'elle est la connaissance scientifiquement élaborée du passé, l'histoire racontée par les historiens est non seulement indubitable mais la seule à laquelle on puisse se fier pour espérer connaître les événements passés.
- Toutefois, il existe une subjectivité de l'historien qui peut conduire à des interprétations différentes d'un même événement. Aussi, il ne faut pas poser le problème en termes de *croyance*, mais en termes de *confiance*.
- Dès lors, on peut dire qu'il faut faire confiance aux historiens, que c'est là une exigence d'ordre moral, mais à condition de conserver un recul critique tenant compte des différences d'interprétation possibles.

La raison et le réel

Dans l'effort que nous faisons pour comprendre le monde, nous ressemblons quelque peu à l'homme qui essaie de comprendre le mécanisme d'une montre fermée.

Einstein et Infeld, *L'Évolution des idées en physique*

Théorie et expérience 117

La démonstration 126

L'interprétation 135

Le vivant 145

La matière et l'esprit 155

La vérité 164

La raison et le réel

- Du latin *ratio* (« calcul, comptes » puis « jugement, intelligence »), la raison désigne chez l'homme la faculté de **penser** et de **juger** en tant qu'elle fonde l'activité de **connaissance**.

- Dans son traité *De l'âme* (III, 4), Aristote l'appelle « **intellect** » et la définit comme la « partie de l'âme qui lui permet de connaître et de penser » ou « ce qui permet à l'âme de réfléchir et de se former des idées ». Au début du *Discours de la méthode*, Descartes, quant à lui, l'identifie au « **bon sens** » et la définit comme « la puissance de bien juger, et distinguer le vrai d'avec le faux » en tant qu'elle « est naturellement égale en tous les hommes ». Enfin, dans la *Critique de la raison pure*, Kant la définit comme la faculté des principes *a priori*, c'est-à-dire ce qui, dans la pensée, ne provient pas de l'expérience et mérite ainsi le nom de « **raison pure** ».

- Historiquement, on appelle aussi raison le mode de pensée **scientifique** et **discursif** qui apparaît en Grèce entre le VIe et le Ve siècle avant J.-C., en même temps que la cité démocratique, et qui correspond au déclin du **mythe** (explication des phénomènes par des récits et des fables transmis par la tradition orale) et à l'avènement des **savoirs démonstratifs**, dont la géométrie d'Euclide constitue le modèle.

- Se constituant comme un domaine de pensée extérieur et étranger à la religion, la **pensée rationnelle** postule ainsi qu'il existe un ordre **intelligible** immanent au réel, c'est-à-dire des **lois** qui règlent les phénomènes de la nature et que l'homme peut découvrir et formuler au moyen de **théories** fondées sur des **expériences**. Ainsi, comme le soulignent Einstein et Infeld dans *L'Évolution des idées en physique*, « dans l'effort que nous faisons pour comprendre le monde, nous ressemblons quelque peu à l'homme qui essaie de comprendre le mécanisme d'une montre fermée » : nous voyons « le cadran et les aiguilles en mouvement » (les phénomènes) mais, dans l'impossibilité où nous sommes d'« ouvrir le boîtier » (le monde), nous sommes contraints de nous « former quelque image du mécanisme » (les théories qui **interprètent** les phénomènes). Ainsi, à mesure que nos connaissances s'accroissent, nous nous rapprochons de cette « limite idéale de la connaissance » que constitue « la **vérité** objective ».

Comme le souligne **Victor Hugo** dans *William Shakespeare* (I, III, § IV), « la science est l'asymptote de la vérité ».

46 Théorie et expérience : terminologie et citations clés

I Terminologie

Du grec *theôrein* (« regarder, observer, contempler »), la **théorie** résulte d'une construction intellectuelle et désigne un ensemble de **concepts abstraits** et de connaissances générales organisés en système. Elle s'oppose à la pratique, qui concerne l'action, et elle vise à rendre raison du plus grand nombre de faits dans un domaine particulier de l'expérience.

Du latin *experior* (« éprouver, faire l'essai de »), associé au grec *empeiria* (« expérience, pratique, apprentissage »), l'expérience désigne à la fois la **pratique** des choses que l'on éprouve dans l'usage de la vie (« faire l'expérience de ») et le **savoir-faire** ou l'instruction qui en résulte, par l'habitude et la répétition des mêmes situations (« avoir de l'expérience »).

En philosophie, le terme « **expérience** » a acquis un sens spécifique lié à la perception et désigne l'ordre des faits ou des phénomènes que l'on éprouve au moyen des *sens*, ce qui correspond à l'adjectif *empirique*.

II Citations

« Il n'est pas possible d'acquérir par la sensation une connaissance scientifique.

Aristote, *Seconds Analytiques*.

« L'expérience : c'est là le fondement de toutes nos connaissances, et c'est de là qu'elles tirent leur première origine.

Locke, *Essai sur l'entendement humain*.

« Rien n'est dans l'âme qui ne vienne des sens, si ce n'est l'âme elle-même.

Leibniz, *Nouveaux Essais sur l'entendement humain*.

« Si toute notre connaissance débute avec l'expérience, cela ne prouve pas qu'elle dérive toute de l'expérience.

Kant, *Critique de la raison pure*.

« Dans la formation d'un esprit scientifique, le premier obstacle, c'est l'expérience première.

Bachelard, *La Formation de l'esprit scientifique*.

« Telle est la méthode expérimentale dans les sciences, d'après laquelle l'expérience est toujours acquise en vertu d'un raisonnement établi sur une idée qu'a fait naître l'observation et que contrôle l'expérience.

Claude Bernard, *Introduction à l'étude de la médecine expérimentale*.

« Un système doit être tenu pour scientifique seulement s'il formule des assertions pouvant entrer en conflit avec certaines observations.

Karl Popper, *Conjectures et Réfutations*.

47 Le problème de l'origine de la connaissance

I Empiristes *versus* rationalistes

Après que **Descartes le rationaliste** a admis, dans les *Méditations métaphysiques*, qu'il existe en nous des idées innées, **Locke l'empiriste** déclare dans son *Essai sur l'entendement humain* (II, 1, § 2) : « Au commencement l'âme est ce qu'on appelle une *table rase*, vide de tous caractères, sans aucune idée quelle qu'elle soit. » D'où lui viennent alors les idées ? « À cela, je réponds en un mot, de l'expérience : c'est là le fondement de toutes nos connaissances, et c'est de là qu'elles tirent leur première origine », écrit Locke.

Dans les *Nouveaux Essais sur l'entendement humain* (II, 1, § 2), où il s'oppose point par point aux idées de Locke, **Leibniz le rationaliste** riposte en ces termes : « L'expérience est nécessaire, je l'avoue [...] ; mais le moyen que l'expérience et les sens puissent donner des idées ? L'âme a-t-elle des fenêtres, ressemble-t-elle à des tablettes ? Est-elle comme de la cire ? » Selon lui, on ne peut pas concevoir l'âme comme une chose corporelle. Certes, selon Locke, « rien n'est dans l'âme qui ne vienne des sens » mais, selon Leibniz, « il faut excepter l'âme même et ses affections ».

C'est ainsi que la phrase célèbre de Locke est transformée par **Leibniz** : « Rien n'est dans l'âme qui ne vienne des sens, si ce n'est l'âme elle-même »

II Le criticisme ou la solution kantienne

En 1781, la première édition de la *Critique de la raison pure* bouleverse radicalement les données du problème de la connaissance et apporte une solution inattendue au débat sur l'empirisme. Kant y écrit : « Si toute notre connaissance débute avec l'expérience, cela ne prouve pas qu'elle dérive toute de l'expérience, car il se pourrait bien que même notre connaissance par expérience fût un composé de ce que nous recevons des impressions sensibles et de ce que notre propre pouvoir de connaître produit de lui-même. »

En effet, pour Kant, « notre connaissance dérive dans l'esprit de deux sources fondamentales » : la première est la **sensibilité** ou capacité à recevoir des représentations sensibles (appelées « intuitions »), par laquelle un objet est **donné** ; la seconde est l'**entendement** ou « pouvoir de produire nous-mêmes des représentations », par lequel un objet est **pensé**. Ainsi, « L'entendement ne peut rien intuitionner, ni les sens rien penser. De leur **union seule** peut sortir la connaissance. »

48 La méthode scientifique : théorie et expérimentation

I La méthode expérimentale : de l'observation à l'expérimentation

▪ Dans son *Introduction à l'étude de la médecine expérimentale*, **Claude Bernard** définit le processus de la méthode expérimentale en **trois temps** :

- d'abord, le chercheur se livre à une **observation** des phénomènes car « l'observation est ce qui montre les faits » ;

- ensuite, il forge une idée ou « **hypothèse** expérimentale », c'est-à-dire une « interprétation anticipée des phénomènes de la nature » ;

- enfin, il construit une **expérience** ou expérimentation grâce à un raisonnement qui a pour but de vérifier l'hypothèse (car « l'expérience est ce qui instruit sur les faits »).

▪ « Telle est la méthode expérimentale dans les sciences, d'après laquelle l'expérience est toujours acquise en vertu d'un raisonnement établi sur une idée qu'a fait naître l'observation et que contrôle l'expérience ».

> Comme l'écrit Kant dans la *Critique de la raison pure*, « la **raison** ne voit que ce qu'elle produit elle-même d'après ses propres plans ».

II La falsifiabilité ou le critère de la scientificité

▪ Dans *Conjectures et Réfutations*, **Karl Popper** propose de « tracer une ligne de démarcation » entre les énoncés scientifiques et les énoncés métaphysiques : « J'ai proposé de prendre pour critère en la matière la **possibilité** pour un système théorique d'être réfuté ou invalidé. »

▪ Autrement dit : « Un système doit être tenu pour scientifique seulement s'il formule des assertions pouvant entrer en conflit avec certaines observations », c'est-à-dire seulement si l'on peut mettre en œuvre expérimentalement les moyens d'une tentative de **réfutation**. Dès lors, soit la théorie est **réfutée** et elle cède sa place à une autre, soit elle demeure **non falsifiée** et en ressort plus forte et plus valide, tout en gardant son aptitude à être à tout moment **falsifiable**.

▪ La **falsifiabilité** d'une théorie désigne donc seulement sa **capacité** à être réfutée ou falsifiée et non pas le **fait** qu'elle soit effectivement réfutée. L'échec de la falsification d'une théorie n'est rien d'autre que la victoire de sa falsifiabilité et donc, de sa scientificité. C'est pourquoi, pour Popper, la vérité scientifique n'est qu'une « vérisimilitude » car la vérité objective est sans cesse approchée, mais jamais atteinte.

Quiz express

Vérifiez que vous avez bien retenu les points importants de l'**introduction** et des **fiches 46 à 48**.

1 Que désigne l'expérience en philosophie ?

☐ **a.** La pratique des choses
☐ **b.** L'instruction qui résulte de la pratique des choses
☐ **c.** Le domaine des choses que l'on perçoit au moyen des sens

2 Les philosophes empiristes pensent que :

☐ **a.** l'origine principale des idées et des connaissances est l'expérience
☐ **b.** l'origine principale des idées et des connaissances est la raison
☐ **c.** l'origine principale des idées et des connaissances est l'empire des émotions

3 Qui a écrit : « Rien n'est dans l'âme qui ne vienne des sens, si ce n'est l'âme elle-même » ?

☐ **a.** Locke ☐ **b.** Leibniz ☐ **c.** Kant

4 Qu'est-ce que l'entendement ?

☐ **a.** La faculté d'entendre les sons
☐ **b.** La faculté de comprendre les autres
☐ **c.** La faculté de produire des idées

5 L'expérimentation est le nom que les scientifiques donnent à une expérience construite :

☐ **a.** vrai
☐ **b.** faux

6 Selon Karl Popper, la « falsifiabilité » est :

☐ **a.** Le fait que les théories scientifiques peuvent être mises à l'épreuve d'une réfutation
☐ **b.** Le fait que les théories scientifiques sont toujours vraies et ne peuvent être réfutées
☐ **c.** Le fait que les théories scientifiques ne peuvent jamais être vraies

RÉPONSES

1. c • **2.** a • **3.** b • **4.** c • **5.** a • **6.** a

SUJET 12 | Nietzsche, *Le Gai Savoir*

EXPLICATION DE TEXTE

Expliquez le texte suivant.

« Dans la science, les convictions n'ont pas droit de cité, voilà ce que l'on dit à juste titre : c'est seulement lorsqu'elles s'abaissent au rang modeste d'une hypothèse, d'un point de vue expérimental provisoire, d'une fiction régulatrice, que l'on a le droit de leur accorder l'accès au royaume de la connaissance et de leur y reconnaître même une certaine valeur – toujours avec cette restriction de demeurer soumises à la surveillance policière, à la police de la méfiance. Mais si l'on y regarde de plus près, cela ne signifie-t-il pas : c'est seulement lorsque la conviction *cesse* d'être conviction qu'elle peut parvenir à accéder à la science ? La discipline de l'esprit scientifique ne commencerait-elle pas par le fait de ne plus s'autoriser de convictions ?... C'est vraisemblablement le cas : il reste seulement à se demander s'il ne faut pas, *pour que cette discipline puisse commencer*, qu'existe déjà une conviction, et une conviction si impérative et inconditionnée qu'elle sacrifie à son profit toutes les autres convictions ? On voit que la science aussi repose sur une croyance [...] : la conviction [...] que la vérité est plus importante que toute autre chose, y compris que toute autre conviction [...] – la croyance à la science, qui existe incontestablement aujourd'hui. [...] Il n'y a absolument pas de science "sans présupposés".

Nietzsche, *Le Gai Savoir*, § 344, trad. P. Wotling,
© Flammarion, coll. « GF », 2000, p. 285-286.

DÉMARRONS ENSEMBLE

- Après une première lecture rapide, il apparaît que les deux **mots clés** du texte sont « **science** » et « **conviction** ». Cherchez à rapprocher ces termes d'autres concepts philosophiques ou notions du programme, par exemple « croyance » pour « conviction ». En effet, après une lecture plus attentive, on s'aperçoit que Nietzsche emploie aussi bien le terme « conviction » que ceux de « croyance » ou « présupposé » pour exprimer la même idée. Gardez celui de « croyance », à condition de le définir dès le début de votre explication.
- Repérez et analysez la **métaphore** très riche **de la cité**. Tout se passe comme si la science était comparée à une forteresse protégée, dans laquelle des individus représentant les croyances n'ont pas « droit de cité », sauf s'ils sont déguisés en « hypothèses », mais alors, ils sont surveillés par la police, à savoir la prudence scientifique.

CORRIGÉ

CORRIGÉ RÉDIGÉ

POINT MÉTHODE

Analyser la valeur philosophique des procédés littéraires d'un texte

- Un texte philosophique est souvent hautement littéraire. Par conséquent il est nécessaire d'extraire la valeur philosophique des **procédés littéraires** employés par l'auteur afin de comprendre comment ils sont utilisés en tant qu'instruments argumentatifs. Les plus fréquents sont les **figures de style**.
- Prêtez attention en particulier aux figures de l'**analogie** (comparaison, métaphore, allégorie, personnification ou prosopopée), principalement utilisées pour imager les idées et parmi lesquelles la métaphore est, de loin, la plus fréquente.
- Soyez attentifs aussi aux figures qui jouent sur la **construction**, telles que l'anaphore et l'énumération (très employée pour insister), l'antithèse et l'oxymore (pour mettre en lumière une contradiction) ou le chiasme (dont l'effet de renversement est souvent très efficace en termes de persuasion).
- Remarquez enfin les figures qui jouent sur le **sens** lui-même comme l'hyperbole ou l'emphase (qui servent à accentuer une idée) ou l'ironie, figure par excellence de la rhétorique philosophique depuis Socrate.

[Le corrigé suivant est présenté sous forme de plan détaillé. Les titres en gras ne doivent en aucun cas figurer dans votre copie.]

[INTRODUCTION]

- Il est courant de penser que la science, qui revendique l'objectivité, s'oppose à la croyance et à la conviction, qui sont en général considérées comme des obstacles épistémologiques majeurs. Se peut-il cependant que la conviction joue un rôle dans l'activité scientifique ? Pour Nietzsche, c'est la science dans son ensemble et dans son fondement qui repose sur une conviction, à savoir : la croyance à la science elle-même.

- Pour nous en convaincre, il procède en trois temps. D'abord, il expose l'idée reçue selon laquelle la science se méfie des convictions et ne leur accorde qu'une très faible valeur (l. 1-2). Ensuite, il développe et approfondit cette idée reçue en montrant que la science ne se contente pas de restreindre la valeur des convictions mais s'oppose absolument à elles et se doit de les rejeter systématiquement (l. 7-10). Enfin, Nietzsche renverse la perspective et énonce sa thèse : la science repose sur la croyance à la science et à la vérité (l. 14-15).

I Étude linéaire

1. Nietzsche attaque une idée reçue : la science *se méfie* des convictions

Selon l'idée courante, les convictions (c'est-à-dire les croyances personnelles et les points de vue subjectifs) ne sont pas autorisées à prendre part (« droit de cité », l. 1) au travail scientifique, sauf dans un cas : lorsqu'elles servent, sous la forme d'une intuition, à forger une hypothèse expérimentale.

Dans ce cas, elles peuvent avoir « une certaine **valeur** » (l. 5) dans la mesure où elles remplissent une fonction (« régulatrice », l. 3) au sein du **dispositif expérimental** qui doit aboutir au contrôle de l'hypothèse. Mais cette valeur est très restreinte puisque les convictions n'interviennent que de manière « provisoire » (l. 3), sous la forme d'une conjecture issue de l'imagination du chercheur (« fiction », l. 3) qui ne deviendra certaine et définitive qu'après vérification par l'expérimentation.

> Notez que, par **métaphore**, les convictions sont dans la science comme les délinquants dans la société : elles doivent faire l'objet d'une « surveillance policière » car elles représentent une menace pour l'objectivité scientifique.

2. Nietzsche analyse l'idée reçue : la science *s'interdit* toute conviction

En examinant cette idée commune en profondeur (« si l'on y regarde de plus près », l. 7), on s'aperçoit que la valeur restreinte qui est accordée aux convictions dans la science n'est qu'un **mensonge**.

En effet, si la conviction devient une hypothèse régulatrice, elle change de statut car elle s'intègre à un dispositif expérimental objectivant qui a pour but d'établir la vérité sur un phénomène. Par conséquent, elle disparaît en tant que simple croyance ou intuition subjective pour devenir une **étape** au sein d'un dispositif raisonné visant l'objectivité.

Ainsi, la conviction n'a d'autre valeur dans la science que celle de **perdre sa valeur** : elle n'apparaît qu'en disparaissant et n'a d'intérêt qu'en se niant elle-même. C'est même là l'exigence de toute science rigoureuse (« discipline de l'esprit scientifique », l. 9) : bannir, exclure, interdire toute conviction. Nietzsche l'admet et le concède : « c'est vraisemblablement le cas » (l. 10). Mais, pour lui, l'essentiel n'est pas là : il « reste [...] à se demander » (l. 10-11) encore quelque chose.

3. Nietzsche s'oppose à l'idée reçue : la science repose sur une croyance

C'est ici que Nietzsche énonce sa **thèse** : au fondement même de toute science, il existe quand même une conviction, que la science « présuppose »

(l. 17) et sans laquelle la science ne pourrait même pas exister (« pour que cette discipline puisse commencer », l. 11). Cette conviction n'est rien d'autre que la condition de possibilité de la science, la conviction qu'elle exige d'adopter absolument (« impérative et inconditionnée », l. 12) et au nom de laquelle toutes les autres convictions sont bannies et exclues (« sacrifie à son profit toutes les autres », l. 13).

Cette conviction fondamentale, c'est la **croyance à la science** elle-même et à la valeur de la **vérité** (« la vérité est plus importante que toute autre chose », l. 14-15).

II Discussion critique

L'intérêt philosophique de ce texte tient à la **remise en question de la toute-puissance positiviste de la science** qui *croit* qu'elle ne *croit* jamais ou, pour le dire autrement, qui vit dans l'illusion d'avoir banni toute croyance. Or, la croyance à la science, sans laquelle aucune science n'est possible, est un postulat **métaphysique**.

Dans *La Philosophie en France au XIXe siècle*, le philosophe Félix Ravaisson abonde dans ce sens : « Lors donc qu'une science physique exclusive croit pouvoir bannir absolument ou remplacer toute métaphysique, on peut dire, à la lettre, qu'elle ne sait pas ce qu'elle fait. » En effet, poursuit-il, « point de savant, point d'inventeur surtout qui ne se serve à chaque instant, fût-ce à son insu, de ce principe, que tout, au fond, est intelligible ». Par conséquent, c'est bien la **croyance que le monde est fondé en raison** et compréhensible par l'intelligence de l'homme qui fonde la science et la recherche de la vérité.

Einstein lui-même écrit, dans *Comment je vois le monde* (V) : « Reconnaissons cependant à la base de tout travail scientifique d'une certaine envergure, une conviction bien comparable au sentiment religieux, puisqu'elle accepte un monde fondé en raison, un monde intelligible. » Nietzsche n'avait donc pas tort lorsqu'il écrivait déjà dans *La Naissance de la tragédie* (§ 17) : « J'entends par esprit scientifique cette croyance, venue tout d'abord au jour dans la personne de Socrate, dans la pénétrabilité de la nature et dans la vertu de panacée du savoir. »

Sauf que, pour **Socrate**, cette croyance pose le problème moral de la valeur de la vérité, qui est au fondement de toute la philosophie occidentale.

[CONCLUSION]

Ainsi, en soumettant à un examen critique l'idée commune - partagée par de nombreux scientifiques eux-mêmes - selon laquelle la science exclut en droit toute conviction, Nietzsche montre que la science se contredit et s'ignore elle-même dans son **fondement métaphysique et moral**.

Ce dernier réside dans un postulat non formulé, proche de la croyance, selon lequel la vérité est une valeur préférable à toutes les autres et que la science peut l'atteindre. Ce postulat, confirmé par les plus grands esprits, peut être considéré comme la condition de possibilité de la science. Celle-ci ne pourrait pas même exister si elle ne croyait pas à la scientificité et à la valeur de vérité.

49 La démonstration : terminologie et citations clés

I Terminologie

Du latin *demonstrare* (« montrer, faire voir, exposer »), la démonstration est une **méthode de raisonnement** qui permet de prouver de manière irréfutable la vérité d'une idée ou d'une théorie. Issue des mathématiques, elle est devenue un modèle de rigueur dans la construction de la connaissance, car elle est inhérente au savoir lui-même. Il n'y a de science que démonstrative.

Comme le souligne Aristot dans les *Second Analytiques* (I, 1), « le savoi porte sur ce dor on possède la démonstration « dont on a admis la démonstration ».

II Citations

« La démonstration est un raisonnement par lequel une proposition devient certaine. Ce qui arrive chaque fois qu'on montre à partir de quelques suppositions (qui sont posées comme assurées) que celle-là s'ensuit nécessairement.

Leibniz, *Lettre à Conring de 1678.*

« Ceux qui cherchent le droit chemin de la vérité ne doivent s'occuper d'aucun objet dont ils ne puissent avoir une certitude égale à celle des démonstrations de l'arithmétique et de la géométrie.

Descartes, *Règles pour la direction de l'esprit.*

« L'ordre consiste en cela seulement que les choses qui sont proposées les premières doivent être connues sans l'aide des suivantes, et que les suivantes doivent après être disposées de telle façon qu'elles soient démontrées par les seules choses qui les précèdent.

Descartes, *Méditations métaphysiques* (« Réponses aux secondes objections »).

« Un système axiomatique – on dit aussi : une théorie axiomatisée ou, plus brièvement, une axiomatique – est donc la forme achevée que prend, aujourd'hui, une théorie déductive.

Robert Blanché, *L'Axiomatique.*

« La vérité formelle consiste simplement dans l'accord de la connaissance avec elle-même en faisant abstraction de tous les objets.

Kant, *Critique de la raison pure.*

50 La démonstration et les sciences

I Qu'est-ce qu'une démonstration ?

■ Dans une lettre à Conring de 1678, Leibniz écrit : « La démonstration est un raisonnement par lequel une proposition devient **certaine**. Ce qui arrive chaque fois qu'on montre à partir de quelques suppositions (qui sont posées comme assurées) que celle-là s'ensuit **nécessairement**. »

■ Autrement dit, il y a démonstration lorsqu'un **principe** implique une **conséquence** de manière apodictique ou logiquement nécessaire, c'est-à-dire d'une manière qui impose la **certitude**. En ce sens, la démonstration se confond avec la déduction, que Descartes définit comme l'« opération par laquelle nous entendons tout ce qui se conclut nécessairement d'autres choses connues avec certitude » (*Règles pour la direction de l'esprit*, III).

Le **syllogisme**, inventé par Aristote, est la forme classique de la déduction : il consiste à déduire une conclusion à partir de deux prémisses.

II La certitude mathématique : un modèle pour les autres sciences

■ Dans les *Règles pour la direction de l'esprit* (II), Descartes écrit : « L'arithmétique et la géométrie sont beaucoup plus **certaines** que les autres sciences » car elles « consistent tout entières en une suite de conséquences **déduites** par raisonnement ».

■ Contrairement aux vérités expérimentales, les vérités mathématiques, une fois qu'elles ont été **démontrées**, sont en effet immuables et **définitives**. Ainsi, le théorème de Pythagore, qui date environ du vie siècle av. J.-C., est toujours vrai aujourd'hui (du moins dans le cadre de la géométrie euclidienne).

■ C'est pourquoi, poursuit Descartes, « ceux qui cherchent le droit chemin de la vérité ne doivent s'occuper d'aucun objet dont ils ne puissent avoir une certitude égale à celle des démonstrations de l'arithmétique et de la géométrie ».

D'où l'idée que la physique moderne est, depuis Galilée, une **mathématisation de la nature**.

51 Démonstration et théorie déductive

I Le modèle géométrique euclidien

■ Au IIIe siècle av. J.-C., Euclide d'Alexandrie expose dans ses *Éléments* la démonstration des **théorèmes de géométrie**, en présentant son ouvrage sous la forme d'un **système** composé de définitions, de postulats (ou demandes), d'axiomes et de propositions qui se déduisent rigoureusement les unes des autres conformément aux seules lois de la logique.

■ Comme le souligne Robert Blanché dans *L'Axiomatique*, cette méthode nouvelle a été longtemps considérée comme « un modèle insurpassable, et même difficilement égalable, de **théorie déductive** ». Ainsi, dans le *Discours de la méthode* (II), Descartes évoque « ces longues chaînes de raisons, toutes simples et faciles, dont les géomètres ont coutume de se servir, pour parvenir à leurs plus difficiles démonstrations ». Ces chaînes de raisons suivent toutes un ordre déductif.

II L'axiomatique moderne : les systèmes hypothético-déductifs

■ À partir du XIXe siècle, les mathématiciens ont commencé à observer des imperfections dans la logique déductive de la géométrie euclidienne. En effet, certaines démonstrations d'Euclide ne sont possibles que si l'on a admis par intuition certaines propositions particulières appelées postulats (suppositions intuitives non démontrées).

■ Dans le but de remédier à ces insuffisances sont apparus, vers la fin du XIXe siècle, les premiers **systèmes axiomatiques**, c'est-à-dire des systèmes où sont « totalement explicités les termes non définis et les propositions non démontrées, ces dernières étant posées comme de simples **hypothèses** à partir desquelles toutes les propositions du système peuvent se construire selon des règles logiques parfaitement et expressément fixées », écrit Robert Blanché dans *L'Axiomatique*.

> On peut citer comme exemple les **géométries non euclidiennes** de Lobatchevski (géométrie hyperbolique) ou Riemann (géométrie elliptique).

■ Autrement dit, dans un système axiomatique, on ne parvient pas aux mêmes conclusions selon les hypothèses posées au départ, et ce, bien que l'on obéisse pourtant aux **mêmes règles de déduction logique**. « Un système axiomatique [...] est donc la forme achevée que prend, aujourd'hui, une théorie déductive », affirme Robert Blanché.

52 La vérité démonstrative

I Le critère formel de la vérité

- Dans la *Critique de la raison pure*, **Kant** ajoute à la conception classique de la vérité matérielle (ou vérité-correspondance) une conception formelle de la vérité : « La vérité formelle consiste simplement dans l'accord de la connaissance avec elle-même en faisant abstraction de tous les objets. »
- C'est la conception de la **vérité-cohérence** : celle-ci repose sur des **critères universels formels** qui ne sont rien d'autre que « les lois universelles de l'entendement et de la raison » définies par les trois grands principes logiques.

II Les trois grands principes logiques

- Le premier de ces principes est le **principe de contradiction** (ou de non-contradiction), énoncé par Aristote dans la *Métaphysique* (Γ, 3) : « Il n'est pas possible de concevoir jamais que la même chose est et n'est pas » (ou, pour le formuler autrement : **ce qui n'est pas vrai est faux**). C'est là « le principe le plus ferme de tous ».
- Ce principe contient en lui-même un principe connexe, qu'on appelle le **principe d'identité**, et selon lequel « A = A » (ce qui est « est », puisque ce qui « est » ne peut pas « ne pas être » ; ou, pour le formuler autrement, **ce qui est vrai est vrai**).
- À cela, il faut encore ajouter le **principe du tiers-exclu** : ou bien une chose est, ou bien elle n'est pas ; il n'y a pas de troisième possibilité (ou, pour le formuler autrement : de deux propositions contradictoires, **l'une** est nécessairement **vraie** et **l'autre fausse**).
- Tout raisonnement qui viole ces principes fondamentaux n'est pas démonstratif car il n'est pas vrai au sens de **formellement valide**.

> La vérité mathématique est en ce sens **relative** car elle consiste seulement dans la cohérence interne d'une proposition avec le système global, de telle sorte que plusieurs systèmes incompatibles entre eux peuvent être également vrais.

Quiz express

Vérifiez que vous avez bien retenu les points importants des **fiches 49 à 52**.

1 La démonstration est le procédé fondamental de la science :

☐ **a.** vrai ☐ **b.** faux

2 Une démonstration permet de prouver une idée de manière nécessaire. « Nécessaire » signifie :

☐ **a.** utile
☐ **b.** dont on a besoin ou qui est requis
☐ **c.** qui ne peut pas être autrement

3 Comment s'appelle le raisonnement consistant à tirer une conclusion nécessaire à partir d'une ou plusieurs propositions préalables ?

☐ **a.** Démonstration
☐ **b.** Déduction
☐ **c.** Induction
☐ **d.** Suite logique

4 Qu'est-ce qu'un système axiomatique ?

☐ **a.** Une théorie logique dont les propositions sont toutes déduites des hypothèses initiales
☐ **b.** Un ensemble d'axiomes non démontrés mais admis comme vrais
☐ **c.** Une théorie de géométrie inspirée d'Euclide

5 Selon Kant, la vérité-cohérence est :

☐ **a.** Le fait pour une idée vraie d'être cohérente avec son objet
☐ **b.** Le fait pour une idée vraie d'être cohérente avec elle-même
☐ **c.** Le fait pour une idée vraie d'être en accord avec les lois logiques

6 Parmi les grands principes logiques, le principe de contradiction signifie :

☐ **a.** qu'il n'est pas possible qu'une chose et son contraire soient également vrais
☐ **b.** qu'il existe des contradictions rationnelles qui échappent aux lois de la logique
☐ **c.** qu'une idée peut être, soit vraie, soit fausse, et qu'il n'y a pas d'autre possibilité

RÉPONSES

1. a • **2.** c • **3.** b • **4.** a • **5.** c • **6.** a

SUJET 13 | Peut-on tout démontrer ?

DISSERTATION

DÉMARRONS ENSEMBLE

- Les sujets dont la formulation commence par « **Peut-on** » sont à manipuler avec précaution, dans la mesure où ils peuvent être entendus soit au sens de la **capacité effective** (a-t-on le pouvoir de), soit au sens de l'**autorisation légale ou morale** (a-t-on le droit de). Dans un sujet comme « Peut-on tout démontrer ? », il est évident que c'est au sens de la capacité effective qu'il faut interpréter le « Peut-on ». Le sujet revient donc à demander : a-t-on le pouvoir de tout démontrer ? Est-ce opérationnellement possible ?
- Cependant, les sujets formulés avec l'expression « Peut-on » tendent tous à mettre implicitement en doute ce qu'ils proposent, c'est-à-dire qu'ils contiennent tous un **présupposé sceptique**. Ici, on perçoit bien que le présupposé est : il n'est pas possible de tout démontrer. Or, c'est précisément ce présupposé qu'il convient de mettre en question pour bâtir la problématique.

CORRIGÉ

CORRIGÉ RÉDIGÉ

POINT MÉTHODE

Composer un argument

- Un **argument**, c'est avant tout un **raisonnement**, c'est-à-dire une suite logique de propositions ou idées qui s'enchaînent les unes à la suite des autres selon un principe de connexion nécessaire et qui aboutissent à un résultat ou conclusion. En ce sens, votre développement dans son ensemble constitue à lui tout seul un raisonnement, mais c'est encore plus le cas de chacun des arguments utilisés.
- Dans chacun de vos arguments, vous devriez alors retrouver les mêmes « ingrédients » : une **idée** à justifier qui constitue le but de la démonstration et qui s'énonce sous la forme d'une proposition ; une **définition** des concepts et des termes importants contenus dans cette proposition (analyse de notions) ; une **référence** philosophique appropriée à l'idée qu'il faut justifier, et qui doit être clairement formulée et expliquée ; un **exemple** concret issu d'un domaine autre que la philosophie (vie quotidienne, actualité, littérature, histoire, arts, science, etc.) ; une phrase **conclusive** qui fait le bilan de l'argument.

[Le corrigé suivant est présenté sous forme de plan détaillé. Les titres en gras ne doivent en aucun cas figurer dans votre copie.]

[INTRODUCTION]

Dans la cinquième des *Méditations métaphysiques*, Descartes n'hésite pas à fournir « une preuve démonstrative de l'existence de Dieu » fondée sur l'argument ontologique : il entend ainsi faire la démonstration par la seule raison de l'existence de l'être suprême, grâce à la logique implacable du raisonnement. À l'inverse, Pascal écrit dans ses *Pensées* que « c'est le cœur qui sent Dieu et non la raison » : le raisonnement serait par nature inapte à saisir quoi que ce soit qui touche à Dieu.

Dès lors, en élargissant la perspective à l'ensemble des problèmes de la pensée humaine, on peut se demander jusqu'où s'étend le pouvoir de la raison démonstrative et s'il est possible – sinon souhaitable – de tout démontrer. Tout démontrer, n'est-ce pas le but même de la science et de la philosophie ? Quels obstacles rencontre-t-on lorsque l'on vise la démonstration totale ? Serait-ce un idéal inaccessible ?

I Il est possible de se fixer pour but la démonstration totale

1. La philosophie comme exigence de démonstration totale

Contrairement aux sciences qui reposent sur des postulats implicites, la philosophie représente l'exigence d'« un commencement sans présupposés », où tout serait démontré. Comme l'écrit Husserl dans *Philosophie première,* l'exigence philosophique est « l'exigence d'une vie instaurant une science fondée sur une justification absolue », une vie dans laquelle le philosophe « peut comprendre et justifier le sens et la légitimité de tout acte de connaissance, de toute option et de toute décision qu'il y prendra ».

La philosophie de **Spinoza**, exposée « *more geometrico* » dans l'*Éthique*, en est le meilleur exemple.

2. L'axiomatisation, une tentative de démonstration totale

Les axiomatiques du début du XXe siècle représentent des tentatives pour tout démontrer, puisqu'elles n'admettent aucun postulat qui ne soit explicitement énoncé et posé comme hypothèse. Leur but est donc de construire des **systèmes démonstratifs parfaits** et exhaustifs qui formulent clairement toutes les propositions.

Ainsi, dans ses *Fondements de la géométrie*, Hilbert réalise en 1899 la première axiomatique irréprochable de la géométrie euclidienne et, devenant le chef de file du **formalisme**, tente plus tard d'axiomatiser l'ensemble des mathématiques (métamathématique).

II Cependant, la démonstration ne peut venir à bout de tout

1. La démonstration est sans fin

Selon Sextus Empiricus, « l'argument proposé comme preuve d'un point donné réclame lui-même une autre preuve, et celle-ci une autre encore, et ainsi de suite jusqu'à l'infini » (*Esquisses pyrrhoniennes*, I, 15). C'est ce que résume la formule : « Prouve ta preuve ». Cette **régression à l'infini** constitue chez les **sceptiques** un motif de douter ou un « trope de la suspension du jugement », puisque toute vérité est selon eux inaccessible.

2. Il y a des vérités non déductives, fondées sur la seule intuition

- Selon **Descartes**, dans les *Règles pour la direction de l'esprit* (III), l'intuition est « une représentation qui est le fait de l'intelligence pure et attentive, représentation si facile et si distincte qu'il ne subsiste aucun doute sur ce que l'on comprend [...] et qui, parce qu'elle est plus simple, est plus certaine encore que la déduction ». Cette **intuition intellectuelle** ou « inspection de l'esprit » est, pour Descartes, le meilleur moyen de parvenir à la connaissance d'une chose.
- On peut la rapprocher de l'**intuitionnisme** mathématique de **Brouwer**, qui s'oppose au formalisme axiomatique de Hilbert et considère que les mathématiques ne peuvent être purement hypothético-déductives : « Les mathématiques sont créées par une libre action indépendante de l'expérience ; elles se développent à partir d'une intuition fondamentale simple et *a priori* », écrit Brouwer.

III Il faut renoncer à la toute-puissance démonstrative

1. Les systèmes axiomatiques seront toujours incomplets

En 1931, dans son article « Sur les propositions formellement indécidables des *Principia mathematica* et des systèmes apparentés », **Kurt Gödel** démontre que certaines propositions vraies pour les nombres naturels sont indémontrables. C'est le **théorème d'incomplétude** : dans un système mathématique formalisé, quel que soit le nombre des axiomes retenus, il existe toujours des propositions vraies qu'il est impossible de démontrer en utilisant seulement les énoncés du système.

Par conséquent, un système axiomatique **ne peut jamais être complet**. Par là, Gödel démontre l'impossibilité de réaliser le projet formaliste de Hilbert d'axiomatiser l'ensemble des mathématiques.

2. Les démonstrations métaphysiques sont indécidables

Dans la *Critique de la raison pure*, **Kant** explique que, s'agissant des objets métaphysiques, qui sont **au-delà de l'expérience**, il existe des « **antinomies de la raison pure** » qui formulent, sur chaque problème, une thèse et une antithèse fondées « sur des raisons tout aussi valables et aussi nécessaires ».

Par exemple, la **thèse** de la troisième antinomie affirme : « Le monde implique quelque chose qui, soit comme sa partie, soit comme sa cause, est un être absolument nécessaire », tandis que l'**antithèse** soutient qu'« il n'existe nulle part aucun être absolument nécessaire, ni dans le monde, ni hors du monde, comme en étant la cause ». On peut tenter de démontrer et l'une et l'autre de manière recevable, car l'expérience ne permet pas de trancher.

[CONCLUSION]

La démonstration est le seul moyen d'établir une vérité. L'objectif de la **démonstration** totale est ainsi au cœur de l'activité scientifique depuis ses origines, objectif atteint dans les systèmes axiomatiques de la géométrie.

Toutefois, force est de constater que la démonstration totale constitue un idéal inaccessible auquel il est préférable de renoncer. Il faut donc accepter la **finitude** du savoir humain. Comme le dit Pascal dans ses *Pensées* : « La dernière démarche de la raison est de reconnaître qu'il y a une infinité de choses qui la surpassent ; elle n'est que faible, si elle ne va pas jusqu'à reconnaître cela. »

53 L'interprétation : terminologie et citations clés

I Terminologie

- Du latin *interpres* (« intermédiaire, celui qui explique, traducteur »), l'interprétation désigne d'abord le fait de **traduire** un énoncé d'une langue vers une autre (comme dans les métiers de la traduction et de l'interprétariat) ou l'acte de **transmettre** un message (comme dans les paroles des prophètes, *prophêtês* signifiant « interprète d'un dieu », tel l'oracle de Delphes, prêtresse d'Apollon).
- L'interprétation désigne ensuite l'acte d'**expliquer** un texte ou un fait, en lui attribuant une signification claire et compréhensible (comme dans l'étude des textes religieux ou des événements historiques, où les interprétations peuvent entrer en conflit).

On appelle **herméneutique** (du grec *hermêneuein*, « interpréter, traduire », qui proviendrait du nom du dieu *Hermès*, messager de Zeus) la science de l'interprétation et de ses règles en tant qu'elle permet « de faire parler les signes et de découvrir leur sens » (Michel Foucault, *Les Mots et les Choses*).

II Citations

« Une proposition simple est une émission de voix possédant une signification concernant la présence ou l'absence d'un attribut dans un sujet.

Aristote, *De l'interprétation*.

« La pensée est la proposition pourvue de sens.

Ludwig Wittgenstein, *Tractatus logico-philosophicus*.

« L'interprétation n'est pas un acte qui s'ajoute après coup et occasionnellement à la compréhension : comprendre, c'est toujours interpréter.

Hans-Georg Gadamer, *Vérité et Méthode*.

« Nous entendrons toujours par herméneutique la théorie des règles qui président à une exégèse, c'est-à-dire à l'interprétation d'un texte singulier ou d'un ensemble de signes susceptible d'être considéré comme un texte.

Paul Ricœur, *De l'interprétation*.

« L'interprétation, c'est l'intelligence du double sens.

Paul Ricœur, *De l'interprétation*.

54 Qu'est-ce qu'interpréter ? Le problème du sens

I Interpréter et signifier

▪ Dans son traité *De l'interprétation (Peri hermêneias)*, Aristote définit les propriétés de la **proposition**, c'est-à-dire du « discours dans lequel réside le vrai et le faux ». Selon lui, une « proposition simple est une émission de voix possédant une signification concernant la présence ou l'absence d'un attribut dans un sujet ».

▪ Autrement dit, une proposition est un énoncé **déclaratif** qui **affirme ou** qui **nie** quelque chose (prédicat) à propos d'autre chose (sujet). L'interprétation, en ce sens, ce n'est rien d'autre que la signification de la phrase elle-même, ce que Wittgenstein appelle tout simplement la pensée : « La pensée est la proposition pourvue de sens » (*Tractatus logico-philosophicus*, 4).

Ainsi, comme le souligne **Paul Ricœur**, « dire quelque chose de quelque chose, c'est, au sens complet et fort du mot, interpréter » (*De l'interprétation*, I, 2).

II Interpréter et comprendre

▪ Dans *Vérité et Méthode*, où il définit « les grandes lignes d'une herméneutique philosophique », Hans-Georg Gadamer écrit : « L'interprétation n'est pas un acte qui s'ajoute après coup et occasionnellement à la compréhension : **comprendre, c'est toujours interpréter**. »

▪ En ce sens, l'interprétation « est l'opération même de la compréhension », au sens où « cette opération n'est autre que la **concrétisation du sens lui-même** ». Ainsi, « le langage et l'appareil conceptuel de l'interprétation sont eux-mêmes reconnus comme éléments structurels intérieurs à la compréhension », ce qui, pour Gadamer, place le problème du langage « au centre de la philosophie ».

55 Du texte au symbole : la voie de l'herméneutique

I L'interprétation des Écritures : l'exégèse et sa méthode

- De la fin de l'Antiquité au Moyen Âge, l'herméneutique repose principalement sur l'**interprétation de la Bible et des textes sacrés**, sur lesquels s'opposent les théologiens dans de grands débats exégétiques.
- Au XVIIe siècle, **Spinoza** dénonce le spectacle de ces « théologiens inquiets pour la plupart du moyen de tirer des livres sacrés, en leur faisant violence, leurs propres inventions et leurs jugements arbitraires ». Animés par « un aveugle et téméraire désir d'interpréter l'Écriture et de découvrir dans la Religion des nouveautés », ils en viennent « à rêver que de très profonds mystères sont **cachés** dans les livres saints » et tout ce qu'ils inventent « dans ce délire », ils l'attribuent « à l'Esprit-Saint ».
- Spinoza, au contraire, propose une **lecture scientifique** de la Bible : pour « affranchir notre pensée des préjugés des Théologiens [...], il nous faut traiter de la vraie méthode à suivre dans l'interprétation de l'Écriture ». Cette méthode « ne diffère en rien de celle que l'on suit dans l'**interprétation de la Nature** » et consiste à ne jamais admettre « d'autres principes et d'autres données pour interpréter l'Écriture et en éclaircir le contenu, que ce qui peut se tirer de l'Écriture elle-même et de son histoire critique ».

II L'interprétation des symboles : le « champ herméneutique »

- Dans le livre I de son essai *De l'interprétation*, Paul Ricœur écrit : « Nous entendrons toujours par herméneutique la théorie des règles qui président à une exégèse, c'est-à-dire à l'interprétation d'un **texte singulier** ou d'un **ensemble de signes** susceptible d'être considéré comme un texte ».
- Selon lui, « les expressions à **double sens** constituent le thème privilégié de ce champ herméneutique ». En effet, le problème herméneutique naît de la distinction « entre les expressions univoques et les expressions **multivoques** ». Il s'agit de s'interroger sur « ce groupe de signes dont la texture intentionnelle appelle une lecture d'un autre sens dans le sens premier, littéral, immédiat » ou « qui ont en commun de désigner un sens indirect dans et par un sens direct », à savoir les symboles.

> La **fonction symbolique** s'exprime dans les mythes, les rêves ou l'imagination poétique.

56 Le langage des sciences : une interprétation de la nature

I La physique moderne ou la mathématisation de la nature

■ En 1623, dans *L'Essayeur*, **Galilée** décrit la méthode interprétative de la physique ou philosophie naturelle : « La philosophie est écrite dans ce livre gigantesque qui est continuellement ouvert devant nos yeux (ce livre qui est l'Univers), mais on ne peut le **comprendre** si d'abord on n'apprend pas à comprendre la langue et à connaître les caractères dans lesquels il est écrit. Il est écrit en **langage mathématique**, et ses caractères sont des triangles, des cercles, et d'autres figures géométriques, sans lesquelles il est impossible d'y comprendre un mot ».

■ Autrement dit, le travail de la science n'est rien d'autre que celui de l'**interprétation de la nature**, qui est ici comparée à un livre de géométrie qu'il faut déchiffrer.

C'est pourquoi, comme le dit Kant dans *Premiers Principes métaphysiques de la science de la nature* : « Dans toute théorie particulière de la nature, il n'y a de science proprement dite qu'autant qu'il s'y trouve de **mathématiques** ».

II Les concepts logiques, des fictions conventionnelles

■ Dans *Par-delà bien et mal* (§ 21), **Nietzsche** met en garde contre la croyance des métaphysiciens et des hommes de science selon laquelle la nature serait identique aux concepts qu'ils utilisent pour la décrire : « Il importe de ne pas chosifier indûment la "cause" et l'effet", comme le font les naturalistes ». En effet, « on ne doit user de la "cause" et de l'effet" que comme de purs *concepts*, c'est-à-dire des **fictions conventionnelles** destinées à désigner et à rendre compte des phénomènes mais *non pas* à les expliquer ».

■ Pour lui, ce n'est pas la nature qui est en soi déterminée selon des « relations causales » : « C'est nous seuls qui avons forgé les causes, la succession, la réciprocité, la relativité, la nécessité, etc. ». Ainsi, « lorsque, abusés par notre imagination, nous incorporons ce monde de signes aux choses "en soi", nous retombons dans l'erreur où nous sommes toujours tombés, dans la **mythologie** ».

■ Les concepts de la science et de la métaphysique ne sont donc que des signes conventionnels.

Quiz express

Vérifiez que vous avez bien retenu les points importants des **fiches 53 à 56**.

1 L'interprétation est une opération de l'esprit qui concerne :

- ☐ **a.** la signification ou le sens des choses
- ☐ **b.** la traduction d'une langue dans une autre
- ☐ **c.** l'explication des textes bibliques

2 Le terme « herméneutique » désigne la science de l'interprétation et prend pour objet :

- ☐ **a.** les signes que produisent les hommes, quels qu'ils soient
- ☐ **b.** les langues que parlent les hommes
- ☐ **c.** les interprètes qui savent parler plusieurs langues

3 « La pensée est la proposition pourvue de sens » est une affirmation de :

- ☐ **a.** Aristote
- ☐ **b.** Wittgenstein
- ☐ **c.** Michel Foucault
- ☐ **d.** Paul Ricœur

4 L'exégèse biblique est une forme d'interprétation :

- ☐ **a.** vrai
- ☐ **b.** faux

5 Un symbole est quelque chose qu'on interprète. Comment peut-on le définir ?

- ☐ **a.** Comme une expression ou un phénomène à double sens
- ☐ **b.** Comme une image qui représente une idée
- ☐ **c.** Comme un acte représentatif d'une valeur

6 Qu'appelle-t-on « mathématisation de la nature » ?

- ☐ **a.** Le fait que l'univers est composé de réalités mathématiques
- ☐ **b.** Le fait d'analyser l'univers à l'aide d'un langage mathématique
- ☐ **c.** Le fait de pratiquer les mathématiques dans des espaces verts

RÉPONSES

1. a • 2. a • 3. b • 4. a • 5. a • 6. b

SUJET 14 | Freud, *L'Interprétation des rêves* — EXPLICATION DE TEXTE

Expliquez le texte suivant.

« Toutes les tentatives faites jusqu'à présent pour élucider les problèmes du rêve s'attachaient à son contenu manifeste, tel que nous le livre le souvenir, et s'efforçaient d'interpréter ce contenu manifeste. [...] Nous sommes seuls à avoir tenu compte de quelque chose d'autre : pour nous, entre le contenu du rêve et les résultats auxquels parvient notre étude, il faut insérer un nouveau matériel psychique, le contenu *latent* ou les pensées du rêve, que met en évidence notre procédé d'analyse. [...] De là vient qu'un nouveau travail s'impose à nous. Nous devons rechercher quelles sont les relations entre le contenu manifeste et les pensées latentes, et examiner le processus par lequel celles-ci ont produit celui-là. Les pensées du rêve et le contenu du rêve nous apparaissent comme deux exposés des mêmes faits en deux langues différentes ; ou mieux, le contenu du rêve nous apparaît comme une transcription des pensées du rêve, dans un autre mode d'expression, dont nous ne pourrons connaître les signes et les règles que quand nous aurons comparé la traduction et l'original. [...] Supposons que je regarde un rébus : il représente une maison sur le toit de laquelle on voit un canot, puis une lettre isolée, un personnage sans tête qui court, etc. Je pourrais déclarer que ni cet ensemble, ni ses diverses parties n'ont de sens. [...] Je ne jugerai exactement le rébus que lorsque je renoncerai à apprécier ainsi le tout et les parties, mais m'efforcerai de remplacer chaque image par une syllabe ou par un mot qui, pour une raison quelconque, peut être représenté par cette image. Ainsi réunis, les mots ne seront plus dépourvus de sens, mais pourront former quelque belle et profonde parole. Le rêve est un rébus, nos prédécesseurs ont commis la faute de vouloir l'interpréter en tant que dessin. C'est pourquoi il leur a paru absurde et sans valeur.

Sigmund Freud, *L'Interprétation des rêves*, traduction I. Meyerson, Paris, PUF, 1999, p. 241-242.

DÉMARRONS ENSEMBLE

■ Certains textes sont bâtis sur une **distinction conceptuelle** majeure et centrale, sans l'élucidation de laquelle il n'est pas possible de comprendre le propos de l'auteur. C'est le cas du texte de Freud ci-dessus, qui prendra tout son relief une fois que vous aurez repéré et expliqué la distinction entre « **contenu manifeste** » et « **contenu latent** » des rêves, les termes « manifeste » et « latent » étant des concepts psychanalytiques bien connus.

■ Une fois cette élucidation conceptuelle effectuée, il devient plus aisé d'entrer dans le propos de Freud sur le travail psychanalytique d'interprétation des rêves. Dès lors, vous noterez en quoi l'analyse des rêves est à proprement parler et au plus fort sens du terme un **travail d'interprétation** : il s'agit de **décoder** des symboles et des images, pour en révéler la signification réelle et cachée.

CORRIGÉ

CORRIGÉ RÉDIGÉ

POINT MÉTHODE

Dégager la thèse d'un texte

■ La formulation de la thèse de l'auteur intervient une fois que la problématique du texte a été dégagée. La thèse, c'est aussi ce qu'on appelle l'**idée centrale** du texte, au sens où toutes les autres convergent vers elle, **ou** bien l'**idée directrice**, au sens où toutes les autres tendent dans sa direction. En somme, si le texte devait se résumer à une seule idée, ce serait la thèse du texte, au sens où c'est l'idée dont l'auteur cherche à nous **convaincre**.

■ Soit la thèse se trouve être l'une des assertions explicites du texte, soit elle est le produit de plusieurs d'entre elles et correspond alors à une assertion implicite qu'il vous revient de formuler librement. Il faut donc chercher à établir, parmi toutes les assertions présentes dans le texte de manière explicite ou implicite, laquelle se dégage comme étant l'**assertion dominante**, c'est-à-dire celle qui peut être légitimement considérée comme étant le but de l'argumentation ou la finalité du raisonnement. Où l'auteur veut-il en venir en définitive ?

[Le corrigé suivant est présenté sous forme de plan détaillé. Les titres en gras ne doivent en aucun cas figurer dans votre copie.]

[INTRODUCTION]

■ Chacun d'entre nous, chaque matin, émerge plus ou moins difficilement de son sommeil, en raison notamment de l'intensité des rêves nocturnes qu'il est amené à vivre. Ces rêves, si puissants qu'ils peuvent sembler plus réels que le réel lui-même, ont longtemps fasciné les hommes, qui y voyaient des prémonitions ou des signes divins. Leur vivacité imaginaire a même fait l'objet de nombreuses œuvres d'art, comme dans la peinture de Salvador Dalí.

Les philosophes, quant à eux, ont longtemps déconsidéré la valeur des rêves, estimant comme Descartes qu'ils n'étaient qu'un dérèglement du cerveau hors de toute raison. Pour Freud, au contraire, les rêves ont une raison que la raison ne connaît pas et que l'analyste peut déchiffrer.

Quelle valeur et quel sens, alors, faut-il attribuer aux rêves ? Quelle est leur signification ? Peut-on les interpréter ?

I Étude linéaire

1. Freud distingue entre le contenu manifeste du rêve et son contenu latent

Par contenu **« manifeste »**, Freud entend le contenu du rêve tel que nous le percevons consciemment, c'est-à-dire ce que notre mémoire en conserve après le réveil (« tel que nous le livre le souvenir », l. 2). C'est le rêve tel qu'il se « manifeste » à notre conscience, ou tel qu'il lui « apparaît ».

Mais, contrairement à la tradition interprétative qui l'a précédé, et qui n'a étudié le rêve que sous l'angle de ce contenu manifeste, Freud introduit ici une nouvelle notion : celle de contenu « **latent** » (l. 6) du rêve. Pour lui, il ne s'agit rien moins que d'un « nouveau matériel psychique » (l. 5-6), c'est-à-dire un nouveau fait psychologique jusqu'alors ignoré. Ce contenu « latent » du rêve, Freud le définit comme un ensemble de « pensées latentes » (l. 9), c'est-à-dire de représentations **dissimulées ou inconscientes** qui ne deviennent conscientes (« en évidence », l. 6) que grâce à la méthode psychanalytique (« procédé d'analyse », l. 7).

Au-delà des souvenirs conscients que nous en conservons, nos rêves contiennent également, du point de vue inconscient, des pensées que seul le **travail d'interprétation** permet d'extraire.

2. Freud définit le travail d'interprétation du rêve

Le « travail » (l. 7) interprétatif du psychanalyste consiste précisément à **confronter et** à **comparer** les deux contenus du rêve afin de comprendre ce qui les unit (« relations », l. 8). Freud rend compte de cette union en plusieurs temps.

D'abord, il se contente d'affirmer que le contenu manifeste est le « **produit** » (l. 9) du contenu latent : les pensées latentes du rêve seraient la cause du contenu manifeste. Puis, il précise son propos en procédant à une analogie : le contenu manifeste est à l'égard du contenu latent la même chose que ce qu'une « **traduction** » est à l'égard d'un texte « original » (l. 9). Autrement dit, contenu manifeste et contenu latent sont semblables à des récits (« exposés », l. 11) qui traitent de la même chose (« mêmes faits », l. 11).

Le problème, c'est qu'ils sont écrits « en deux langues **différentes** » (l. 11), ce qui explique que seul le travail analytique d'interprétation, comme cela a été dit plus haut, permette d'extraire les « pensées latentes » du rêve. En effet, la relation de causalité entre contenu latent et contenu manifeste consiste en une « **transcription** » (l. 12) de l'un dans l'autre : les pensées latentes sont **codées** ou cryptées à l'aide d'autres « signes » (l. 13) et d'autres « règles » (*ibid.*) de signification afin de « produire » le contenu manifeste, qui se trouve ainsi formulé dans un autre langage (« autre mode d'expression », l. 13).

Par conséquent, seule la **comparaison** de ces deux langages, le langage du contenu manifeste et le langage du contenu latent, permet de déchiffrer et de décrypter le sens des rêves.

3. Freud illustre sa thèse par une métaphore : « Le rêve est un rébus »

La métaphore du rébus permet d'**illustrer** ce travail de codage. Les rébus sont de courtes énigmes imagées (« mon premier est un... ») qui mélangent des dessins (par exemple « une maison sur le toit de laquelle on voit un canot », l. 15-16), des chiffres ou des lettres (« une lettre isolée », l. 16, comme A, B, C, D, etc.) et dont la solution est une phrase, du moins si l'on parvient à associer chaque élément au mot qu'il est censé faire deviner. Comme le souligne Freud, pris « **ensemble** » **ou isolément** (« diverses parties », l. 17), les éléments du rébus ne veulent rien dire (ils n'ont pas de « sens », l. 21).

Dans le contenu manifeste du rêve, il se produit exactement la même chose : pris isolément ou dans leur ensemble, les éléments dont on se souvient sont le plus souvent énigmatiques et mystérieux, voire bizarres. Mais, de même qu'en remplaçant chaque élément du rébus par le mot qui lui est associé on obtient une phrase claire et signifiante (« quelque belle et profonde parole », l. 22), de même, en remplaçant les éléments du contenu manifeste par les pensées latentes qu'ils transcrivent, on parvient à dégager la signification du rêve.

Ainsi, la technique de l'interprétation des rêves est semblable à l'art de la devinette des rébus : il faut **interpréter les rêves comme des rébus**, c'est-à-dire comme des ensembles de signes.

II Discussion critique

Au début de *L'Interprétation des rêves* (chapitre 1), Freud se donne pour projet de montrer « qu'il existe une **technique psychologique** qui permet d'interpréter les rêves : si on applique cette technique, tout rêve apparaît comme une production psychique qui a une signification ». C'est cette « technique » qu'il définit et décrit dans ce texte, en s'opposant à la tradition qui, soit ne voyait aucun sens aux phénomènes du rêve, soit leur attribuait une signification symbolique plus proche de l'expression artistique que de la vérité scientifique.

Pour Freud, en effet, non seulement « le rêve a une signification » mais la technique psychanalytique mise au point pour l'interpréter constitue « une **méthode scientifique** » (*op. cit.*, chapitre 2). L'intérêt de cette méthode est de faire apparaître l'existence d'un véritable « travail du rêve » par lequel les pensées latentes de celui-ci sont **transformées** en contenu manifeste, grâce à un ensemble de mécanismes **spécifiques** (la condensation, le déplacement, la figuration, l'élaboration secondaire). Elle révèle ainsi que l'activité onirique est le **prolongement** dans le sommeil de l'activité de pensée, ce que les philosophes, attachés au conscientialisme, ont parfois du mal à accepter.

Toutefois, même si la psychanalyse est tout entière un « art de l'interprétation », écrit Freud dans un article de 1923, « elle ne s'en remet pas à la sagacité de l'interprète du rêve, mais pour la plus grande part, transfère la tâche au **rêveur** lui-même, en lui demandant ce qu'il associe aux différents éléments du rêve » (« Psychanalyse » et « Théorie de la libido »). C'est en poursuivant et en prolongeant ces associations que le travail d'interprétation, conjointement mené par l'analyste et l'analysant, conduit à défaire le travail du rêve et à révéler les pensées latentes qui le sous-tendent.

> Ainsi, écrit Freud dans une phrase célèbre, « l'interprétation des rêves est la **voie royale qui mène à la connaissance de l'inconscient** dans la vie psychique » (*L'Interprétation des rêves*, chapitre 7, § 5).

[CONCLUSION]

Loin d'être un mécanisme aléatoire et sans logique, le rêve est le résultat d'un travail psychique complexe. Le travail psychanalytique d'interprétation permet, selon Freud, de déchiffrer le sens des rêves, en analysant leur contenu manifeste ou apparent afin de faire émerger leur contenu latent ou réel.

Dès lors, le rêve se présente comme un rébus, c'est-à-dire un ensemble de signes interprétables. Le travail d'analyse des rêves, considérés comme la voie royale d'accès à la connaissance de l'inconscient, prend alors son sens quand le rêveur, invité à parler de son rêve, parvient à faire des associations d'idées qui mènent à une interprétation.

57 Le vivant : terminologie et citations clés

I Terminologie

- Du latin *vivere* (« vivre, être en vie, subsister »), le vivant désigne l'ensemble des propriétés qui caractérisent les **êtres doués de vie**, par opposition aux corps inanimés et inorganiques de la matière inerte (minéraux) et par opposition à la mort.
- Par êtres doués de vie, il faut entendre tous les **êtres organisés**, c'est-à-dire ceux dont la disposition des organes constitue un organisme remplissant certaines fonctions, du règne végétal au règne animal en passant par le genre humain, considéré comme le point d'aboutissement de l'échelle du vivant.

On appelle classiquement **biologie** (du grec *bios*, « vie ») la science qui vise la connaissance du vivant.

II Citations

« Parmi les corps naturels, les uns ont la vie, les autres ne l'ont pas ; la vie telle que je l'entends consiste à se nourrir soi-même, à croître et à dépérir.

Aristote, *De l'âme*.

« [Il n'y a] aucune différence entre les machines que font les artisans et les divers corps que la nature seule compose.

Descartes, *Principes de la philosophie* (§ 203).

« Les individus possédant un avantage quelconque, quelque léger qu'il soit d'ailleurs, [ont] la meilleure chance de vivre et de se reproduire.

Darwin, *L'Origine des espèces*.

« J'ai donné le nom de *sélection naturelle* ou de *persistance du plus apte* à cette conservation des différences et des variations individuelles favorables et à cette élimination des variations nuisibles.

Darwin, *L'Origine des espèces*.

« La vie, depuis ses origines, est la continuation d'un seul et même élan qui s'est partagé entre des lignes d'évolution divergentes.

Bergson, *L'Évolution créatrice*.

« La vie est polarité et par là même position inconsciente de valeur, bref la vie est en fait une activité normative.

Canguilhem, *Le Normal et le Pathologique*.

58 Qu'est-ce que le vivant ?

I L'animé et l'inanimé : l'âme ou le critère du vivant

Aristote définit l'**âme** comme étant « l'**entéléchie** première d'un corps naturel possédant la vie en puissance » (*De l'âme*, II, 1), c'est-à-dire la forme abstraite qui actualise et réalise pleinement (entéléchie) la matière de tout corps vivant.

■ Dans son traité *De l'âme*, **Aristote** écrit : « Parmi les corps naturels, les uns ont la vie, les autres ne l'ont pas ; la vie telle que je l'entends consiste à se nourrir soi-même, à croître et à dépérir. » (II, 1.)

■ Autrement dit, le vivant, c'est le phénomène qui va de la naissance à la mort (génération, croissance, corruption) et qui permet de distinguer entre deux ordres de réalités : le vivant est « ce qui **distingue l'animé de l'inanimé**, c'est la vie » (II, 2).

■ Réciproquement, le critère de démarcation entre le vivant et le non-vivant, est donc l'animé, c'est-à-dire l'âme (en latin, *anima* signifie « souffle, âme »). En effet, pour Aristote, tout corps naturel doué de vie est composé d'une **forme et** d'une **matière**.

II Le corps vivant comme une machine : le modèle mécaniste

■ Au début du *Traité de l'homme*, **Descartes** écrit : « Je suppose que le corps n'est autre chose qu'une statue ou **machine** de terre » composée de « toutes les **pièces** qui sont requises pour faire qu'elle marche, qu'elle mange, qu'elle respire », c'est-à-dire pour accomplir toutes les **fonctions** du corps vivant (mouvement, digestion, respiration, mais aussi sommeil, sensation, imagination, mémoire, etc.).

■ Selon lui, « ces fonctions suivent toutes naturellement, en cette machine, de la seule **disposition** de ses organes, ni plus ni moins que font les mouvements d'une horloge, ou autre automate, de celle de ses contrepoids et de ses roues ». C'est pourquoi, ajoute-t-il dans les *Principes de la philosophie* (§ 203), il n'y a « aucune différence entre les machines que font les artisans et les divers corps que la nature seule compose » : ils sont tous régis par des **règles mécaniques**.

59 L'évolution du vivant

I La sélection naturelle ou la persistance du plus apte

- Dans *L'Origine des espèces* (1859), Charles **Darwin** montre que les êtres vivants sont tous engagés dans une « lutte pour la vie », à la fois contre les agressions du **milieu** dans lequel ils vivent et contre les autres êtres vivants.
- Cette exigence de survie, lorsqu'ils sont exposés à de nouvelles conditions d'existence, conduit les individus d'une même espèce à subir, « dans le cours de nombreuses générations », des **variations** dans leur constitution biologique.
- Ainsi, «les individus possédant un avantage quelconque, quelque léger qu'il soit d'ailleurs, [ont] la meilleure chance de vivre et de se reproduire » et, à l'inverse, « toute variation, si peu nuisible qu'elle soit à l'individu, entraîne forcément la disparition de celui-ci ».
- C'est le principe de la sélection naturelle : « J'ai donné le nom de *sélection naturelle* ou de *persistance du plus apte* à cette conservation des différences et des variations individuelles favorables et à cette élimination des variations nuisibles », écrit Darwin.

D'après ce principe, les espèces naturelles varient et évoluent en sélectionnant et en retenant seulement les individus les plus aptes à la survie, sans autre finalité.

II L'élan vital : une philosophie de l'évolution

- Dans *L'Évolution créatrice*, **Bergson** écrit : « La vie, depuis ses origines, est la continuation d'un seul et même **élan** qui s'est partagé entre des lignes d'évolution divergentes ».
- Donné une fois pour toutes, cet élan vital traverse la matière à la manière d'un **élan créateur** qui « se divise de plus en plus en se communiquant ». Ainsi, c'est lui qui, en « se conservant sur les lignes d'évolution entre lesquelles il se partage, est la cause profonde des **variations**, du moins de celles qui se transmettent régulièrement, qui s'additionnent, qui créent des espèces nouvelles ».

60 Finalité et normalité biologiques

I La « téléonomie » du vivant

Dans *Le Hasard et la Nécessité*, Jacques Monod définit le vivant par trois caractéristiques fondamentales :

- en premier lieu, la **morphogenèse autonome** (capacité de croissance et de mouvement sans intervention d'un jeu de forces externes) ;

- en deuxième lieu, l'**invariance reproductive** (transmission intégrale du patrimoine génétique au cours de la reproduction) ;

- en troisième lieu, la **téléonomie**.

La téléonomie est la propriété qui fait des êtres vivants des « objets doués d'un **projet** », au sens où ils obéissent tous à une **finalité interne** : ils sont programmés (génétiquement) pour accomplir leur propre conservation et leur propre reproduction. Pour Monod, ce projet au sein du vivant est le produit à la fois du **hasard et** de la **nécessité** : un accident singulier au cours de l'évolution est, une fois inscrit dans l'ADN, multiplié et reproduit à des millions ou des milliards d'exemplaires.

II La « normativité vitale »

Dans *Le Normal et le Pathologique* (II, 2), Georges Canguilhem écrit que « la vie n'est pas indifférente aux conditions dans lesquelles elle est possible ». En effet, il y a « un effort spontané, propre à la vie, pour lutter contre ce qui fait obstacle à son maintien et à son développement pris pour **normes** ». Autrement dit, « la vie est polarité et par là même position inconsciente de valeur, bref la vie est en fait une **activité normative** ».

Par conséquent, « il n'y a pas d'indifférence biologique ». Au contraire, le vivant est par lui-même l'affirmation d'un « **normal biologique** » et « vivre c'est, même chez une amibe, préférer et exclure ».

C'est pourquoi, selon Canguilhem, « il n'y a pas de fait normal ou pathologique en soi », mais toujours par rapport à des normes auquel il est référé. « L'anomalie ou la mutation ne sont pas en elles-mêmes pathologiques. Elles expriment d'autres normes de vie possibles. »

Pour Canguilhem « le **pathologique**, ce n'est pas l'absence de norme biologique, c'est une autre norme mais comparativement repoussée par la vie ».

Quiz express

Vérifiez que vous avez bien retenu les points importants des **fiches 57 à 60**.

1 Un être vivant est un être « organisé », ce qui signifie :

- ☐ **a.** que c'est un être qui a le sens de l'organisation
- ☐ **b.** que c'est un organisme composé d'organes
- ☐ **c.** que c'est un être animé ayant une âme

2 Pour Descartes, le corps humain peut être comparé à une machine technique :

- ☐ **a.** vrai ☐ **b.** faux

3 Que signifie le concept darwinien de « sélection naturelle » ?

- ☐ **a.** Que la nature sélectionne automatiquement les individus les plus aptes à survivre et à se reproduire
- ☐ **b.** Que la nature sélectionne au hasard les individus d'une espèce choisis pour se reproduire
- ☐ **c.** Que les individus les plus forts d'une espèce peuvent sélectionner leurs descendants

4 « L'élan vital » est une notion proposée par :

- ☐ **a.** Descartes
- ☐ **b.** Darwin
- ☐ **c.** Bergson
- ☐ **d.** Aristote

5 La « morphogenèse autonome » est une propriété des êtres vivants selon laquelle :

- ☐ **a.** ceux-ci détiennent la capacité de croissance et de mouvement, sans force externe
- ☐ **b.** ceux-ci ne peuvent croître et grandir sans l'intervention de l'homme
- ☐ **c.** ceux-ci se gênent entre eux à cause de leur morphologie

6 Pour Canguilhem, le vivant impose des normes aux êtres vivants et impose un « normal biologique » :

- ☐ **a.** vrai, parce que la vie prend son propre maintien et son propre développement pour normes
- ☐ **b.** faux, parce que la vie offre une diversité de formes possibles sans norme imposée

RÉPONSES

1. b • **2.** a • **3.** a • **4.** c • **5.** a • **6.** a

SUJET 15 | Kant, *Critique de la faculté de juger*

EXPLICATION DE TEXTE

Expliquez le texte suivant.

« Dans une montre, une partie est l'instrument du mouvement des autres, mais un rouage n'est pas la cause efficiente de la production d'un autre rouage ; certes, une partie existe pour une autre, mais ce n'est pas par cette autre partie qu'elle existe. C'est pourquoi la cause productrice de celles-ci et de leur forme n'est pas contenue dans la nature (de cette matière), mais en dehors d'elle dans un être, qui, d'après les Idées, peut réaliser un tout possible par sa causalité. C'est pourquoi aussi dans une montre un rouage ne peut en produire un autre et encore moins une montre d'autres montres, en sorte qu'à cet effet elle utiliserait (elle organiserait) d'autres matières ; c'est pourquoi elle ne remplace pas d'elle-même les parties, qui lui ont été ôtées, ni ne corrige leurs défauts dans la première formation par l'intervention des autres parties, ou se répare elle-même, lorsqu'elle est déréglée : or tout cela nous pouvons en revanche l'attendre de la nature organisée. Ainsi un être organisé n'est pas simplement machine, car la machine possède uniquement *une force motrice* ; mais l'être organisé possède en soi *une force formatrice*, qu'il communique aux matériaux, qui ne la possèdent pas (il les organise) : il s'agit ainsi d'une force formatrice qui se propage et qui ne peut pas être expliquée par la seule faculté de mouvoir (le mécanisme).

On dit trop peu de la nature et de sa faculté dans les produits organisés quand on la nomme *un analogon de l'art* ; on imagine en effet alors l'artiste (un être raisonnable) en dehors d'elle. Elle s'organise plutôt elle-même et cela dans chaque espèce de ses produits organisés selon un même modèle dans l'ensemble, avec toutefois les modifications convenables, qui sont exigées par la conservation (de l'organisation) selon les circonstances.

Emmanuel Kant, *Critique de la faculté de juger*, § 65, trad. A. Philonenko, © Librairie philosophique J. Vrin, Paris, 1993, p. 193-194.

DÉMARRONS ENSEMBLE

■ Dans ce texte célèbre, vous remarquerez que l'argumentation de Kant est entièrement construite sur l'**analyse détaillée d'un exemple** : la montre. Nous sommes dans le cas typique où l'exemple n'est pas seulement utilisé comme une illustration de l'idée principale, mais bien comme le support d'expression et de développement de cette idée.

- Vous devez donc lire attentivement le texte pour repérer, étape par étape, les **idées** philosophiques qui émanent de cette montre : car chaque détail provenant de l'analyse de la montre [un rouage existe pour d'autres rouages] permet de dégager une idée [la causalité productrice du mouvement mécanique].
- Toutefois, l'importance de cet exemple longuement développé ne doit pas vous aveugler sur la finalité de Kant dans ce texte : il s'agit moins d'analyser les corps mécaniques que de faire apparaître, en négatif, le **propre des corps vivants**.

CORRIGÉ

CORRIGÉ RÉDIGÉ

POINT MÉTHODE

Composer une copie d'explication de texte

- Pour composer et rédiger votre explication de texte, **deux méthodes** différentes sont à votre disposition :

– la **première** consiste à diviser le développement en deux parties : la première partie correspond à l'**étude linéaire** du texte et vise à l'expliquer [détailler, analyser, élucider], tandis que la deuxième correspond à la **discussion critique** du texte et vise à le commenter [juger de sa valeur et de son intérêt philosophiques] ;

– la **seconde** consiste à suivre l'ordre du texte et à le commenter au fur et à mesure que vous l'expliquez, ce qui revient à **mêler** étude linéaire et discussion critique.

- Si vous n'êtes soumis à aucune méthode imposée, il est vivement recommandé d'**utiliser la première méthode**, car elle a l'avantage de fournir à votre devoir un cadre net et structuré remplissant clairement deux fonctions distinctes, tandis que la seconde méthode, plus difficile à manier, présente l'inconvénient d'introduire une certaine confusion entre les idées de l'auteur qu'il s'agit d'expliquer et vos jugements de valeur qui servent à les commenter.

[Le corrigé suivant est présenté sous forme de plan détaillé. Les titres en gras ne doivent en aucun cas figurer dans votre copie.]

[INTRODUCTION]

- Au début du *Traité de l'homme,* Descartes écrit : « Je suppose que le corps n'est autre chose qu'une statue ou machine de terre » composée de « toutes les pièces qui sont requises pour faire qu'elle marche, qu'elle mange, qu'elle respire ». Selon cette approche **mécaniste**, le corps vivant est comparé à une **machine**.

Mais peut-on réduire la complexité du phénomène vivant à une mécanique ? Le vivant et la machine se ressemblent-ils au point de se confondre ? Y a-t-il une différence entre un être vivant et un **automate technique** ? En quoi consiste-t-elle ? Selon Kant, même si l'on peut trouver des points communs entre le **vivant** et la **machine**, une différence radicale de nature les sépare. Dans ce texte, il propose de le démontrer en révélant le critère de démarcation qui les sépare : la force formatrice.

I Étude linéaire

1. Kant définit la propriété distinctive des corps mécaniques

À travers l'exemple de la montre, Kant remet en cause l'analogie qui est faite entre les corps mécaniques que sont les automates produits par l'homme et les corps vivants que sont les **êtres organisés** produits par la nature. Son propos se présente sous la forme d'une concession.

Un **raisonnement par concession** consiste dans un premier temps à « céder » sur une idée généralement admise, puis dans un second temps à défendre une autre idée, jugée plus importante, sur un autre plan.

D'un côté, il admet que la machine et le corps vivant ont une caractéristique commune : ils forment tous deux un tout composé de **parties interdépendantes** dans lequel chaque partie remplit une fonction à l'égard d'une autre (« une partie existe pour une autre », l. 3), comme par exemple le fait qu'un rouage d'une montre soit la cause du mouvement d'un autre rouage (« une partie est l'instrument du mouvement des autres », l. 1-2).

Mais, d'un autre côté, il relève entre eux une différence fondamentale : dans un **automate**, aucune partie n'a le pouvoir d'engendrer ou de créer une nouvelle partie (« un rouage n'est pas la cause efficiente de la production d'un autre rouage », l. 2), au sens où aucune partie ne peut être la « cause productrice » (l. 4) d'une autre partie.

2. Kant définit *a contrario* les propriétés des corps vivants

À l'inverse, les corps vivants présentent trois propriétés spécifiques (toutes trois introduites, au moyen d'une anaphore, par l'expression « c'est pourquoi », l. 4, 7, 9), qui sont le propre de la « nature organisée » (l. 13) et que l'on ne peut jamais rencontrer dans un automate tel qu'une montre.

D'abord, ils contiennent leur « cause productrice » en eux-mêmes, c'est-à-dire dans leur propre « matière » (l. 5), sans recourir à un « être » (l. 6) extérieur qui serait l'artisan et le fabricant de leurs parties, comme c'est le cas pour une montre, dont la **cause productrice** n'est autre que la personne de l'horloger.

■ Ensuite, leurs organes ont la faculté d'**organiser la matière** pour engendrer par eux-mêmes de nouveaux tissus (par exemple, la reproduction permanente des cellules) et ils peuvent se reproduire intégralement entre eux (reproduction sexuée ou asexuée), tandis qu'une montre ne peut se reproduire avec une autre montre (l. 7-8).

■ Enfin, en cas de problème dans leur constitution ou leur fonctionnement, les êtres vivants ont dans une certaine mesure la **faculté de se réparer** et de **se corriger eux-mêmes** (un ongle qui tombe repousse, la cécité est compensée par un surdéveloppement de l'ouïe, etc.), alors qu'une montre, lorsqu'elle est « déréglée », ne peut jamais se remonter elle-même ou se « réparer » toute seule.

3. Kant définit le critère de démarcation entre le vivant et la machine

■ L'analogie entre les machines et les corps vivants ne résiste donc pas à l'analyse : « [...] un être organisé n'est pas simplement machine » (l. 13-14).

■ Le critère qui permet de les différencier est la « **force formatrice** » (l. 15), qui est le propre des seuls êtres vivants. Par là, il faut entendre la capacité qu'ont les êtres organisés de se donner forme ou de se former eux-mêmes, c'est-à-dire de **s'auto-organiser**. Ils organisent la matière en lui donnant la forme organisée de leur propre organisation.

■ C'est pourquoi les « produits organisés » (l. 19) de la nature, c'est-à-dire les êtres vivants qu'elle engendre, ne peuvent être comparés à des œuvres d'art. Car une œuvre d'art suppose un « artiste » (l. 20). Or, les êtres vivants présentent cette particularité d'être comme des œuvres d'art autocréées et s'autocréant, qui sont en quelque sorte elles-mêmes leur propre artiste.

> Ainsi, tandis que les machines et les automates ne sont capables que de « **force motrice** » (l. 14), c'est-à-dire d'un mouvement mécanique, la « nature organisée » se caractérise par sa « **force formatrice** » ou capacité du vivant à s'auto-organiser.

II Discussion critique

■ Dans ce texte, Kant s'oppose clairement à la conception mécaniste du vivant défendue par Descartes dans le *Traité de l'homme*, selon laquelle le corps vivant est semblable à une machine dont les diverses fonctions procèdent toutes « de la seule disposition de ses organes, ni plus ni moins que font les mouvements d'une horloge, ou autre automate, de celle de ses contrepoids et de ses roues ». En choisissant délibérément l'exemple de la montre, Kant montre ainsi que la thèse mécaniste cartésienne repose sur une analogie sans fondement : la force motrice des machines ne peut être assimilée à la force formatrice des êtres organisés.

Cependant, s'il a des limites bien soulignées par Kant, le modèle de la machine reste encore efficace aujourd'hui pour se représenter la complexité du vivant. Au cours du xxe siècle, comme le souligne le sociologue Edgar Morin dans *La Méthode I. La nature de la nature,* « l'idée de machine cybernétique s'est glissée dans le sillage de la biologie moléculaire pour devenir en fait l'armature de la nouvelle conception de la vie ». En effet, dans *Cybernétique et société,* le mathématicien Norbert Wiener invente en 1948 la cybernétique, ou science du contrôle des systèmes, dont les principales applications sont les machines intelligentes et les ordinateurs. C'est ainsi que la notion de code génétique permet de décrire les processus chimiques du vivant, sur le modèle de la programmation informatique.

En cela, Kant anticipe sur les conceptions du biochimiste Jacques Monod, lorsque celui-ci affirme dans *Le Hasard et la Nécessité* que les êtres vivants se caractérisent par leur « **morphogenèse autonome** ».

[CONCLUSION]

Après avoir décrit les propriétés distinctives des corps mécaniques, à savoir des automates créés par l'homme, Kant montre que les êtres vivants ont trois caractéristiques spécifiques, que l'on peut résumer par le fait qu'ils possèdent une « force formatrice ». Ainsi, il existe une différence de nature radicale entre le vivant et la machine.

Prenant le contre-pied du modèle mécaniste de Descartes, Kant propose dans ce texte une vision moderne et juste du vivant, qui anticipe sur les notions de la biologie moderne, et rejoint notamment la notion de « morphogenèse autonome » défendue au xxe siècle par Jacques Monod.

61 La matière et l'esprit : terminologie et citations clés

I Terminologie

- Du latin *materia* (« bois de construction, matériaux, matière »), la matière désigne la substance des corps sensibles, en tant qu'ils font l'objet d'une perception dans l'espace et dans le temps.
- Du latin *spiritus* (« souffle, air, respiration »), l'esprit désigne au contraire toute substance incorporelle et immatérielle, et s'entend en trois sens :

- soit il s'agit du **principe de vie** (souffle vital) qui anime les êtres organisés ;

- soit il s'agit de l'**âme humaine** en tant qu'elle est douée de raison et qu'elle constitue une substance pensante ayant une vie psychique ;

- soit il s'agit du **souffle créateur** de la raison divine.

On appelle **matérialisme** toute doctrine philosophique selon laquelle seule la matière existe et permet d'expliquer les phénomènes, et **idéalisme** toute doctrine philosophique affirmant que l'esprit et les idées sont les seules réalités existantes.

II Citations

« Si nous devons jamais avoir d'un objet une connaissance épurée, il faudra nous séparer du corps et considérer avec l'âme elle-même les choses en elles-mêmes. Platon, *Phédon*.

« La nature de la matière, ou du corps pris en général, ne consiste point en ce qu'il est une chose dure, ou pesante, ou colorée, ou qui touche nos sens de quelque autre façon, mais seulement en ce qu'il est une substance étendue en longueur, largeur et profondeur. Descartes, *Principes de la philosophie*.

« L'âme est un corps composé de particules subtiles, disséminéh dans tout l'agrégat constituant notre corps. Épicure, *Lettre à Hérodote*.

« Je suis une chose qui pense, c'est-à-dire qui doute, qui affirme, qui nie, qui connaît peu de choses, qui en ignore beaucoup, qui aime, qui hait, qui veut, qui ne veut pas, qui imagine aussi, et qui sent.
Descartes, *Méditations métaphysiques*.

« Tout le chœur du ciel et tout ce qui meuble la terre, en un mot, tous ces corps qui constituent l'imposant cadre du monde n'ont aucune subsistance hors d'un esprit. Berkeley, *Traité sur les principes de la connaissance humaine*.

62 L'idéalisme platonicien

I L'allégorie de la caverne

- Au livre VII de *La République*, Platon compare la condition humaine à celle de **prisonniers** « vivant dans une demeure souterraine en forme de caverne » (514 a) sans pouvoir tourner la tête pour regarder ailleurs qu'en face d'eux, où ils ne perçoivent que des **simulacres** de la réalité. La réalité véritable, quant à elle, se trouve à l'extérieur de la caverne, à la lumière du soleil.

- Selon cette allégorie, l'**intérieur de la caverne** représente le **monde sensible** (« lieu visible »), constitué des choses multiples et particulières, matérielles et changeantes, que nous pouvons percevoir au moyen de nos sens.

- L'**extérieur de la caverne**, en revanche, représente le **monde intelligible** (« lieu intelligible »), constitué d'Idées en soi uniques et génériques, immatérielles et éternelles, que nous pouvons concevoir au moyen de notre intellect.

L'influenc de la pensée de **Platon** est telle qu'elle a pu faire dire à Alfred North Whitehead, dan *Procès et réalité* « La caractérisation générale la plus sûre de la tradition philosophique européenne est qu'elle consiste en une série de notes de bas de page de Platon.

II Le sensible et l'intelligible

- Dans la théorie platonicienne, à chaque chose sensible particulière (par exemple, un *beau* corps, ou un acte *juste*) correspond une forme intelligible générale ou **Idée en soi** (par exemple, le beau en soi, le juste en soi, etc.) qui constitue son **essence intellectuelle** pure : il s'agit de « ce que chacun des êtres est en lui-même et sans mélange », c'est-à-dire sans mélange avec le sensible, écrit Platon dans le *Phédon* (66 a).

- Dès lors, le monde sensible, illusoire et changeant, n'existe que par **participation** au monde intelligible, où se trouve la **vérité éternelle** et immuable. C'est pourquoi « si nous devons jamais avoir d'un objet une connaissance épurée, il faudra nous séparer du corps et considérer avec l'âme elle-même les choses en elles-mêmes » (*Phédon*, 66 d).

63 Matière, corps et atomes

I « De l'essence des choses matérielles » : la substance étendue

- Dans la cinquième des *Méditations métaphysiques*, **Descartes** définit les attributs qui appartiennent à « l'essence des choses matérielles » : selon lui, tout corps matériel possède les trois dimensions de la **spatialité** (« l'extension en longueur, largeur et profondeur »), mais également la **divisibilité** ou aptitude à être divisé en « plusieurs diverses parties », la **quantifiabilité** ou aptitude à recevoir des « grandeurs » et des « figures », la **mobilité** ou aptitude aux « mouvements », et la **temporalité** ou aptitude de ces mouvements à être mesurés par « toutes sortes de durées ».

- Dans les *Principes de la philosophie* (II, 4), il précise l'importance cardinale du premier de ces attributs : « La nature de la matière, ou du corps pris en général, ne consiste point en ce qu'il est une chose dure, ou pesante, ou colorée, ou qui touche nos sens de quelque autre façon, mais seulement en ce qu'il est une **substance étendue en longueur, largeur et profondeur** ».

II « L'éternelle agitation des atomes dans le grand vide »

- Dans la *Lettre à Hérodote*, **Épicure** écrit : « L'univers est composé de **corps et** de **vide**. [...] Hors de ces deux choses, on ne peut plus rien saisir d'existant. » Selon cette conception **matérialiste**, « le vide ne peut ni agir ni pâtir : il ne fait que permettre aux corps de se mouvoir à travers lui ».

- Dès lors, « parmi les corps, on doit distinguer les composés et ceux dont les composés sont faits : ces derniers corps sont **insécables et immuables** ». À la suite de Démocrite, Épicure les appelle des **atomes** (*atomos* signifie en grec « indivisible »). Or, « les atomes sont, depuis l'éternité, dans un **mouvement** perpétuel », écrit-il. C'est pourquoi, comme le souligne son disciple Lucrèce dans *De la nature* (II), l'univers n'est que « l'éternelle agitation des atomes dans le grand vide ».

> « Par conséquent, ceux qui disent que l'**âme** est un être incorporel parlent pour ne rien dire. Si elle était incorporelle, en effet, elle ne pourrait ni agir ni pâtir », ajoute Épicure en guise de conclusion.

- La conséquence majeure d'une telle conception est que l'**âme** elle-même est **matérielle** : « L'âme est un corps composé de particules subtiles, disséminé dans tout l'agrégat constituant notre corps », écrit Épicure. Car « on ne peut rien concevoir de proprement incorporel que le vide », qui est la même chose que l'espace.

64 Du sujet pensant au primat de l'esprit

I « Je suis une chose qui pense » : la substance pensante

Au début de la troisième des *Méditations métaphysiques*, après avoir atteint dans la deuxième la certitude et l'évidence du « Je suis », **Descartes** écrit : « Je suis une **chose qui pense** *[res cogitans]*, c'est-à-dire qui doute, qui affirme, qui nie, qui connaît peu de choses, qui en ignore beaucoup, qui aime, qui hait, qui veut, qui ne veut pas, qui imagine aussi, et qui sent ». En ce sens, « toutes les opérations de la volonté, de l'entendement, de l'imagination et des sens, sont des pensées » (« Réponses aux secondes objections ») et font partie de l'activité consciente.

Dans la *Sixième Méditation*, Descartes achève de fonder la conception moderne du **sujet comme conscience** en montrant que cette « chose qui pense » ne constitue rien moins que l'essence du moi : « Mon essence consiste en cela seul, que je suis une chose qui pense, ou une substance dont toute l'essence ou la nature n'est que de penser. »

II Être, c'est être perçu : l'immatérialisme

Berkeley appelle « **immatérialisme** » cett doctrine selon laquelle la matière n'a pas d'autre existenc que dans un esprit.

Selon le philosophe anglais **George Berkeley**, lorsque l'on dit qu'une chose « existe », on veut toujours dire **qu'on la perçoit ou qu'on est à même de la percevoir** : « Je dis que la table sur laquelle j'écris existe, c'est-à-dire que je la vois et la touche », écrit-il au début de son *Traité sur les principes de la connaissance humaine.*

Par conséquent, « il m'est impossible de concevoir dans mes pensées aucune chose ou objet sensible qui soit distinct de la sensation ou de la perception que j'en ai » : « L'*esse* de ces choses-là, c'est leur *percipi* » (leur **être**, c'est leur **être perçu**). Ainsi, « tout le chœur du ciel et tout ce qui meuble la terre, en un mot, tous ces corps qui constituent l'imposant cadre du monde n'ont aucune subsistance hors d'un esprit ».

Quiz express

Vérifiez que vous avez bien retenu les points importants des **fiches 61 à 64**.

1 D'après l'allégorie de la caverne de Platon, le monde se divise en :
- ☐ **a.** monde émouvant et monde intelligent
- ☐ **b.** monde sensible et monde intelligible
- ☐ **c.** monde des aveugles et monde des voyants

2 Pour Platon, « intelligible » signifie :
- ☐ **a.** intelligent comme l'âme du philosophe qui s'élève hors de la caverne
- ☐ **b.** compréhensible de manière claire et distincte par un esprit humain
- ☐ **c.** accessible seulement à l'esprit qui s'élève jusqu'à l'idée en soi

3 Chez Descartes, la spatialité en trois dimensions s'appelle :
- ☐ **a.** l'étendue
- ☐ **b.** l'espace
- ☐ **c.** la matérialité

4 Quel auteur défend l'idée que l'âme est faite d'atomes ?
- ☐ **a.** Platon
- ☐ **b.** Épicure
- ☐ **c.** Descartes

5 Qui a écrit : « Je suis une chose qui pense » ?
- ☐ **a.** Platon
- ☐ **b.** Épicure
- ☐ **c.** Descartes

6 L'immatérialisme se résume à la formule suivante :
- ☐ **a.** « être, c'est être perçu »
- ☐ **b.** « être, c'est être pensé »
- ☐ **c.** « être, c'est percevoir »

RÉPONSES

1. b • **2.** c • **3.** a • **4.** b • **5.** c • **6.** a

SUJET 16 | La matière suffit-elle à expliquer la nature des choses ?

DISSERTATION

DÉMARRONS ENSEMBLE

- Un sujet utilisant l'expression « suffit-elle à » est de nature à introduire immédiatement un doute, ou plus précisément repose sur un **présupposé** flagrant : la matière ne peut pas être le seul facteur d'explication des choses, il en existerait nécessairement un ou plusieurs autres. Dans ce cas, demandez-vous à quelle notion on **oppose** classiquement la **matière** et vous répondrez bien entendu : l'**esprit**.
- Toutefois, la question présuppose aussi que, même si la matière n'est pas le seul facteur d'explication des choses, elle en est un qui a fait ses preuves. Aussi est-il judicieux de commencer, dans le plan, par **défendre** cette première idée.
- L'expression « nature des choses » est assez **vague**, en raison de la généralité du mot « chose ». Évitez de la reprendre systématiquement dans votre copie et essayez, grâce à un travail d'**analyse sémantique**, de la remplacer par des substituts plus précis comme « les phénomènes » ou « l'essence des phénomènes ».

CORRIGÉ

CORRIGÉ RÉDIGÉ

POINT MÉTHODE

Rédiger une transition entre deux parties

- À la fin de chaque partie du développement, sous la forme d'un ultime paragraphe, vous devez rédiger une **courte transition** (3 à 5 lignes environ) permettant de faire le lien avec la partie suivante. Comparables à des **articulations**, les transitions permettent ainsi aux différentes parties de votre développement de s'unir les unes aux autres en progressant vers la solution.
- Contrairement aux apparences, la transition est un moment est tout à fait capital. Il permet à la fois de faire le **bilan** de votre argumentation (résumé de la thèse défendue) ; de **faire le point** sur la progression de votre enquête, c'est-à-dire de relier le bilan de votre argumentation à la problématique générale du devoir (mise en valeur des éléments de réponse provisoires que cette thèse permet d'apporter) ; et enfin d'**amorcer** la partie suivante par une annonce qui suscite délibérément la **curiosité** de votre lecteur (par exemple, sous la forme d'une **question** qui fait rebondir le problème).

[Le corrigé suivant est présenté sous forme de plan détaillé. Les titres en gras ne doivent en aucun cas figurer dans votre copie.]

[INTRODUCTION]

▪ Dans la *Lettre à Hérodote*, Épicure écrit que « l'univers est composé de corps et de vide », au point que la réalité tout entière se réduit, selon la formule de Lucrèce, à une « éternelle agitation d'atomes ». Selon cette conception matérialiste, rien d'autre n'existe que la matière et la nature des choses ne semble pouvoir être expliquée que par elle.

▪ Toutefois, dans les *Méditations métaphysiques*, Descartes admet l'existence d'une autre substance à côté de la substance étendue ou corporelle. Il s'agit de la substance pensante, en tant qu'elle constitue l'essence même du moi : « Mon essence consiste en cela seul, que je suis une chose qui pense, ou une substance dont toute l'essence ou la nature n'est que de penser. » (*Sixième Méditation*.)

▪ Dès lors, on peut se demander dans quelle mesure le recours à la matière seule permet, dans le cadre de l'entreprise de la connaissance, d'expliquer pleinement et entièrement la nature des choses, en particulier celle des faits de conscience. L'étude de la matière permet-elle d'expliquer tous les phénomènes ? Ou bien faut-il recourir à d'autres principes explicatifs, plus « spirituels », pour rendre compte intégralement de l'être des choses ? Peut-on réellement dissocier la matière de l'esprit ?

I L'étude de la matière permet d'expliquer tous les phénomènes

1. L'explication des phénomènes physiques : le mécanisme cartésien

▪ Dans les *Principes de la philosophie*, Descartes écrit : « J'ai décrit cette terre et généralement tout le monde visible, comme si c'était seulement une **machine** en laquelle il n'y eût rien du tout à considérer que les figures et les mouvements de ses parties » (IV, 188).

▪ Autrement dit, l'ensemble des phénomènes de la nature sont comme les **rouages** d'une gigantesque machine – l'univers –, qui peuvent être expliqués selon les principes démonstratifs de la **physique**, eux-mêmes tirés des **mathématiques** : « Je ne connais point d'autre matière des choses corporelles, que celle qui peut être divisée, figurée et mue en toutes sortes de façons » (II, 64). Ainsi, « on peut rendre raison, en cette sorte, de tous les phénomènes de la nature » (*ibid.*).

2. L'explication des phénomènes psychiques : l'homme neuronal

■ Dans l'*Esquisse d'une psychologie scientifique*, Freud tentait en 1895 de « représenter les processus psychiques comme des états quantitativement déterminés de particules matérielles distinguables ». Bien qu'il se soit par la suite écarté de cette première idée, celle-ci semble avoir trouvé une certaine vérité dans le cadre des neurosciences modernes.

■ En effet, dans *L'Homme neuronal*, le neurobiologiste Jean-Pierre Changeux écrit que « tout comportement s'explique par la mobilisation interne d'un ensemble topologiquement défini de cellules nerveuses », y compris « l'enchaînement des objets mentaux en "pensée" ».

> Ainsi, la pensée elle-même peut être expliquée en fonction des mécanismes physico-chimiques de la « matière grise » neuronale.

II La matière échoue à expliquer *intégralement* la nature des choses

> Autrement dit, si l'on entend par « nature des choses » l'essence même des phénomènes, il semble que seule la **métaphysique**, c'est-à-dire la science des principes immatériels qui conditionnent les phénomènes, puisse la saisir et l'expliquer.

1. La matière n'explique rien de l'essence métaphysique des choses

■ Dans la *Métaphysique* (Γ, 1), Aristote écrit : « Il y a une science qui étudie l'Être en tant qu'être et ses attributs essentiels. » Cette science, c'est précisément la métaphysique ou science de ce qui est au-delà du physique et du sensible.

■ Par métaphysique, j'entends tout ce qui a la prétention d'être une connaissance dépassant l'expérience, c'est-à-dire les phénomènes donnés, et qui tend à expliquer par quoi la nature est conditionnée », précise Schopenhauer dans *Le Monde comme volonté et comme représentation* (Supplément, XVII).

2. La conscience ne se réduit pas au cerveau : la thèse spiritualiste

■ Même s'il admet que « la vie de la conscience est liée à la vie du corps », Bergson affirme dans *L'Énergie spirituelle* qu'« il y a loin de là à soutenir que le cérébral est l'équivalent du mental, qu'on pourrait lire dans un cerveau tout ce qui se passe dans la conscience correspondante ». Pour lui, « la conscience est incontestablement accrochée à un cerveau mais il ne résulte nullement de là que le cerveau dessine tout le détail de la conscience, ni que la conscience soit une fonction du cerveau ».

■ De la même manière, dans *Matière et Mémoire*, Bergson souligne à propos de la mémoire que « le souvenir ne [peut] pas résulter d'un état cérébral » : certes « l'état cérébral [...] lui donne prise sur le présent par la matérialité qu'il lui confère ; mais le souvenir pur est une **manifestation spirituelle** », c'est-à-dire une manifestation de l'esprit.

III Il faut tenir compte à la fois de la matière et de l'esprit

1. L'âme et le corps sont intimement unis

- Dans la sixième des *Méditations métaphysiques*, Descartes écrit : « Je ne suis pas seulement logé dans mon corps, ainsi qu'un pilote en son navire, mais outre cela, je lui suis conjoint très étroitement, et tellement confondu et mêlé que je compose comme un **seul tout** avec lui. »
- En effet, précise-t-il dans *Les Passions de l'âme,* « l'âme est véritablement jointe à tout le corps » (art. 30) au moyen d'« une petite glande dans le cerveau en laquelle l'âme exerce ses fonctions plus particulièrement que dans les autres parties » (art. 31).

Dans l'*Éthique*, Spinoza prolongera à sa façon cette idée : « L'Esprit et le Corps, c'est une **seule et même chose**, qui se conçoit sous l'attribut tantôt de la Pensée, tantôt de l'Étendue » (III, 2, scolie).

2. L'hystérie de conversion : le saut du psychique dans le somatique

- L'hystérie de conversion est une névrose qui se caractérise par des symptômes somatiques variés (parfois spectaculaires comme des paralysies, des contractures, des troubles de la vision, des hallucinations, etc.) sans lésion organique, qui sont en fait des **conversions somatiques** de conflits inconscients.
- Dans *Les Fantasmes hystériques et leur relation à la bisexualité,* Freud écrit : « Les symptômes hystériques ne sont rien d'autre que les fantasmes inconscients trouvant par "conversion" une forme figurée », c'est-à-dire une expression **symbolique** à travers le corps.

[CONCLUSION]

- Le matérialisme mécaniste de tradition cartésienne est à l'origine des grands succès de la science, capable d'expliquer la plupart des phénomènes de l'univers, de la course des étoiles au fonctionnement de l'atome. Toutefois, il existe un au-delà du sensible dont l'élucidation complète échappe à la seule approche matérialiste.
- Ainsi, la matière ne peut jamais être envisagée sans l'esprit. C'est au contraire de la prise en compte de leur subtile union que peut sortir un modèle d'explication pertinent.

65 La vérité : terminologie et citations clés

I Terminologie

- Du latin *verus* (« vrai, véritable, réel »), la vérité **s'oppose à la fausseté** et désigne le caractère de ce qui est **vrai**.
- Par là, on entend généralement une certaine propriété de notre discours ou de notre pensée, qui se définit grâce à un signe de reconnaissance permettant de distinguer le vrai du faux, que l'on appelle **critérium** ou critère de la vérité.

On appelle **dogmatique** toute philosophie qui affirme certaines vérités et s'oppose au **scepticisme**, doctrine selon laquelle l'esprit humain ne peut rien atteindre de vrai et de certain.

II Citations

« La première signification de Vrai et de Faux semble avoir son origine dans les récits ; et l'on a dit vrai un récit quand le fait raconté était réellement arrivé ; faux, quand le fait raconté n'était arrivé nulle part.

Spinoza, *Pensées métaphysiques*.

« Le faux et le vrai ne sont pas dans les choses, [...] mais dans la pensée.

Aristote, *Métaphysique*.

« [La vérité] consiste dans l'adéquation de l'intellect et de la chose, selon que celui-ci prononce qu'existe ce qui est, ou n'existe pas ce qui n'est pas [...] de telle sorte qu'il en soit dans la réalité des choses comme le dit l'intellect.

Thomas d'Aquin, *Somme contre les Gentils*.

« [L'attitude sceptique consiste à] suspendre notre jugement sur la question de savoir s'il existe quelque chose de vrai.

Sextus Empiricus, *Esquisses pyrrhoniennes*.

« Toutes les choses que nous concevons fort clairement et fort distinctement sont toutes vraies.

Descartes, *Méditations métaphysiques*.

« Qui a une idée vraie en même temps sait qu'il a une idée vraie et ne peut douter de la vérité de la chose [...] : la vérité est norme d'elle-même et du faux.

Spinoza, *Éthique*.

« Le souverain bien [...] n'est autre chose que la connaissance de la vérité par ses premières causes, c'est-à-dire la sagesse, dont la philosophie est l'étude.

Descartes, *Principes de la philosophie*.

66 Qu'est-ce que la vérité ?

I Une propriété du discours : la vérité et le mensonge

- Comme le souligne Spinoza dans ses *Pensées métaphysiques,* la notion de vérité s'applique d'abord aux énoncés du **langage** : « La première signification de vrai et de faux semble avoir son origine dans les récits ; et l'on a dit vrai un récit quand le fait raconté était réellement arrivé ; faux, quand le fait raconté n'était arrivé nulle part ». En ce sens, la vérité se confond avec la **véridicité** : elle est la propriété de l'énoncé qui **dit la vérité** et consiste en une **conformité du discours avec la réalité**.

- C'est pourquoi elle pose le problème moral du **mensonge**, défini comme l'énoncé qui est délibérément contraire à la vérité, dans le but de **tromper**. La vérité, c'est donc aussi la **véracité**, c'est-à-dire la qualité (morale) de l'énoncé qui ne trompe pas et auquel on peut faire **confiance** en donnant son assentiment (Descartes dit par exemple que Dieu est « vérace », c'est-à-dire qu'il n'est pas trompeur).

II Une propriété de la connaissance : la vérité et l'erreur

- Dans la *Métaphysique* (E, 4), Aristote est le premier à montrer que « le faux et le vrai ne sont pas dans les choses, [...] mais dans la pensée ». En effet, comme le souligne Whitehead dans *Aventures d'idées* (XVI, 2), « la réalité n'est qu'elle-même, et il est absurde de demander si elle est vraie ou fausse ».

- Par conséquent, au-delà des énoncés du langage, la vérité s'applique aussi aux **idées**, c'est-à-dire aux **jugements de connaissance**. En ce sens, la vérité n'est rien d'autre que la qualité (logique) de notre pensée quand elle se forge une représentation exacte et juste de la réalité (conception de la vérité-correspondance). C'est ce que résume la célèbre formule de Thomas d'Aquin, dans la *Somme contre les Gentils* (I, 59) : la vérité « consiste dans l'adéquation de l'intellect et de la chose, selon que celui-ci prononce qu'existe ce qui est, ou n'existe pas ce qui n'est pas [...] de telle sorte qu'il en soit dans la réalité des choses comme le dit l'intellect ».

> L'**erreur**, au contraire, c'est l'idée qui n'est **pas en adéquation** ou en accord avec la réalité, c'est-à-dire qui n'est pas conforme à la chose qu'elle représente.

67 Le problème du critère de la vérité

I La voie sceptique : le critère de la vérité est insaisissable

Pyrrhon d'Élis est considéré comme le fondateur du scepticisme philosophique qu'on appelle aussi **pyrrhonisme**.

■ Dans ses *Esquisses pyrrhoniennes*, **Sextus Empiricus** présente la « voie sceptique » comme l'attitude philosophique inspirée par Pyrrhon et qui consiste à « **suspendre notre jugement** sur la question de savoir s'il existe quelque chose de vrai » (II, 9, § 94).

■ Pour Pyrrhon, une idée n'est vraie que si elle est prouvée. Or, une preuve se fonde toujours sur une autre preuve (« Prouve ta preuve », I, 15, § 166) et, puisqu'il est impossible de démontrer à l'infini, « il est impossible de savoir s'il existe quelque chose de vrai » (II, 9, § 85).

II Le « clair et distinct » : la vérité comme certitude

■ Dans la troisième des *Méditations métaphysiques*, **Descartes** écrit : « Toutes les choses que nous concevons fort clairement et fort distinctement sont toutes vraies. »

■ Le critère de la vérité, c'est donc la **clarté et** la **distinction** car seule une idée claire et distincte peut être certaine et indubitable. En effet, le propre de la vérité c'est justement d'**abolir le doute** et d'**imposer la certitude**.

III La vérité est critère d'elle-même

■ En revanche, pour **Spinoza**, « la vérité n'a besoin d'aucun signe » (*Traité de la réforme de l'entendement*). Elle se **reconnaît d'elle-même dans l'évidence** de sa manifestation, sans aucun besoin d'un critère extérieur.

■ Ainsi, comme il l'écrit dans l'*Éthique* : « Qui a une idée vraie en même temps sait qu'il a une idée vraie et ne peut douter de la vérité de la chose [...] : la vérité est norme d'elle-même et du faux » (II, 43). Autrement dit, la vérité est à elle-même son propre critère : elle s'**automanifeste**.

68 La quête de la vérité en question

I La philosophie comme recherche de la vérité

- Au cours de l'histoire, la plupart des philosophes ont été des philosophes dogmatiques et ont défini la philosophie comme la recherche de la vérité. Ainsi, dès l'Antiquité, **Platon** définit les philosophes comme « ceux qui aiment le spectacle de la vérité » (*La République*, V, 475 e), et **Aristote**, dans la *Métaphysique* (A, 1), affirme que « la philosophie est la science de la vérité ».

- Au XVIIe siècle, dans la Lettre-Préface des *Principes de la philosophie*, **Descartes** écrit encore que « le souverain bien [...] n'est autre chose que la connaissance de la vérité par ses premières causes, c'est-à-dire la sagesse, dont la philosophie est l'étude ».

- Au XIXe siècle, dans la *Phénoménologie de l'esprit*, **Hegel** explique qu'il faut concevoir « la diversité des systèmes philosophiques comme le développement progressif de la vérité ».

À toutes les époques, la philosophie se définit comme la quête de la vérité et révèle qu'il existe en elle ce que Nietzsche appelle une « **volonté de vérité** ».

II La volonté de vérité ou le problème de la valeur de la vérité

- À l'orée du XXe siècle, **Nietzsche** est celui qui dit **non** à la vérité. Dans *Le Gai Savoir* (§ 344), il critique « la **croyance**, la conviction qu'il n'y a *rien de plus* nécessaire que la vérité, et que par rapport à elle, tout le reste n'a qu'une valeur de second ordre ».

- Cette « volonté inconditionnée de vérité », si répandue chez les philosophes, constitue à ses yeux une **attitude morale** qui formule un **jugement de valeur** au sujet de la vérité. Elle repose sur une « croyance métaphysique », « une croyance millénaire, cette croyance chrétienne qui était aussi la croyance de Platon, que Dieu est la vérité, que la vérité est divine ».

- Pour Nietzsche, cela revient à croire en « un autre monde que celui de la vie » et à nier le monde de la vie, qui est pour lui la source de toute valeur. C'est pourquoi il ajoute : « **Volonté de vérité** – cela pourrait bien être une secrète volonté de mort ».

Quiz express

Vérifiez que vous avez bien retenu les points importants des **fiches 65 à 68**.

1 La vérité se définit comme :

- ☐ **a.** une propriété des choses
- ☐ **b.** une propriété du discours
- ☐ **c.** une propriété de la pensée

2 Qui définit la vérité comme « l'adéquation de l'intellect et de la chose » ?

- ☐ **a.** Aristote
- ☐ **b.** Thomas d'Aquin
- ☐ **c.** Spinoza

3 Quel auteur parmi les trois suivants est considéré comme un philosophe sceptique ?

- ☐ **a.** Spinoza
- ☐ **b.** Pyrrhon
- ☐ **c.** Nietzsche

4 L'attitude sceptique considère que :

- ☐ **a.** la vérité n'existe pas
- ☐ **b.** la vérité est inaccessible
- ☐ **c.** la vérité n'a pas d'intérêt

5 Pour Spinoza, le critère de la vérité, c'est :

- ☐ **a.** la clarté et la distinction d'une idée
- ☐ **b.** l'adéquation de l'intellect et de la chose
- ☐ **c.** un non-sens car la vérité se reconnaît d'elle-même sans besoin de critère

6 Selon Nietzsche, la vérité n'est pas la valeur suprême de la philosophie :

- ☐ **a.** vrai
- ☐ **b.** faux

RÉPONSES

1. b, c. • **2.** b. • **3.** b • **4.** b • **5.** c • **6.** a

SUJET 17 | Peut-on refuser la vérité ?

DISSERTATION

DÉMARRONS ENSEMBLE

- Un sujet dont la formulation commence par « Peut-on » doit toujours être interprété de deux manières : soit en donnant au « Peut-on » le sens de « **a-t-on le pouvoir de** » (capacité effective), soit en donnant au « Peut-on » le sens de « **a-t-on le droit de** » (autorisation légale ou morale). Dans le cas présent, les deux interprétations sont acceptables, permettant d'ouvrir de manière élargie le champ d'analyse de la problématique.
- Dans ce genre de sujet, il peut être judicieux de commencer le développement en allant dans la première partie dans le même sens que celui du présupposé du sujet. Ici, vous remarquerez que le libellé du sujet sous-entend que la vérité n'est pas quelque chose que l'on peut **refuser**, ce qui rend la question d'autant plus provocante et problématique.

CORRIGÉ

CORRIGÉ RÉDIGÉ

POINT MÉTHODE

Faire bon usage de ses connaissances et références

- Lorsque vous faites référence à un auteur, vous pouvez le faire :

– soit sous la forme d'une **citation** : dans ce cas, reproduisez très exactement la formulation de l'auteur, sans ajouter ni retirer aucun mot, et en n'oubliant pas les guillemets (en outre, lorsque vous nommez l'ouvrage dont la citation est extraite, n'oubliez pas d'en souligner le titre) ;

– soit sous la forme d'un **résumé** d'un point de doctrine : dans ce cas, prenez le temps de développer et d'expliquer les idées de l'auteur.

Dans tous les cas, les références philosophiques que vous avancez ne doivent avoir pour seule fonction que de **servir et renforcer votre argumentation**. Elles doivent donc impérativement être appropriées à l'argument ou à la thèse qu'elles sont censées étayer.

- Les principales maladresses **à éviter** – à tout prix – sont les « placages » de références artificiellement reliées à votre argumentation, les collages et les montages issus du cours mais sans réelle raison d'être dans votre réflexion, et les catalogues de références mises bout à bout qui remplissent inutilement la copie.

[Le corrigé suivant est présenté sous forme de plan détaillé. Les titres en gras ne doivent en aucun cas figurer dans votre copie.]

[INTRODUCTION]

- La vérité se présente généralement comme ce qui est incontestable et indéniable, sur le modèle de la vérité scientifique. Par exemple, en mathématiques, la proposition : « La somme des angles d'un triangle est égale à celle de deux droits » est une vérité parfaitement démontrée et, de ce fait, indiscutable. Comment pourrait-on alors la refuser ?

- Pourtant, la vie sociale et la vie quotidienne fourmillent de situations et d'occasions où l'on ne veut pas reconnaître la vérité, où l'on ne veut pas l'admettre, au point parfois de la rejeter et de s'y opposer. Or, la vérité n'est-elle pas ce qui, par excellence, ne peut faire l'objet d'un refus ? Y a-t-il cependant des vérités inacceptables ? Quel est l'enjeu de notre attitude à l'égard de la vérité ?

I La vérité ne se laisse pas refuser

1. La vérité est indubitable et incontestable

Si la vérité est, par définition même, cette propriété singulière de nos idées qui abolit le doute et impose la certitude, alors la vérité entraîne nécessairement l'**adhésion**. Elle force l'acceptation et exclut tout refus. Dans les *Méditations métaphysiques*, Descartes montre que la vérité est tout ce qui, en raison de sa **clarté et** de sa **distinction**, échappe au doute et ne peut être nié.

2. La vérité s'impose d'elle-même comme une évidence

Lorsque l'on détient une vérité, on est envahi par un sentiment d'évidence qui se **suffit à lui-même**, comme Archimède criant « *Eurêka* » dans les rues de Syracuse. La vérité impose donc sa propre reconnaissance et l'on peut dire avec Spinoza qu'elle est « norme d'elle-même et du faux ».

3. La vérité fait même l'objet d'un désir et d'une quête

Loin d'être un objet de refus, la vérité est le **but** même des philosophes, que Platon définit comme « ceux qui aiment le spectacle de la vérité ».

II Néanmoins, la vérité n'est pas toujours acceptée

1. La vérité peut être socialement subversive

Il s'est déjà produit dans l'histoire que l'on **refuse de croire** à une vérité pourtant scientifiquement établie, afin de préserver d'autres intérêts. Ainsi, en

1633, **Galilée** est condamné par l'Inquisition à abjurer ses thèses héliocentriques, après la parution de son *Dialogue sur les deux systèmes du monde*, car elles n'étaient pas conformes aux Saintes Écritures.

2. La vérité peut être narcissiquement déplaisante

Il arrive que l'on ne veuille pas reconnaître la vérité, que l'on refuse de l'admettre ou de « la regarder en face », parce qu'elle n'est **pas conforme** à nos désirs ou à nos exigences. C'est ce qu'on appelle la mauvaise foi.

Dans *L'Être et le Néant*, Sartre définit la **mauvaise foi** comme un mensonge à soi dans lequel « il s'agit bien de masquer une vérité déplaisante ou de présenter comme une vérité une erreur plaisante ».

III Le choix ou le refus de la vérité relève d'un enjeu moral

1. La volonté de vérité repose sur une croyance morale

Selon Nietzsche, la volonté de vérité des philosophes repose sur une **croyance de nature morale** en la valeur absolue de la vérité. Cette survalorisation de la vérité peut être contestée au profit de la vie qui est, pour lui, la vraie source des valeurs.

2. Le mensonge est parfois préférable à la vérité

Il existe des situations où le **mensonge** est un **devoir moral**, afin de protéger autrui contre une menace extérieure ou contre lui-même. C'est en ce sens que Beaumarchais fait dire à Figaro dans *Le Mariage de Figaro* : « Toute vérité n'est pas bonne à dire. »

[CONCLUSION]

- Nous considérons généralement la vérité comme ce qui ne peut pas être refusé au motif que la vérité est incontestable et indubitable. Pourtant, la vérité ne parvient pas toujours à s'imposer et peut revêtir paradoxalement un caractère inacceptable.
- Ainsi, il convient d'analyser la vérité en termes de valeur et de définir les conditions dans lesquelles elle est souhaitable ou inappropriée. Il n'existe pas d'évidence morale de la vérité.

La politique

La cité fait partie des choses naturelles
et l'homme est par nature
un animal politique.

Aristote, *Les Politiques*, I, 2

La société et les échanges 175

La justice et le droit 185

L'État 194

La politique

Du grec *politikos* (« relatif aux citoyens, à la vie publique, à l'État »), qui provient de *polis* (« cité, communauté de citoyens, État »), la politique désigne, au sens ancien, tout ce qui concerne la **vie publique** dans une société civile. Au sens moderne, le terme désigne plus précisément tout ce qui se rapporte à l'exercice de l'**autorité** et du **pouvoir** dans une société donnée, en particulier tout ce qui concerne l'**État** et le **gouvernement** : en ce sens, on dit *le* politique, par opposition aux autres ordres de faits sociaux (comme l'économique, le juridique, le religieux, etc.), et on appelle « science politique » l'étude et la connaissance des faits qui en relèvent.

Ce n'est qu'au sens courant, non philosophique, que **la politique** désigne l'action concrète de gouverner dans les différents secteurs des affaires publiques (politique agricole, politique économique...).

S'il est vrai, comme le dit Aristote, que l'homme est par nature un « **animal politique** », alors, les notions de politique et de société ne font qu'une, ce qui ne va pas sans poser problème. C'est ce que souligne Kant dans la quatrième proposition de l'*Idée d'une histoire universelle au point de vue cosmopolitique*, lorsqu'il traite de « l'**insociable sociabilité** des hommes, c'est-à-dire leur inclination à entrer en société, inclination qui est cependant doublée d'une répulsion générale à le faire, menaçant constamment de désagréger cette société ».

En effet, comme le souligne Carl Schmitt dans *La Notion de politique*, « tout antagonisme religieux, moral, économique, ethnique ou autre se transforme en **antagonisme politique** dès lors qu'il est assez fort pour provoquer un rassemblement effectif des hommes en **amis et ennemis** » (I, 4). Selon lui, c'est là le **critère du politique** : « la discrimination de l'ami et de l'ennemi » (I, 2). En ce sens, s'il se situe toujours là où il y a l'éventualité d'une lutte, le politique n'est rien d'autre que « le degré d'intensité d'une **association ou** d'une **dissociation** d'êtres humains » (I, 4).

Cependant, une société ne constitue une **société politique** que lorsqu'elle prend la forme d'un **État**, c'est-à-dire, selon Montesquieu, d'« une société où il y a des **lois** » (*De l'esprit des lois*, XI, 3), ce qui pose aussi le problème de la **justice**.

69 La société et les échanges : terminologie et citations clés

I Terminologie

- Du latin *societas* (« association, réunion, communauté »), dérivé de *socius* (« associé, compagnon, allié »), la société désigne de manière générale tout ensemble d'individus formant un groupe plus ou moins organisé, ayant un destin commun et partageant le même espace de vie.
- Du latin *cambiare* (« troquer »), l'**échange** désigne quant à lui le fait de donner une chose et d'en recevoir une autre en contrepartie, suivant un principe de réciprocité. Les échanges économiques en sont une forme spécifique, qui consiste à échanger des marchandises et des services, dans le cadre d'un marché régi par une monnaie et un circuit de production.

Chez l'homme, le terme de **société** désigne plus particulièrement un mode d'organisation de la vie collective qui relève de la culture et qui est fondé sur des institutions communes, le plus souvent dans le cadre d'un État exerçant le pouvoir politique.

II Citations

« La cité fait partie des choses naturelles et l'homme est par nature un animal politique.
Aristote, *Les Politiques* (I, 2).

« Les faits sociaux sont des manières d'agir, de penser et de sentir, extérieures à l'individu, et qui sont douées d'un pouvoir de coercition en vertu duquel ils s'imposent à lui.
Émile Durkheim, *Les Règles de la méthode sociologique*.

« La violence symbolique, c'est cette violence qui extorque des soumissions qui ne sont même pas perçues comme telles.
Pierre Bourdieu, *Raisons pratiques*.

« Pour vivre, il faut avant tout boire, manger, s'habiller et quelques autres choses encore. Le premier fait historique est donc la production des moyens de satisfaire ces besoins.
Karl Marx, *L'Idéologie allemande*.

« Le mode de production de la vie matérielle conditionne le processus de vie sociale, politique et intellectuelle en général.
Karl Marx, *Critique de l'économie politique*.

70 Les origines du lien social

I « L'homme est par nature un animal politique »

Dans son traité *Les Politiques* (I, 2), Aristote écrit : « La communauté achevée formée de plusieurs villages est une **cité** dès lors qu'elle a atteint le niveau de l'**autarcie** pour ainsi dire complète. » Dans la mesure où elle nous préexiste, « une cité est par nature antérieure à une famille et à chacun de nous ». C'est pourquoi « la cité fait partie des **choses naturelles** et l'homme est par nature un **animal politique** [*zôon politikon*] », c'est-à-dire un être vivant qui tend naturellement à s'associer à ses semblables au sein d'une cité *(polis)*, tandis que « celui qui est hors cité [...] est soit un être dégradé soit un être surhumain ».

Dans l'*Éthique à Nicomaque* (VIII, 1), Aristote précise que l'**amitié** joue un rôle majeur dans cette sociabilité naturelle car « l'homme ressent toujours de l'affinité et de l'amitié pour l'homme ». C'est pourquoi « l'amitié semble aussi constituer le **lien des cités** ».

II De l'état de nature à l'état civil : le pacte social

- Dans le *Discours sur l'origine et les fondements de l'inégalité parmi les hommes*, Rousseau fait l'hypothèse qu'avant l'état civil, l'homme n'existe qu'à l'**état de nature** où, « errant dans les forêts sans industrie », il est « un être libre dont le cœur est en paix et le corps en santé ».

- Dans *Du contrat social* (I, 4 et 5), il en vient ensuite à « examiner l'acte par lequel un peuple est un peuple », c'est-à-dire passe de l'état de nature à l'état civil. Cet acte, qui constitue « le vrai fondement de la société », c'est le « **pacte social** » en tant qu'il est une convention passée entre les hommes.

- En effet, vient un moment où « cet état primitif [l'état de nature] ne peut plus subsister » du fait que les obstacles à la survie deviennent plus grands que les efforts déployés par chacun pour la maintenir. Dans ces conditions, les hommes « n'ont plus d'autre moyen pour se conserver que de former par agrégation une somme de forces » qui puisse l'emporter sur ces obstacles. Ils sont alors amenés à conclure un **contrat** : « Chacun de nous met en commun sa personne et toute sa puissance sous la suprême direction de la volonté générale ; et nous recevons en corps chaque membre comme partie indivisible du tout ». Ainsi, « chacun se donnant à tous ne se donne à personne » et la communauté forme un « **corps politique** » dans lequel les associés « prennent collectivement le nom de **peuple** ».

71 La société, un espace d'échanges et d'antagonismes

I Qu'est-ce qu'un fait social ?

■ Dans *Les Règles de la méthode sociologique* (chapitre 1), **Durkheim** écrit que les faits sociaux sont « des manières d'agir, de penser et de sentir, **extérieures à l'individu**, et qui sont douées d'un pouvoir de coercition en vertu duquel ils **s'imposent** à lui ». Par exemple, les règles juridiques et morales, les croyances et les pratiques religieuses, la langue que nous parlons, le système de monnaie que nous utilisons, etc., sont des faits sociaux précisément parce qu'ils sont définis **en dehors de l'individu** et s'imposent à lui, qu'il le veuille ou non.

La **sociologie** est la science des faits sociaux, au sens où elle traite « les **faits sociaux** *comme des choses* ».

■ Ainsi, « la plupart de nos idées et de nos tendances ne sont pas élaborées par nous, mais nous viennent du dehors », par l'**éducation**, qui « a justement pour objet de faire l'**être social** ».

II Donner, recevoir, rendre : le potlach comme fait social total

■ Dans son *Essai sur le don*, Marcel **Mauss** s'intéresse au « régime du don » dans les sociétés indiennes de la côte du Nord-Ouest américain. Le don constitue la forme dominante de l'**échange social** entre les clans, les tribus, les familles, et se fait « dans les formes solennelles du **potlach** », mot d'origine nootka qui signifie « donner ».

■ Le potlach repose sur une triple obligation :

- l'**obligation de donner** (un chef ne conserve son autorité que s'il prouve qu'il est favorisé par la fortune en la dépensant et en la distribuant) ;
- l'**obligation de recevoir** (« on n'a pas le droit de refuser un don, de refuser le potlach » : c'est s'aplatir ou s'avouer vaincu) ;
- l'**obligation de rendre** (si on ne rend pas, on perd la face à jamais et, dans certaines tribus, on perd son rang).

■ En ce sens, le potlach constitue ce que Mauss appelle un « **fait social total** », c'est-à-dire un fait social où « s'expriment à la fois et tout d'un coup toutes sortes d'institutions » (religieuses, juridiques, morales, etc.). En effet, le potlach consiste à s'échanger non seulement des biens et des richesses économiquement utiles, mais aussi des politesses, des festins, des rites, des femmes, des danses, etc. : il constitue le « **système des prestations sociales** ».

72 Économie des échanges : la valeur et la production

I Valeur d'usage et valeur d'échange

- Dans ses *Recherches sur la nature et les causes de la richesse des nations* (I, 4), **Adam Smith** écrit : « Le mot valeur, on doit l'observer, a deux sens différents : parfois il exprime l'utilité d'un objet particulier, et parfois le pouvoir d'acheter d'autres biens que procure la possession de cet objet. »
- Le premier sens désigne la « **valeur d'usage** » et le second la « **valeur d'échange** ». Ainsi, les choses qui ont une grande valeur d'usage n'ont pas nécessairement une grande valeur d'échange, et réciproquement.

En économie, le terme de **valeur** s'entend toujours au sens de la « **valeur d'échange** » : c'est ce qui fonde le « système mercantile » occidental.

II La « structure économique de la société »

- Dans *L'Idéologie allemande*, **Marx** écrit : « Pour vivre, il faut avant tout boire, manger, s'habiller et quelques autres choses encore. Le premier fait historique est donc la **production des moyens de satisfaire ces besoins**. »
- L'activité par laquelle elle se réalise, c'est le **travail**, qui ne s'accomplit lui-même qu'à l'aide d'un ensemble de forces productives, comprenant des moyens de production (outils, machines, etc.) et une main-d'œuvre capable de les utiliser.
- Il en résulte des **rapports de production**, c'est-à-dire des relations sociales entre les individus qui participent à ce processus productif, relations qui sont déterminées par la position de chacun dans le système global. Ainsi, à un type donné de forces productives correspondent des rapports de production spécifiques qui traduisent un état particulier de la société à telle ou telle époque historique. Par exemple, le moulin à bras donne la société avec le suzerain et les serfs, alors que le moulin à vapeur donne la société avec le bourgeois et les prolétaires.
- Cette combinaison des **forces productives** et des **rapports de production** constitue pour Marx le mode de production, c'est-à-dire la « structure économique de la société », qu'il appelle aussi « **infrastructure** ». Dans la préface à la *Critique de l'économie politique*, il écrit : « L'ensemble de ces rapports de production constitue la structure économique de la société, la base concrète sur quoi s'élève une **superstructure** juridique et politique », mais également religieuse, artistique, ou philosophique.

Quiz express

Vérifiez que vous avez bien retenu les points importants de l'**introduction** et des **fiches 69 à 72**.

1 « L'homme est par nature un animal politique ». Qui est l'auteur de cette phrase ?

- ☐ **a.** Aristote
- ☐ **b.** Rousseau
- ☐ **c.** Marx

2 « L'homme est par nature un animal politique » signifie que l'homme est :

- ☐ **a.** un être instinctif et agressif quand il fait de la politique
- ☐ **b.** un être qui est naturellement doué pour la politique
- ☐ **c.** un être qui tend naturellement à vivre en société

3 Qu'est-ce que le « contrat social » selon Rousseau ?

- ☐ **a.** Un pacte passé entre les hommes afin de s'en remettre à la volonté générale
- ☐ **b.** Un accord passé entre les hommes visant à signer des contrats entre eux pour la gestion de la vie
- ☐ **c.** Une convention passée entre les hommes dans le but de créer une société commerciale

4 Un « fait social total » est un fait social :

- ☐ **a.** qui concerne tout le monde au sein d'une société
- ☐ **b.** qui concerne toutes les sociétés du monde entier
- ☐ **c.** qui incarne à lui seul la totalité d'un système social

5 La « valeur d'échange » désigne :

- ☐ **a.** la capacité d'une marchandise à être échangée contre une autre via une transaction commerciale
- ☐ **b.** la capacité d'une marchandise à être troquée contre une autre sans transaction commerciale
- ☐ **c.** la capacité d'une marchandise à voir son prix traduit dans une autre devise

RÉPONSES

1. a • **2.** c • **3.** a • **4.** c • **5.** a

SUJET 18 | Durkheim, *Les Règles de la méthode sociologique*

EXPLICATION DE TEXTE

Expliquez le texte suivant.

« Dans une assemblée, les grands mouvements d'enthousiasme, d'indignation, de pitié qui se produisent, n'ont pour lieu d'origine aucune conscience particulière. Ils viennent à chacun de nous du dehors et sont susceptibles de nous entraîner malgré nous. Sans doute, il peut se faire que, m'y abandonnant sans réserve, je ne sente pas la pression qu'ils exercent sur moi. Mais elle s'accuse dès que j'essaie de lutter contre eux. Qu'un individu tente de s'opposer à l'une de ces manifestations collectives, et les sentiments qu'il nie se retournent contre lui. Or, si cette puissance de coercition externe s'affirme avec cette netteté dans les cas de résistance, c'est qu'elle existe, quoique inconsciente, dans les cas contraires. Nous sommes alors dupes d'une illusion qui nous fait croire que nous avons élaboré nous-même ce qui s'est imposé à nous du dehors. Mais, si la complaisance avec laquelle nous nous y laissons aller masque la poussée subie, elle ne la supprime pas. C'est ainsi que l'air ne laisse pas d'être pesant quoique nous n'en sentions plus le poids. Alors même que nous avons spontanément collaboré, pour notre part, à l'émotion commune, l'impression que nous avons ressentie est tout autre que celle que nous eussions éprouvée si nous avions été seul. Aussi, une fois que l'assemblée s'est séparée, que ces influences sociales ont cessé d'agir sur nous et que nous nous retrouvons seul avec nous-même, les sentiments par lesquels nous avons passé nous font l'effet de quelque chose d'étranger où nous ne nous reconnaissons plus. Nous nous apercevons alors que nous les avions subis beaucoup plus que nous ne les avions faits. Il arrive même qu'ils nous font horreur, tant ils étaient contraires à notre nature. C'est ainsi que des individus, parfaitement inoffensifs pour la plupart, peuvent, réunis en foule, se laisser entraîner à des actes d'atrocité.

Émile Durkheim, *Les Règles de la méthode sociologique*, chapitre 1, Paris, PUF, collection « Quadrige », 1993, p. 6-7.

DÉMARRONS ENSEMBLE

- Il est utile de rechercher les **relations** qui existent entre les différentes notions en présence, afin de comprendre le réseau sémantique du texte. Notez l'**opposition** entre l'individu et le collectif, qui traverse tout le texte à travers une pluralité de termes variés comme « conscience particulière » pour désigner l'individu, ou « assemblée » et « foule » pour désigner le collectif.
- Cette opposition se décline alors à travers d'**autres distinctions** comme le « dedans » pour désigner la sphère individuelle, et le « dehors » pour désigner la sphère du groupe. On voit alors se dégager un phénomène que Durkheim ne nomme pas ici, mais dont on comprend que les mouvements de foule en question sont des **illustrations**. La discussion critique du texte doit permettre de faire apparaître qu'il s'agit là de ce que Durkheim appelle des « faits sociaux ».

CORRIGÉ

CORRIGÉ RÉDIGÉ

POINT MÉTHODE

Discuter l'intérêt philosophique d'un texte

- L'explication de texte ne consiste pas seulement à analyser le texte, mais aussi à porter sur lui un jugement de valeur philosophique.
- Dans le cas d'un **jugement de valeur positif**, il s'agit de commenter l'intérêt de la thèse de l'auteur, soit en cherchant à la défendre avec d'autres arguments que les siens, soit en vous appuyant sur un autre philosophe qui défend une thèse proche.
- Dans le cas d'un **jugement de valeur négatif**, il s'agit de s'interroger sur les limites ou les lacunes de la thèse de l'auteur, soit que certaines dimensions du problème ne sont pas prises en compte, soit que l'évolution des idées depuis l'époque de l'auteur apporte un éclairage différent. Si vous pensez devoir faire une critique sévère des idées de l'auteur, réfugiez-vous derrière la critique qu'un autre philosophe lui a faite. En tout cas, demandez-vous toujours quelles objections on peut faire à l'auteur.

[Le corrigé suivant est présenté sous forme de plan détaillé. Les titres en gras ne doivent en aucun cas figurer dans votre copie.]

[INTRODUCTION]

- Que ce soit dans un stade de football, une salle de concert ou une manifestation de rue, les phénomènes de groupe fascinent par leur ampleur et par la facilité avec laquelle ils conduisent un ensemble hétérogène d'individus à se mettre au diapason les uns des autres. Les groupes semblent dotés d'un pouvoir particulier qui peut conduire ses membres à faire de grandes choses, les meilleures comme les pires.

■ Comment expliquer l'efficacité et l'influence des mouvements de foule ? Comment des individus séparés parviennent-ils à s'unir comme un seul homme et à former un groupe ? Que reste-t-il de l'identité individuelle dans les phénomènes de groupe ? Telles sont les questions auxquelles tente de répondre Durkheim dans le texte proposé à l'étude. Pour lui, les mouvements de foule sont coercitifs, c'est-à-dire qu'ils s'imposent aux individus de manière contraignante et pour ainsi dire inconsciente.

I Étude linéaire

1. Durkheim introduit sa thèse : les mouvements de foule sont coercitifs

■ Les émotions (« enthousiasme, indignation, pitié » (l. 1-2) particulièrement intenses (« grands », l. 1) que l'on ressent en groupe (« assemblée », l. 1) - et que l'on peut appeler ici mouvements de foule - ont une cause (« lieu d'origine », l. 2) extérieure (« du dehors », l. 3) à chaque individu composant ce groupe. Cela signifie qu'elles n'ont pas pris naissance dans une « conscience particulière » (l. 2-3) qui les aurait ensuite transmises aux autres. C'est là leur **première caractéristique**, d'ailleurs assez paradoxale : bien que chacun les ressente à l'intérieur de lui, elles ont une origine extérieure à tous.

■ Leur **seconde caractéristique**, qui dérive de la première, est encore plus frappante : elles s'imposent à nous « malgré nous », c'est-à-dire sans que nous ayons la possibilité de les accepter ou de les refuser en vertu de notre libre arbitre. Elles nous contraignent ainsi à les subir (« nous entraîner malgré nous » l. 4).

2. Premier argument : on le perçoit aisément en tentant de leur résister

Toute tentative de résistance à l'action coercitive (« puissance de coercition externe », l. 8) des mouvements de foule, produit sur l'individu l'effet inverse de celui qu'il attend : elle révèle et accentue (« s'accuse », l. 5) la « pression qu'ils exercent » (l. 5). Pire : toute tentative de résister ou de combattre (« lutter contre eux », l. 6) ces émotions collectives conduit à l'ostracisme et à l'hostilité du groupe envers celui qui résiste (« se retournent contre lui », l. 7-8), ce qui montre combien il est impossible de leur échapper.

3. Deuxième argument : cette coercition existe même sans résistance

■ Durkheim **prévient** ici **une objection** : il arrive souvent non seulement que l'on ne perçoive pas (« ne sente pas », l. 5) cette action coercitive au sein d'un groupe mais au contraire que l'on adhère pleinement aux émotions qu'il nous suggère (« m'y abandonnant sans réserve », l. 4 ; « nous nous y laissons aller », l. 12), parfois même avec un certain plaisir (« complaisance », l. 12).

■ Pour Durkheim, cela ne signifie en rien que l'action coercitive du groupe soit devenue inexistante. Selon lui, elle existe toujours, mais de manière « **inconsciente** » (l. 9), c'est-à-dire telle que nous ne la percevons pas. En effet, la même « poussée subie » (l. 12) est toujours là mais nous ne la sentons pas parce que nous sommes victimes d'une « illusion » qui nous trompe (« dupes », l. 12). Celle-ci repose sur une confusion entre l'effet et la cause : nous confondons ce que nous ressentons **intérieurement** (l'effet) avec l'origine **extérieure** de ces sentiments (la cause), si bien que nous croyons être la cause de ce que nous ressentons alors que cela nous est imposé du dehors.

4. Troisième argument : les émotions de groupe ne sont pas les nôtres

■ Lorsque nous quittons le cadre du groupe, nous sommes pour ainsi dire rendus à nous-mêmes et à notre vraie personnalité. Nous prenons alors conscience de ce qui, dans le groupe, se dissimulait à notre perception, à savoir que nous **subissions** ses « influences » (l. 17) et qu'il avait l'ascendant sur nous.

■ Ce qui nous le prouve, c'est un sentiment d'**étrangeté** vis-à-vis de nous-mêmes (« nous ne nous reconnaissons plus », l. 20) qui culmine parfois dans un sentiment d'« horreur » (l. 22) : notre identité a été transformée et déformée par le groupe, comme s'il nous avait rendu *autre*, au point de nous faire faire des choses que nous condamnons.

II Discussion critique

■ Si l'on se réfère à la définition durkheimienne des faits sociaux, qui sont « des manières d'agir, de penser et de sentir, extérieures à l'individu, et qui sont douées d'un pouvoir de coercition en vertu duquel ils s'imposent à lui », il apparaît que les mouvements de foule **appartiennent** de plein droit **à la classe des faits sociaux**, aux côtés des autres phénomènes collectifs. Cependant, puisque Durkheim les décrit comme des « sentiments », on peut s'interroger sur leur nature véritable et, avec Freud, se demander dans quelle mesure ils ne sont pas aussi – sinon avant tout – des **phénomènes psychiques**.

■ En effet, dans *Psychologie des foules et analyse du moi*, Freud remarque qu'« un individu isolé au sein d'une foule subit, sous l'influence de celle-ci, une **modification de son activité psychique**, à un niveau souvent profond » (chap. 4) qui consiste en une exaltation de ses affects et une inhibition de sa pensée. S'appuyant sur des exemples de « foules avec meneur », comme l'Église (dont le meneur est le Christ) et l'armée (dont le meneur est le commandant en chef), Freud parvient à la conclusion qu'une foule « est une somme d'individus, qui ont mis un seul et même objet à la place de leur idéal du moi et se sont en conséquence, dans leur moi, identifiés les uns aux autres » (chap. 8). Cet objet unique et idéalisé auquel ils se sont identifiés collectivement, c'est le **meneur**.

[CONCLUSION]

- Les mouvements de foule sont des « faits sociaux » qui s'imposent aux individus de manière coercitive. Autrement dit, être dans un groupe, c'est subir une pression sur soi, et celle-ci agit immanquablement, que l'on essaie ou non de lui résister.
- Par conséquent, l'individu doit être très attentif à ce qu'il ressent lorsqu'il est pris dans une foule car il est facilement amené à des émotions et à des idées qui ne sont pas les siennes. Rester libre, c'est savoir résister à la pression des groupes, ou bien la choisir.

73 La justice et le droit : terminologie et citations clés

I Terminologie

- Du latin *justus* (« qui observe le droit, équitable »), qui provient de *jus, juris* (« le droit »), la **justice** désigne en philosophie le caractère de ce qui est conforme au droit, et non pas l'autorité judiciaire qui est chargée de la rendre.
- Du latin *directus* (« qui est en ligne droite, aligné, ordonné »), le **droit** s'entend quant à lui en deux sens :

– premièrement, le droit positif désigne l'ensemble des lois écrites et des règles juridiques en vigueur dans un État (ou dans une communauté d'États), c'est-à-dire le droit tel qu'il est **posé** dans les faits par le législateur (droit public, droit privé, etc.) ;

– deuxièmement, le droit naturel désigne l'ensemble des lois universelles **inscrites dans la nature** de l'homme et accessibles par la raison, qui sert généralement de fondement moral au droit positif (droits de l'homme, etc.).

Lorsqu'elle désigne la conformité au **droit positif**, la justice relève de ce qui est **légal**, et lorsqu'elle désigne la conformité au **droit naturel**, la justice relève de ce qui est **légitime**.

II Citations

« Les lois, dans la signification la plus étendue, sont les rapports nécessaires qui dérivent de la nature des choses.

Montesquieu, *De l'esprit des lois.*

« Quand tout le peuple statue sur tout le peuple », alors la matière sur laquelle on statue est générale comme la volonté qui statue. C'est cet acte que j'appelle une loi.

Rousseau, *Du contrat social.*

« On ne voit rien de juste ou d'injuste qui ne change de qualité en changeant de climat. Trois degrés d'élévation du pôle renversent toute la jurisprudence, un méridien décide de la vérité.

Pascal, *Pensées.*

« Il est parfaitement sensé et parfois même nécessaire de parler de lois ou de décisions injustes.

Léo Strauss, *Droit naturel et Histoire.*

« La justice consiste à ne détenir que les biens qui nous appartiennent en propre et à n'exercer que notre propre fonction.

Platon, *La République.*

74 Qu'est-ce qu'une loi ?

I Lois naturelles et lois positives

▪ Dans *De l'esprit des lois*, Montesquieu écrit : « Les lois, dans la signification la plus étendue, sont les **rapports nécessaires** qui dérivent de la nature des choses » (I, 1) ; en ce sens, « tous les êtres ont leurs lois » (la nature, les hommes, les dieux, etc.). Il distingue toutefois deux grandes catégories de lois.

« **L'espr**
des lois
désigne c
Montesquieu
l'ensemble des
conditions
auxquelles les
doivent se
rapporter selon
caractéristiques
pays où elles
s'exercent (relig
mœurs, climat,
etc.).

▪ D'une part, les **lois naturelles** « sont celles de la nature, ainsi nommées parce qu'elles dérivent uniquement de la constitution de notre être » (I, 2) : il s'agit, selon lui, de l'instinct de paix, l'instinct de conservation, la recherche de l'autre sexe et « le désir de vivre en société ».

▪ D'autre part, les **lois positives** sont celles qui s'établissent parmi les hommes pour sortir de l'état de guerre : en ce sens, « la loi, en général, est la raison humaine, en tant qu'elle gouverne tous les peuples de la terre ; et les lois politiques et civiles de chaque nation ne doivent être que les cas particuliers où s'applique cette raison humaine » (I, 3).

II La loi est l'expression de la volonté générale

▪ Dans la sixième des *Lettres écrites de la Montagne*, Rousseau écrit : « Et qu'est-ce qu'une loi ? C'est une déclaration publique et solennelle de la **volonté générale** sur un objet d'intérêt commun. ».

▪ En effet, dans *Du contrat social* (II, 6), il précise : « Quand **tout le peuple statue sur tout le peuple** », alors « la matière sur laquelle on statue est générale comme la volonté qui statue. C'est cet acte que j'appelle une **loi** ».

▪ Notez qu'il ne s'agit pas là d'une loi de la nature, mais bien d'« une loi de l'État » : « J'appelle donc **République** tout État régi par des **lois** [...] car alors seulement l'intérêt public gouverne ».

75 Limites de la loi

I Relativité du droit et justice conventionnelle

▪ Dans ses *Pensées*, Pascal critique la **relativité des lois**, qui changent d'un pays à l'autre : « On ne voit rien de juste ou d'injuste qui ne change de qualité en changeant de climat. Trois degrés d'élévation du pôle renversent toute la jurisprudence, un méridien décide de la vérité. »

▪ Mais cette relativité dans l'**espace** se double d'une relativité dans le **temps** : « Rien, suivant la seule raison, n'est juste de soi ; tout branle avec le temps. »

▪ Par conséquent, la justice est toujours conventionnelle et jamais universelle, puisqu'elle dépend des **coutumes**.

D'où la célèbre formule de Pascal : « Plaisante **justice** qu'une rivière borne ! Vérité au-deçà des Pyrénées, erreur au-delà. »

II L'étalon du droit naturel

▪ Selon Léo Strauss, dans *Droit naturel et Histoire* (Introduction), « le **besoin** du droit naturel est aussi manifeste aujourd'hui qu'il l'a été durant des siècles et même des millénaires ». En effet, si l'on rejette le droit naturel, alors on **réduit** le droit au seul droit positif, établi par les législateurs et les tribunaux.

▪ Or, « il est parfaitement sensé et parfois même nécessaire de parler de lois ou de décisions **injustes** ». Mais cela n'est possible que grâce à « un **étalon du juste et de l'injuste** qui est indépendant du droit positif et lui est supérieur : un étalon grâce auquel nous sommes capables de juger le droit positif ». Cet étalon, c'est précisément le **droit naturel**.

76 Faire régner la justice

I Justice et équilibre : l'harmonie dans la cité

Pour Platon, la justice est l'**une des quatre vertus cardinales** qui définissent la cité idéale. En effet, écrit-il dans *La République* (livre IV), une cité « correctement fondée » sera « absolument excellente » si elle « est sage, courageuse, tempérante et juste » (427 e).

Dans ces conditions, « la justice consiste à ne détenir que les biens qui nous appartiennent en propre et à n'exercer que notre **propre fonction** » (433 e). En effet, « quand la classe des hommes d'affaires [commerçants], celle des militaires auxiliaires [guerriers] et celle des gardiens [gouvernants] exercent chacune leur propre fonction et ne s'occupent que de cette fonction », alors on peut parler d'une « cité juste » (434 c).

Pour Platon, la **justice** est, dans la société l'**harmonie de trois classes** de la cité, de même que, dan l'individu, elle est l'harmonie des trois partie de l'âme (désir cœur, raison).

II Justice distributive ou justice commutative ?

Dans l'*Éthique à Nicomaque*, Aristote écrit : « Le juste est ce qui est conforme à la loi et ce qui respecte l'égalité, et l'injuste ce qui est contraire à la loi et ce qui manque à l'égalité » (V, 2). La justice est donc liée à l'**équité**, qui consiste à déterminer ce qui est dû à chacun selon un principe d'**égalité** (le mot latin *æquus* signifie « égal »). Aristote distingue alors deux sortes de justice, qui reposent sur deux modèles différents de l'égalité.

La **justice distributive** est « celle qui intervient dans la distribution des honneurs, ou des richesses, ou des autres avantages qui se répartissent entre les membres de la communauté politique » (V, 5). Elle « doit se baser sur un mérite de quelque sorte » (V, 6) en proportion duquel se répartissent ces honneurs et ces richesses : « Le juste en question est ainsi la proportion, et l'injuste ce qui est en dehors de la proportion », c'est-à-dire « soit le trop, soit le trop peu ». Ce type d'égalité proportionnelle est une égalité « géométrique ».

La « **justice corrective** » **ou commutative** est « celle qui réalise la rectitude dans les transactions privées », c'est-à-dire celle qui **corrige** et **rectifie** (ou commue) les inégalités produites par les gains et les pertes dans les échanges commerciaux. En ce sens, « le juste est moyen entre une sorte de gain et une sorte de perte » et, dans les transactions, « consiste à posséder après, une quantité égale à ce qu'elle était auparavant ». Dans ce cas, c'est le juge qui « restaure l'égalité », au sens de l'égalité « selon la proportion arithmétique » (V, 7).

Quiz express

Vérifiez que vous avez bien retenu les points importants des **fiches 73 à 76**.

1 Le « droit positif » est l'ensemble des lois écrites et posées par l'homme. Il s'oppose au :

- ☐ **a.** droit négatif
- ☐ **b.** droit naturel
- ☐ **c.** droit divin

2 Ce qui est légal :

- ☐ **a.** est nécessairement légitime
- ☐ **b.** n'est pas nécessairement légitime

3 La loi démocratique est un acte de l'État dans lequel « le peuple statue sur tout le peuple ». Qui est l'auteur de cette idée ?

- ☐ **a.** Montesquieu
- ☐ **b.** Rousseau
- ☐ **c.** Voltaire
- ☐ **d.** Diderot

4 La célèbre formule de Pascal : « Plaisante justice qu'une rivière borne ! Vérité au-deçà des Pyrénées, erreur au-delà » signifie que :

- ☐ **a.** la justice est universelle et s'applique identiquement dans tous les pays du monde
- ☐ **b.** la justice n'est pas universelle mais relative à la culture du pays où elle s'applique
- ☐ **c.** la justice n'est pas universelle mais s'applique uniquement dans les pays bornés par une rivière

5 Selon Léo Strauss, le droit naturel est un « étalon du juste et de l'injuste ». Par là, il faut entendre un modèle idéal permettant de juger du degré de justice des lois positives :

☐ **a.** vrai ☐ **b.** faux

6 La justice est une vertu synonyme de :

- ☐ **a.** égalité
- ☐ **b.** équité
- ☐ **c.** courage
- ☐ **d.** tempérance

RÉPONSES

1. b • 2. b • 3. b • 4. b • 5. a • 6. a, b

SUJET 19 | Y a-t-il des lois injustes ?

DISSERTATION

DÉMARRONS ENSEMBLE

- Ce sujet est classique. Il illustre bien la notion de **paradoxe**. En effet, si la justice est définie comme conformité à la loi, alors la notion même de loi injuste semble une **contradiction** dans les termes. S'interroger sur l'existence de lois injustes, c'est délibérément se questionner sur quelque chose d'improbable du **point de vue théorique**. C'est justement en cela que la question est problématiquement intéressante.
- La formulation « Y a-t-il » est à comprendre au sens de « Existe-t-il ». Cela signifie que ce sujet nous questionne sur la réalité des lois injustes également du **point de vue pratique** : est-ce qu'il en existe ? Si l'on peut prouver qu'il existe une et au moins une loi injuste, alors on pourra répondre « oui ». Toutefois, il ne doit pas vous échapper que ce « Y a-t-il » doit aussi pouvoir être interprété comme un « Doit-il y avoir » : en ce sens, le sujet implique de prendre clairement position.

CORRIGÉ

CORRIGÉ RÉDIGÉ

POINT MÉTHODE

Construire un raisonnement

- La logique nous enseigne qu'il existe plusieurs types de raisonnement. Le **raisonnement par déduction** consiste à tirer une conclusion générale à partir d'observations particulières, ce qui revient à une généralisation, procédé très utilisé dans les sciences empiriques.
- Le **raisonnement par analogie** consiste à tirer une conclusion à partir d'une comparaison entre deux phénomènes qui présentent un ou plusieurs points de ressemblance. Classiquement, cette comparaison repose sur une identité de rapport du type : A est à B ce que C est à D.
- Enfin, le **raisonnement par l'absurde** consiste à tirer une conclusion en montrant que son contraire entraîne des conséquences fausses (non-A implique B, or B est faux, donc A est vrai).

[Le corrigé suivant est présenté sous forme de plan détaillé. Les titres en gras ne doivent en aucun cas figurer dans votre copie.]

[INTRODUCTION]

■ La loi est une règle écrite, générale et impérative, à laquelle les citoyens d'une cité doivent se soumettre, sous peine de sanctions. Ainsi, dans le *Criton* de Platon, à la faveur d'une célèbre prosopopée, les Lois s'adressent à Socrate : « Il faut vénérer sa patrie, lui obéir et lui donner des marques de soumission plus qu'à un père [...] car c'est en cela que réside la justice » (51 b). Si la justice consiste à obéir aux lois de la cité, il semble donc contradictoire de penser que les lois puissent être injustes. Toutefois, et c'est ce que soutiennent les amis et disciples de Socrate lorsque celui-ci est condamné à mort par le tribunal d'Athènes en 399 av. J.-C, certaines lois et décisions de justice peuvent être perçues paradoxalement comme **injustes**.

Ceci est un exemple de **raisonnement par déduction**, fondé sur la logique des définitions de notions.

■ Il faut donc se demander en quel sens on peut parler de « lois injustes ». Les lois ne sont-elles pas nécessairement conformes à la justice ? En quoi les lois peuvent-elles être contraires au droit, et de quel droit s'agit-il ? Peut-on fixer les conditions qui garantissent des lois justes ?

I Les lois ne peuvent pas être injustes, ni contraires au droit

1. La loi, c'est le droit

Dans l'*Éthique à Nicomaque* (V, 2), Aristote écrit que « toutes les actions prescrites par la loi sont, en un sens, justes » car « les actions définies par la loi positive sont légales ». En ce sens, **est juste ce qui est légal**, c'est-à-dire conforme à la loi. Or, rien ne peut être plus conforme à la loi que la loi elle-même. Donc la loi est toujours juste.

2. La loi est toujours juste quand elle provient de la volonté générale

Dans une république, c'est-à-dire, selon Rousseau, dans un « État régi par des lois » (*Du contrat social*, II, 6), la loi est un acte de la **volonté générale**. Dès lors, si les lois « ne sont que des registres de nos volontés », il ne faut plus se demander « si la loi peut être injuste, puisque nul n'est injuste envers lui-même ». Au contraire, la loi est juste, **en droit** et par principe.

II Il y a pourtant des lois injustes, qui sont contraires au droit naturel

1. La loi despotique

Dans un État despotique, la loi ne reflète rien d'autre que la **volonté et le caprice du prince**, qui s'abandonne à ses passions plutôt qu'il ne songe au bien commun. Dès lors, si, dans un État despotique, « l'homme est une créature qui obéit à une créature qui veut » (Montesquieu, *De l'esprit des lois*, III, 9), les lois n'ont aucun fondement juste puisqu'elles sont le reflet de la **volonté d'un seul et non de la volonté générale**.

2. Le bagne pour un morceau de pain : injustices de la justice

- Dans *Les Misérables* (II, 6), Victor Hugo raconte la vie de Jean Valjean et s'inspire de l'histoire vraie de Pierre Maurin, condamné en 1801 à cinq années de bagne pour avoir volé un pain dans le but de nourrir les sept enfants affamés de sa sœur…
- Or, dans sa *Somme théologique*, Thomas d'Aquin écrit que si la « nécessité est tellement urgente et évidente que manifestement il faille secourir ce besoin pressant avec les biens que l'on rencontre […], alors quelqu'un peut **licitement** subvenir à sa propre nécessité avec le bien d'autrui […]. Il n'y a là **ni vol ni rapine** à proprement parler ».

III À quelles conditions peut-on garantir des lois justes ?

1. Le droit naturel doit fonder le droit positif

Selon Léo Strauss dans *Droit naturel et Histoire*, le droit naturel est indispensable pour juger des lois quand elles sont injustes, parce qu'il constitue « un **étalon du juste et de l'injuste** » qui est supérieur aux lois positives. Par conséquent, le droit naturel est l'instrument par lequel on peut **rendre les lois plus justes** en dénonçant celles qui ne le sont pas.

2. Le pouvoir législatif doit être séparé du pouvoir exécutif

Comme Rousseau le souligne dans *Du contrat social* (II, 7), « celui qui commande aux hommes ne doit pas commander aux lois, celui qui commande aux lois ne doit pas non plus commander aux hommes ».

[CONCLUSION]

Au premier abord, la notion de « **loi injuste** » apparaît comme une contradiction dans les termes, tant il est vrai que la loi est faite pour garantir la justice dans un État. En principe, la loi ne peut pas être injuste, car ce serait contre-nature.

Cependant, nous avons montré qu'une loi peut être injuste, selon le régime politique auquel elle appartient ou selon la manière dont elle est appliquée. Cela ne doit pas pour autant nous empêcher de faire **confiance aux lois**, qui demeurent, dans un État de droit démocratique, la seule garantie contre les injustices.

77 L'État : terminologie et citations clés

I Terminologie

Du latin *status* (« action de se tenir, position, état »), dérivé de *stare* (« se tenir debout, immobile, solidement »), l'État (avec une majuscule) désigne l'autorité souveraine qui détient et exerce le **pouvoir politique** dans une société, c'est-à-dire qui gouverne un peuple sur un territoire donné.

L'**État** forme généralement un appareil institutionnel plus ou moins complexe, et peut prendre diverses formes, qu'on appelle **régimes politiques**.

II Citations

« La plus grande et la principale fin que se proposent les hommes, lorsqu'ils s'unissent en communauté et se soumettent à un gouvernement, c'est de conserver leurs propriétés.

Locke, *Second Traité du gouvernement civil.*

« La puissance législative appartient au peuple, et ne peut appartenir qu'à lui.

Rousseau, *Du contrat social.*

« J'appelle donc *Gouvernement* ou suprême administration l'exercice légitime de la puissance exécutive, et *Prince* ou magistrat l'homme ou le corps chargé de cette administration.

Rousseau, *Du contrat social.*

« Il y a cette différence entre la nature du gouvernement et son principe, que sa nature est ce qui le fait être tel, et son principe ce qui le fait agir.

Montesquieu, *De l'esprit des lois.*

« La fin de l'État est donc en réalité la liberté.

Spinoza, *Traité théologico-politique.*

« L'État consiste en un rapport de domination de l'homme sur l'homme fondé sur le moyen de la violence légitime.

Weber, *Le Savant et le Politique.*

« L'État n'est point la société, il n'en est qu'une forme historique, aussi brutale qu'abstraite.

Bakounine, *L'Empire knouto-germanique.*

78 L'État, sa nature et sa fin

I Toutes les volontés en une seule volonté : le Léviathan

▪ Au chapitre 17 du *Léviathan*, **Hobbes** écrit que le seul moyen d'établir une « puissance commune » capable de **défendre et** de **protéger** les humains afin qu'« ils puissent se suffire à eux-mêmes et vivre satisfaits », est de « rassembler toute leur puissance et toute leur force sur un homme ou sur une assemblée d'hommes qui peut, à la majorité des voix, ramener toutes leurs volontés à **une seule volonté** ».

▪ Selon lui, « la multitude, ainsi unie en une personne une, est appelée un **État** » et peut être comparée au « grand **Léviathan** », monstre mythique évoqué dans la Bible (Job, 40 : 25) qui se caractérise par ses dimensions colossales.

▪ Ainsi, « celui qui est dépositaire de cette personne est appelé **souverain** et l'on dit qu'il a la **puissance souveraine** ; en dehors de lui, tout un chacun est son **sujet** ».

II La conservation de nos « propriétés »

▪ Dans son *Second Traité du gouvernement civil*, Locke écrit que « la plus grande et la principale fin que se proposent les hommes, lorsqu'ils s'unissent en communauté et se soumettent à un gouvernement, c'est de **conserver leurs propriétés** » (§ 124). Par le nom général de « propriétés », il faut entendre « leurs **vies**, leurs **libertés** et leurs **biens** » (§ 123).

▪ Ainsi, l'organisation du pouvoir politique dans un État n'a pas « d'autre fin que la paix, la sécurité et le bien du peuple » (§ 131).

Pour **Locke** (1632-1704), à l'inverse de Hobbes, l'État n'a pas de pouvoir absolu. Il n'a pas d'autre fonction que de garantir à l'homme ses droits naturels (liberté individuelle, propriété privée).

79 La politique ou l'art de gouverner

I Qu'est-ce que le gouvernement ?

- Pour Rousseau, dans un État, la puissance législative est à la puissance exécutive ce que, dans un individu, la volonté est à l'action.
- Dès lors, « la **puissance législative** appartient au **peuple**, et ne peut appartenir qu'à lui », tandis que la puissance exécutive appartient à « un corps intermédiaire établi entre les sujets et le souverain [...], chargé de l'exécution des lois, et du maintien de la liberté » : le gouvernement. « J'appelle donc *gouvernement* ou suprême administration l'**exercice légitime de la puissance exécutive**, et *prince* ou magistrat l'homme ou le corps chargé de cette administration. » (*Du contrat social*, III, 1.)

II Les trois espèces de gouvernement : nature et principe

- Dans *De l'esprit des lois*, Montesquieu écrit : « Il y a cette différence entre la nature du gouvernement et son principe, que sa nature est ce qui le fait être tel, et son principe ce qui le fait agir. » (III, 1.) Dès lors, « il y a **trois espèces** de gouvernements : le républicain, le monarchique et le despotique ».
- Leur **nature** consiste en ceci : « Le gouvernement **républicain** est celui où le peuple en corps [démocratie], ou seulement une partie du peuple [aristocratie], a la souveraine puissance ; le **monarchique**, celui où un seul gouverne, mais par des lois fixes et établies ; au lieu que, dans le **despotique**, un seul, sans loi et sans règle, entraîne tout par sa volonté et par ses caprices. » (II, 1.) Ces types de gouvernement reposent également chacun sur un **principe différent**.

Ce que Montesquieu appelle la « **nature** » d'un gouvernement es ce qui le définit, ses institutions. Ce qu'il appelle son « **principe** » est le sentiment qui doit animer des hommes sou un tel gouvernement.

- Pour Montesquieu, dans la démocratie, ce principe est la **vertu** comme « esprit d'égalité » (III, 2) ; dans l'aristocratie, c'est la vertu comme « esprit de modération » (III, 4) ; dans la monarchie, c'est l'« **honneur** » (III, 6) ; et dans le despotisme, c'est la « **crainte** » (III, 9).

80 L'État, un instrument de domination ?

I L'État et la classe dominante

- Dans *L'Origine de la famille, de la propriété privée et de l'État*, **Engels** (ami et collaborateur de Marx) définit l'État comme « ce pouvoir, né de la société, mais qui se place au-dessus d'elle et lui devient de plus en plus étranger », dans le but de « maintenir dans les limites de l'ordre » le **conflit** des classes sociales antagonistes.

Pour Marx et les marxiens, l'État moderne est devenu « l'instrument de l'exploitation du travail salarié par le capital ».

- Du même coup, « au milieu du conflit de ces classes, il est, dans la règle, l'État de la **classe la plus puissante**, de celle qui domine au point de vue économique et qui, grâce à lui, devient aussi classe politiquement dominante et acquiert ainsi de nouveaux moyens pour mater et exploiter la classe opprimée ».

II La fin de l'État doit être la liberté

- Dans le chapitre 20 du *Traité théologico-politique*, **Spinoza** écrit : « La fin de l'État n'est pas de faire passer les hommes de la condition d'êtres raisonnables à celle de bêtes brutes ou d'automates » mais au contraire de « **libérer l'individu de la crainte**, pour qu'il vive autant que possible en sécurité, c'est-à-dire conserve, aussi bien qu'il se pourra, sans dommage pour autrui, son droit naturel d'exister et d'agir ».
- Loin d'être la domination, « la fin de l'État est donc en réalité la **liberté** ».

III L'État contemporain et la violence légitime

- Dans *Le Savant et le Politique*, le sociologue **Max Weber** écrit : « S'il n'existait que des structures sociales d'où toute violence serait absente, le concept d'État aurait alors disparu. »
- En effet, selon lui, la violence est un « moyen normal de l'État » au sens où l'État contemporain est « une communauté humaine qui, dans les limites d'un territoire déterminé [...] revendique avec succès pour son propre compte le **monopole de la violence physique légitime** ». Par là, il faut entendre que seul l'État est considéré comme légitimement fondé à utiliser la violence, par opposition aux autres groupements et aux individus.
- Par conséquent, « l'État consiste en un rapport de **domination** de l'homme sur l'homme fondé sur le moyen de la violence légitime ».

81 Une société sans État ?

I « L'État, c'est le mal » : la critique anarchiste

▪ Dans *L'Empire knouto-germanique*, Bakounine écrit : « **L'État n'est point la société**, il n'en est qu'une forme historique, aussi brutale qu'abstraite » dont la nature ne consiste que dans l'**autorité et** la **force**. »

▪ Dès lors, « quelque peine qu'il se donne pour masquer cette nature, il est comme le **violateur légal** de la volonté des hommes, comme la négation permanente de leur liberté ».

Bakounine est le grand **théoricien de l'anarchisme**. Pour lui, « l'État c'est le mal, mais un mal historiquement nécessaire, aussi nécessaire dans le passé que le sera tôt ou tard son extinction complète ».

II L'ethnocentrisme étatiste

▪ Dans *La Société contre l'État*, l'anthropologue **Pierre Clastres** constate : « Les sociétés primitives sont des **sociétés sans État**. » Ce que les Occidentaux ont tendance à considérer comme un **défaut** ou un **manque**, comme si les sociétés primitives étaient « incomplètes », c'est-à-dire « privées de quelque chose – l'État – qui leur [serait], comme à toute autre société – la nôtre, par exemple – nécessaire ».

▪ Or, pour Clastres, croire qu'« on ne peut pas penser la société sans l'État » témoigne d'« un ancrage **ethnocentriste** », fondé sur l'illusion inconsciente que tout « état de civilisation » doit être une « civilisation de l'État ».

Quiz express

Vérifiez que vous avez bien retenu les points importants des **fiches 77 à 81**.

1 Comment s'appelle l'autorité qui gouverne et exerce le pouvoir politique ?

- ☐ **a.** L'État
- ☐ **b.** Le souverain
- ☐ **c.** Le magistrat
- ☐ **d.** Le prince

2 « La puissance législative appartient au peuple, et ne peut appartenir qu'à lui » est une phrase de Rousseau qui signifie que :

- ☐ **a.** seul le peuple peut gouverner et exécuter les lois
- ☐ **b.** seul le peuple peut délibérer et faire les lois
- ☐ **c.** seul le peuple peut être à la tête de l'État

3 D'après Montesquieu, le gouvernement dans lequel le peuple, en corps ou en partie, possède le pouvoir souverain s'appelle :

- ☐ **a.** la république
- ☐ **b.** la démocratie
- ☐ **c.** l'aristocratie

4 Dans la pensée de Marx, l'État est un moyen de domination car :

- ☐ **a.** il est du côté de la classe dominante qui exploite le travail salarié par le capital
- ☐ **b.** il est le fait d'un seul qui, sans loi et sans règle, entraîne tout par sa volonté et ses caprices
- ☐ **c.** il possède le monopole de la violence physique légitime

5 Qui a écrit : « L'État c'est le mal » ?

- ☐ **a.** Spinoza
- ☐ **b.** Locke
- ☐ **c.** Marx
- ☐ **d.** Bakounine

6 Il n'a jamais existé dans l'histoire de sociétés sans État :

- ☐ **a.** vrai
- ☐ **b.** faux

RÉPONSES

1.a • 2.b • 3.a • 4.a • 5.d • 6.b

SUJET 20 | Montesquieu, *De l'esprit des lois*

EXPLICATION DE TEXTE

Expliquez le texte suivant.

« Il y a dans chaque État trois sortes de pouvoirs : la puissance législative, la puissance exécutrice des choses qui dépendent du droit des gens, et la puissance exécutrice de celles qui dépendent du droit civil.

Par la première, le prince ou le magistrat fait des lois pour un temps ou pour toujours, et corrige ou abroge celles qui sont faites. Par la seconde, il fait la paix ou la guerre, envoie ou reçoit des ambassades, établit la sûreté, prévient les invasions. Par la troisième, il punit les crimes, ou juge les différends des particuliers. On appellera cette dernière la puissance de juger, et l'autre simplement la puissance exécutrice de l'État.

La liberté politique dans un citoyen est cette tranquillité d'esprit qui provient de l'opinion que chacun a de sa sûreté ; et pour qu'on ait cette liberté, il faut que le gouvernement soit tel qu'un citoyen ne puisse pas craindre un autre citoyen.

Lorsque, dans la même personne ou dans le même corps de magistrature, la puissance législative est réunie à la puissance exécutrice, il n'y a point de liberté ; parce qu'on peut craindre que le même monarque ou le même sénat ne fasse des lois tyranniques pour les exécuter tyranniquement.

Il n'y a point encore de liberté si la puissance de juger n'est pas séparée de la puissance législative et de l'exécutrice. Si elle était jointe à la puissance législative, le pouvoir sur la vie et la liberté des citoyens serait arbitraire : car le juge serait législateur. Si elle était jointe à la puissance exécutrice, le juge pourrait avoir la force d'un oppresseur.

Tout serait perdu, si le même homme, ou le même corps des principaux, ou des nobles, ou du peuple exerçaient ces trois pouvoirs : celui de faire des lois, celui d'exécuter les résolutions publiques, et celui de juger les crimes ou les différends des particuliers.

Montesquieu, *De l'esprit des lois*, livre XI, chapitre 6,
Éditions Gallimard, collection « Folio essais », 1995, tome I, p. 327-328.

DÉMARRONS ENSEMBLE

- Notez que le texte commence d'emblée par la **distinction centrale** qui le structure, entre « trois sortes de pouvoirs » qui correspondent, comme vous le savez par vos cours d'histoire aux pouvoir législatif, exécutif et judiciaire. Servez-vous de cette distinction pour analyser le texte en recherchant toutes les **idées qui se rapportent à chacun d'eux**. Au brouillon, faites trois colonnes et parcourez le texte en vue de les remplir.
- Grâce au matériel textuel ainsi récolté, vous êtes mieux armé pour interroger ensuite la **finalité du texte** : au-delà de cette distinction, où Montesquieu veut-il en venir ? Demandez-vous ce qu'il cherche à démontrer.

CORRIGÉ

CORRIGÉ RÉDIGÉ

POINT MÉTHODE

Rédiger l'introduction d'une explication de texte

- D'une longueur de 10 à 20 lignes (une demi-page maximum), l'introduction de votre explication de texte doit se décomposer en **4 étapes** :

– la première doit permettre d'amener la **thématique du texte** en suscitant l'étonnement ;

– la deuxième doit permettre de **formuler le problème du texte** lui-même, c'est-à-dire de formuler la question dont le texte est la réponse ;

– la troisième doit permettre de **formuler** brièvement mais complètement **la thèse** du texte, qui exprime la position de l'auteur sur le problème ainsi posé ;

– la quatrième doit permettre d'indiquer par quelles étapes argumentatives l'auteur tente de soutenir la thèse ainsi énoncée, autrement dit d'**énoncer le plan du texte** en distinguant ses différentes parties.

- Parmi les **maladresses à éviter**, détournez-vous des annonces de plan qui découpent mécaniquement le texte sans éclairer son contenu et sa logique de progression, du genre : « De “la paresse” jusqu'à “... tuteurs”, il s'agit de la première partie, puis de “ il est si...” jusqu'à “... fastidieuse”, il s'agit de la deuxième, etc. ». De même, évitez de commencer l'introduction par ces mots rebattus : « De tout temps, les hommes... ».

[Le corrigé suivant est présenté sous forme de plan détaillé. Les titres en gras ne doivent en aucun cas figurer dans votre copie.]

[INTRODUCTION]

▪ L'art de gouverner est l'une des plus anciennes et plus pressantes préoccupations philosophiques. Dans *La République*, Platon s'interrogeait déjà sur les conditions d'une société juste et, au cours des siècles qui ont suivi, les réflexions des philosophes sur la manière d'organiser le pouvoir politique et de l'exercer n'ont cessé de s'accumuler.

▪ Comment faut-il organiser le pouvoir politique dans un État pour que règnent la justice et la liberté ? Quels organes ou institutions sont nécessaires au bon exercice du pouvoir ? À qui faut-il confier le pouvoir ? Faut-il séparer les responsabilités ? Telles sont les questions auxquelles ont répondu les grands théoriciens des Lumières, tels Locke, Montesquieu ou Rousseau.

▪ Dans le texte ci-dessus, Montesquieu propose de distinguer trois sortes de pouvoirs dans un État et défend la nécessité de les séparer dans l'exercice quotidien du pouvoir politique.

I Étude linéaire

1. Montesquieu distingue et définit trois sortes de pouvoirs

▪ Le pouvoir politique d'un État se décompose en trois pouvoirs de nature différente (« trois sortes de pouvoirs, l. 1).

▪ Le premier est le **pouvoir législatif** (« puissance législative » l. 1), qui consiste à faire des lois, mais aussi à les défaire (« abroge », l. 5), ou à les refaire (« corrige », l. 5). Dans la société actuelle, il est exercé par les assemblées parlementaires, qui élaborent puis votent les lois.

▪ Le second est le **pouvoir exécutif** en tant qu'il se rapporte au « droit des gens » (l. 2), qu'on appelle aujourd'hui droit international public, c'est-à-dire l'ensemble des lois qui régissent les relations entre les États. Ce pouvoir s'applique, selon Montesquieu, aux questions de défense (« la paix ou la guerre », l. 6), de diplomatie (« ambassades », l. 6) et de sécurité (« invasions », l. 7). Dans la société actuelle, notons que le pouvoir exécutif s'applique aussi à la politique intérieure : en tant que tel, il consiste à assurer l'exécution des lois.

▪ Le troisième est le **pouvoir** qu'on appelle aujourd'hui **judiciaire**, et que Montesquieu définit en deux temps. D'abord, il le présente comme un type de pouvoir exécutif qui se rapporte, non pas au droit des gens, mais au « droit civil » (l. 3), c'est-à-dire, selon lui, à l'ensemble des lois qui régissent les rapports des citoyens entre eux (aujourd'hui, on parle aussi de droit privé). Ensuite, il affine sa définition en donnant à ce pouvoir le nom plus rigoureux de « puissance de juger » (l. 18), ce qui nous autorise à l'assimiler à ce qu'on appelle aujourd'hui le pouvoir judiciaire. En effet, pour Montesquieu, il s'agit bien du pouvoir des juges et des tribunaux en tant qu'ils arbitrent les conflits entre les individus (« les différends des particuliers », l. 6-7) et qu'ils sanctionnent les infractions à la loi (« punit les crimes », l. 7).

Ce troisième pouvoir se réfère à l'heure actuelle au **droit pénal** ou droit criminel.

2. Montesquieu montre la nécessité de les séparer : préserver la liberté

- La « **liberté politique** », c'est-à-dire la liberté dans un État, est d'abord une affaire de **sécurité** : il s'agit en effet d'assurer la « tranquillité d'esprit » (l. 10) du citoyen, de lui donner le sentiment qu'il est en lieu sûr (« sûreté », l. 11) au sein de l'État, en lui ôtant toute raison de craindre ses semblables. À partir de cette définition minimale de la liberté, Montesquieu examine dans quelles conditions un État peut garantir à ses citoyens la liberté politique.
- Ces conditions se ramènent toutes à une seule : il faut que les trois pouvoirs – législatif, exécutif, judiciaire – ne soient **jamais exercés par la même personne** ou le même groupe de personnes. Autrement dit, il faut qu'ils soient pleinement **séparés** entre eux et que chacun soit **indépendant** des deux autres : si tel n'est pas le cas, l'État court à sa perte (« tout serait perdu », l. 23), au sens où la liberté courrait les plus grands risques.

3. Premier cas : réunion du pouvoir législatif et du pouvoir exécutif

- Montesquieu suppose que le pouvoir législatif et le pouvoir exécutif sont réunis dans la même personne ou la même instance institutionnelle (« corps de magistrature », l. 14).
- Dans ce cas, la conséquence est implacable : « il n'y a point de liberté » (l. 15) parce que les **lois** sont potentiellement toutes **injustes** et oppressives (« tyranniques », l. 17), du fait qu'elles n'expriment que la **volonté d'un seul** individu (« le même monarque », l. 7) ou d'un seul groupe (« le même sénat », l. 7).

Montesquieu procède selon un **raisonnement par l'absurde**, dans lequel il expose ce qui se passerait si l'un ou l'autre de ces trois pouvoirs se trouvait uni aux autres.

4. Deuxième cas : réunion du pouvoir judiciaire avec l'un des deux autres

- Montesquieu suppose que le pouvoir judiciaire fusionne, soit avec le pouvoir législatif, soit avec le pouvoir exécutif. Dans les deux cas, la conséquence est la même : « Il n'y a point encore de liberté » (l. 18).
- Dans le **premier cas**, c'est parce que le pouvoir des juges devient « arbi-

traire » (l. 20) puisque les lois ne dépendent que de leur libre volonté et qu'ils sont en quelque sorte juge et partie. Dans le **second cas**, c'est parce que les juges acquièrent le même pouvoir qu'un « oppresseur » (l. 22), puisque la justice n'est pas indépendante du gouvernement, mais potentiellement à son service.

II Discussion critique

L'intérêt philosophique de ce texte tient à la fois à la **distinction des trois pouvoirs**, devenue classique et fondamentale en philosophie politique et en droit constitutionnel, et à la thèse selon laquelle il faut absolument les **séparer** pour garantir la liberté dans un État de droit, fondé sur la légitimité. Avant Montesquieu, **Locke** avait déjà identifié à sa manière ces différents aspects du pouvoir, sans pour autant les distinguer de façon systématique. Dans son *Second Traité du gouvernement civil*, il écrit en effet : « J'entends donc par pouvoir politique le droit de faire des lois, sanctionnées, ou par la peine de mort ou, *a fortiori*, par des peines moins graves, afin de réglementer et de protéger la propriété ; d'employer la force publique afin de les faire exécuter et de défendre l'État contre les attaques venues de l'étranger : tout cela en vue seulement du bien public. » (§ 3.)

Après Montesquieu, c'est **Rousseau** qui, d'une autre manière, prolonge cette thèse de la séparation des pouvoirs, lorsqu'il soutient que « celui qui commande aux hommes ne doit pas commander aux lois, celui qui commande aux lois ne doit pas non plus commander aux hommes », sans quoi les lois ne font que « perpétuer [des] injustices » (*Du contrat social*, II, 7).

Pour finir, on peut faire l'hypothèse, en suivant la pensée de Michel Foucault dans *La Volonté de savoir* (IV, 2), qu'il existe une **quatrième** sorte de **pouvoir**, qui n'est pas conçu comme « un foyer unique de souveraineté d'où rayonneraient des formes dérivées et descendantes », mais comme « le socle mouvant des rapports de force qui induisent sans cesse, par leur inégalité, des états de pouvoir, mais toujours locaux et instables » au sein de la société. C'est ce que Foucault appelle des « **micropouvoirs** », qui traversent le tissu social comme autant de foyers mobiles d'**instabilité**. En ce sens, le pouvoir, « c'est le nom qu'on prête à une situation stratégique complexe dans une société donnée ».

[CONCLUSION]

Pour Montesquieu, le pouvoir politique se divise en trois catégories : le pouvoir exécutif, le pouvoir législatif et le pouvoir judiciaire. Afin d'assurer la sûreté et la liberté de ses citoyens, la Constitution d'un État doit toujours garantir que l'exercice de ces trois pouvoirs n'appartient pas au même homme ou au même corps de magistrats. Dès qu'un même homme ou un même corps cumule deux de ces trois pouvoirs – quels qu'ils soient –, la liberté disparaît dans un État. Le meilleur régime politique est donc celui dans lequel une Constitution prévoit la séparation des pouvoirs.

La morale

Il y a des rochers qui s'avancent
en pleine mer et qui brisent les flots,
sans porter eux-mêmes la moindre trace
des chocs furieux qu'ils subissent
depuis tant de siècles : l'âme du sage est ainsi.

Sénèque, *De la constance du sage*, III, 4-5

La liberté 207

Le devoir 217

Le bonheur 226

La morale

- Du latin *moralis* (« relatif aux mœurs »), qui provient de *mores* (« mœurs, usages, coutumes »), la morale désigne l'ensemble des **règles** de conduite considérées comme **bonnes** dans une société donnée ou à une époque déterminée, en tant qu'elles formulent des **prescriptions et** des **interdictions**.
- Toutefois, chacun est libre de définir les **principes moraux** selon lesquels il souhaite se conduire et, en ce sens, la morale désigne l'ensemble des règles que chaque individu se forge d'après l'idée qu'il se fait de ses **droits et** de ses **devoirs**.

En ce sens, comme le souligne Émile Durkheim dans *De la division du travail social*, « chaque peuple a **sa morale**, qui est déterminée par les conditions dans lesquelles il vit ».

- On peut citer en exemple la « morale par provision » (ou morale provisoire) que Descartes définit dans la troisième partie du *Discours de la méthode*, et qui ne consiste « qu'en trois ou quatre **maximes** » : premièrement, « obéir aux lois et coutumes de mon pays » ; deuxièmement, « être le plus ferme et le plus résolu en mes actions que je pourrais » ; troisièmement, « tâcher toujours plutôt à me vaincre que la fortune, et à changer mes désirs que l'ordre du monde ».
- De manière plus générale, la morale désigne en philosophie l'ensemble des principes régulateurs de l'**action**, considérés comme universellement valables, et fondés sur une certaine conception du **devoir**.
- On appelle ainsi **éthique** la théorie ou science de la morale. Elle repose sur la doctrine de la volonté et implique la **liberté**. Selon Kant dans la *Critique de la raison pratique*, la morale doit alors être considérée comme la doctrine qui nous enseigne « comment nous devons nous rendre *dignes* du **bonheur** ».

82 La liberté : terminologie et citations clés

I Terminologie

- Du latin *libertas* (« état de celui qui n'est pas esclave et jouit de ses droits de citoyen »), provenant de *liber* (« de condition libre, affranchi »), la liberté **s'oppose** d'une part **à l'esclavage** et à la servitude, et d'autre part **à la nécessité** et au déterminisme.
- Au **sens général**, la liberté désigne l'état du sujet qui n'est pas soumis à une contrainte externe dans l'exercice de sa volonté. Au **sens politique**, elle désigne le droit du citoyen à agir conformément à sa volonté dans la limite des lois de l'État.

II Citations

« La nature seule fait tout dans les opérations de la bête, au lieu que l'homme concourt aux siennes, en qualité d'agent libre. L'un choisit ou rejette par instinct, et l'autre par un acte de liberté.

Rousseau, *Discours sur l'origine et les fondements de l'inégalité parmi les hommes.*

« Un HOMME LIBRE est celui qui, s'agissant des choses que sa force et son intelligence lui permettent d'accomplir, n'est pas empêché de faire celles qu'il a la volonté de faire. Hobbes, *Léviathan.*

« L'autonomie de la volonté est cette propriété qu'a la volonté d'être à elle-même sa loi. Kant, *Fondements de la métaphysique des mœurs.*

« Il y a des choses qui dépendent de nous et d'autres qui ne dépendent pas de nous. Épictète, *Manuel.*

« La liberté consiste à vouloir que les choses arrivent, non pas comme il te plaît, mais comme elles arrivent. Épictète, *Entretiens.*

« L'impuissance humaine à maîtriser et à contrarier les affects, je l'appelle Servitude. Spinoza, *Éthique.*

« Où il n'y a point de lois, il n'y a point non plus de liberté.

Locke, *Second Traité du gouvernement civil.*

« Quand chacun fait ce qu'il lui plaît, on fait souvent ce qui déplaît à d'autres, et cela ne s'appelle pas un état libre.

Rousseau, *Lettres écrites de la montagne.*

83 Liberté et volonté

I Instinct animal et liberté humaine

- Dans le *Discours sur l'origine et les fondements de l'inégalité parmi les hommes*, Rousseau écrit : « La nature seule fait tout dans les opérations de la bête, au lieu que l'homme concourt aux siennes, en qualité d'**agent libre**. L'un choisit ou rejette par **instinct**, et l'autre par un acte de liberté ».

- En ce sens, « ce n'est donc pas tant l'entendement qui fait parmi les animaux la distinction spécifique de l'homme que sa qualité d'agent libre ». C'est pourquoi, comme il le souligne dans *Du contrat social* (I, 4), « renoncer à sa liberté, c'est renoncer à sa qualité d'homme ».

II Le libre arbitre de la volonté

- Dans la quatrième des *Méditations métaphysiques*, Descartes distingue entre la « puissance de connaître », qu'il appelle **entendement**, et la « puissance d'élire », qu'il appelle **volonté ou « libre arbitre** ». Selon lui, notre libre arbitre « consiste seulement en ce que nous pouvons faire une chose, ou ne la pas faire » sans « qu'aucune force extérieure nous y contraigne ».

- Notre volonté a donc le pouvoir de s'**autodéterminer**, sans autre cause qu'elle-même. En ce sens, Hobbes a raison d'écrire dans le *Léviathan* : « Un homme libre est celui qui, s'agissant des choses que sa force et son intelligence lui permettent d'accomplir, n'est pas empêché de faire celles qu'il a la **volonté** de faire. »

III L'autonomie de la volonté : liberté et moralité

- Dans les *Fondements de la métaphysique des mœurs*, Kant écrit : « L'**autonomie** de la volonté est cette propriété qu'a la volonté d'être à elle-même sa loi » (en grec, *autos* signifie « soi-même », et *nomos*, « loi »), en tant que cette loi correspond à l'impératif universel de la moralité.

- En revanche, « quand la volonté cherche la loi qui doit la déterminer ailleurs que dans l'aptitude de ses maximes à instituer une législation universelle qui vienne d'elle, il en résulte toujours une **hétéronomie** » (en grec, *heteros* signifie « autre »).

- Par conséquent, précise-t-il dans la *Critique de la raison pratique*, « l'autonomie de la volonté est le principe unique de toutes les **lois morales** et des devoirs qui y sont conformes ».

> En cela, Kant est fidèle à Rousseau qui pense que « l'impulsion du seul appétit est esclavage, et l'obéissance à la loi qu'on s'est prescrite est liberté » (*Du contrat social*, I, 9).

84 Liberté et nécessité

I La liberté stoïcienne : accepter la nécessité

- Dans le *Manuel,* Épictète écrit : « Il y a des choses qui **dépendent de nous** et d'autres qui **ne dépendent pas de nous** » ; « ce qui dépend de nous est, par sa nature même, soumis à notre libre volonté » (nos pensées, nos désirs, etc.) et « ce qui ne dépend pas de nous est sans force propre, esclave d'autrui » (la santé, les honneurs, etc.).

- Dès lors, poursuit Épictète dans les *Entretiens,* « il n'est pas possible qu'un être libre par nature soit troublé ou empêché par un autre que **par lui-même** » (I, 19). Par exemple, si un tyran a la force d'enchaîner ma jambe et de soumettre mon corps, il ne dépend pas de moi de l'en empêcher. En revanche, il ne dépend que de moi de ne pas m'en inquiéter car ma **pensée** demeure entièrement **en mon pouvoir**. Ainsi, je puis rétorquer au tyran : « Tu es le maître de ma carcasse ; prends-la. Tu n'as aucun pouvoir sur moi. » (I, 52.).

La sagesse d'**Épictète** : « Je suis forcé de mourir, mais non pas en gémissant ; d'aller en prison, mais non en me lamentant. »

- Par conséquent, « la liberté consiste à vouloir que les choses arrivent, non pas comme il te plaît, mais comme elles arrivent », c'est-à-dire à accepter la nécessité de ce qui ne dépend pas de nous.

II Se libérer du déterminisme par la connaissance des affects

- Dans la lettre 58 à Schuller, Spinoza dénonce « cette liberté humaine que tous se vantent de posséder et qui consiste en cela seul que les hommes ont conscience de leurs appétits et ignorent les causes qui les déterminent ». En effet, précise-t-il dans l'*Éthique,* « dans l'Esprit nulle volonté n'est absolue, autrement dit libre ; mais l'Esprit est déterminé à vouloir ceci ou cela par une **cause**, qui elle aussi est déterminée par une autre, et celle-ci à son tour par une autre, et ainsi à l'infini » (II, 48). Cela est dû principalement au pouvoir que les **affects** ont sur nous.

- En effet, « l'impuissance humaine à maîtriser et à contrarier les affects, je l'appelle **Servitude** » (IV, Préface), en tant que l'homme en pâtit, tandis que la liberté se confond avec la puissance que la raison a sur les affects : « Est libre celui que conduit la **seule raison** » (IV, 68, démonstration). Car « un affect est d'autant plus en notre pouvoir, et l'Esprit en pâtit d'autant moins, qu'il est plus connu de nous » (V, 3, corollaire).

85 La liberté politique

I Lois et liberté

- Dans *De l'esprit des lois* (XI, 3), **Montesquieu** écrit : « La liberté politique **ne consiste point à faire ce que l'on veut** ». En effet, « dans un État, c'est-à-dire une société où il y a des lois, la liberté ne peut consister qu'à pouvoir faire ce que l'on doit vouloir, et à n'être point contraint de faire ce que l'on ne doit pas vouloir ». Ainsi, comme le soulignait déjà **Locke** dans le *Second Traité du gouvernement civil* (§ 57), « où il n'y a **point de lois**, il n'y a **point** non plus **de liberté** » car les lois seules « font qu'on n'est point sujet à la volonté arbitraire des autres ».

- Dans la huitième des *Lettres écrites de la montagne*, **Rousseau** va lui aussi dans ce sens : « On a beau vouloir confondre l'**indépendance et** la **liberté** : ces deux choses sont si différentes, que même elles s'excluent mutuellement » car « quand chacun fait ce qu'il lui plaît, on fait souvent ce qui déplaît à d'autres, et cela ne s'appelle pas un état libre », mais un état d'indépendance. En effet, « la liberté consiste moins à faire sa volonté, qu'à n'être pas soumis à celle d'autrui ; elle consiste encore à ne pas soumettre la volonté d'autrui à la nôtre ». Ainsi, « dans la liberté commune, nul n'a le droit de faire ce que **la liberté d'un autre lui interdit** ».

Rousseau insiste : « n'y a donc point de liberté sans lois » et « la liberté suit toujours le sort des lois, elle règne ou périt avec elles ».

II La servitude volontaire

- Dans le *Discours de la servitude volontaire*, La Boétie se demande « comment il se peut que tant d'hommes, tant de villes, tant de nations supportent quelquefois tout d'un Tyran seul, qui n'a de **puissance** que celle **qu'on lui donne** ».

- Selon lui, « pour avoir la liberté, il ne faut que la **désirer** » et, lorsqu'il accepte de vivre sous le joug d'un seul homme, « c'est le peuple qui s'assujettit et se coupe la gorge ». Or, s'agissant des tyrans, « si on ne leur donne rien, si on ne leur obéit point, sans les combattre, sans les frapper, ils demeurent nus et défaits » et s'effondrent comme des colosses dont la base se dérobe. « **Soyez donc résolus de ne plus servir et vous serez libres.** »

Quiz express

Vérifiez que vous avez bien retenu les points importants de l'**introduction** et des **fiches 82 à 85**.

1 Parmi ces termes, lequel ne s'oppose pas à la notion de liberté ?

☐ **a.** Servitude
☐ **b.** Nécessité
☐ **c.** Volonté
☐ **d.** Déterminisme

2 Selon Descartes, la volonté est au fondement de la liberté :

☐ **a.** vrai, car la volonté est la simple faculté de choisir ou refuser sans être contraint
☐ **b.** faux, car la volonté humaine n'est pas toute-puissante et n'empêche pas d'être contraint

3 Qui a écrit que « l'autonomie de la volonté est cette propriété qu'a la volonté d'être à elle-même sa loi » ?

☐ **a.** Descartes
☐ **b.** Rousseau
☐ **c.** Kant

4 L'autonomie s'oppose à :

☐ **a.** l'hétéronomie
☐ **b.** la téléonomie
☐ **c.** la pathonomie
☐ **d.** la psychonomie

5 « Il y a des choses qui dépendent de nous et d'autres qui ne dépendent pas de nous ». Cette formule est un précepte :

☐ **a.** cartésien
☐ **b.** kantien
☐ **c.** stoïcien

6 Qui a écrit : « Où il n'y a point de lois, il n'y a point non plus de liberté » ?

☐ **a.** Locke
☐ **b.** Montesquieu
☐ **c.** Rousseau

RÉPONSES

1.c • 2.a • 3.c • 4.a • 5.c • 6.a

SUJET 21 | Kant, *Réponse à la question : « Qu'est-ce que les Lumières ? »*

EXPLICATION DE TEXTE

Expliquez le texte suivant.

« La paresse et la lâcheté sont les causes qui expliquent qu'un si grand nombre d'hommes, après que la nature les a affranchis depuis longtemps de toute direction étrangère (*naturaliter maiorennes* [« naturellement majeurs »]), restent cependant volontiers, leur vie durant, mineurs ; et qu'il soit si facile à d'autres de se poser comme leurs tuteurs. Il est si commode d'être mineur. Si j'ai un livre qui me tient lieu d'entendement, un directeur qui me tient lieu de conscience, un médecin qui juge de mon régime à ma place, etc., je n'ai pas besoin de me fatiguer moi-même. Je ne suis pas obligé de penser, pourvu que je puisse payer ; d'autres se chargeront pour moi de cette besogne fastidieuse. Que la plupart des hommes (et parmi eux le sexe faible tout entier) finissent par considérer le pas qui les conduit à la majorité, et qui est en soi pénible, également comme très dangereux, c'est ce à quoi ne manquent pas de s'employer ces tuteurs qui, par bonté, ont assumé la tâche de veiller sur eux. Après avoir rendu tout d'abord stupide leur bétail domestique, et soigneusement pris garde que ces paisibles créatures ne puissent oser faire le moindre pas hors du parc où ils les ont enfermées, ils leur montrent ensuite le danger qu'il y aurait à essayer de marcher tout seul. Or le danger n'est sans doute pas si grand que cela, étant donné que quelques chutes finiraient bien par leur apprendre à marcher ; mais l'exemple d'un tel accident rend malgré tout timide et fait généralement reculer devant toute autre tentative.

Kant, *Réponse à la question : « Qu'est-ce que les Lumières ? »*,
traduction Wismann, dans *Œuvres philosophiques*, Éditions Gallimard,
« Bibliothèque de la Pléiade », 1985, tome 2, p. 209-211.

DÉMARRONS ENSEMBLE

■ Demandez-vous d'emblée quelles sont les **notions clés** du texte. Si la « paresse » et la « lâcheté » en sont deux éléments importants, une lecture attentive vous révélera que les notions les plus décisives sont celles de « **majorité** » et de « **minorité** ». Essayez de relever dans le texte tout ce qui se rapporte à l'idée de « majorité » et de définir méthodiquement les différents types de « majorité » distinguées par Kant. De quelle majorité parle-t-il ? De celle qu'on atteint en France à l'âge de 18 ans ?

■ Parallèlement à celles de « majorité » et « minorité », la notion de « **tuteur** » joue un rôle important. Comment définir ce que Kant appelle un tuteur ? Pourriez-vous en trouver des exemples plus contemporains ?

CORRIGÉ

CORRIGÉ RÉDIGÉ

POINT MÉTHODE

Rédiger la conclusion d'une explication de texte

■ Comme dans la dissertation, vous devez terminer votre devoir par une conclusion d'une longueur approximative de 5 à 10 lignes. Celle-ci doit, dans un premier temps, **rappeler** les grandes lignes de votre explication en **résumant la thèse** du texte et en mettant en valeur les points saillants de l'argumentation de l'auteur. Il s'agit de ne retenir que les **idées fortes**, en prenant soin de trouver des formules frappantes et percutantes aptes à retenir l'attention du lecteur-correcteur.

■ Dans un deuxième temps, vous devez **faire le point sur la discussion critique du problème** philosophique en formulant, par exemple, ce que vous retiendrez personnellement du texte étudié, que ce soit en termes d'apports positifs de l'auteur au problème posé, ou de limitations plus critiquables.

[Le corrigé suivant est présenté sous forme de plan détaillé. Les titres en gras ne doivent en aucun cas figurer dans votre copie.]

[INTRODUCTION]

■ Depuis l'Antiquité, les philosophes n'ont cessé de répéter que la supériorité de l'homme sur l'animal réside dans sa faculté de penser librement grâce à sa raison. Pourtant, Kant fait un constat paradoxal : même si les hommes ont la faculté de penser librement, ils n'en font guère usage, et ce, même lorsqu'ils ont atteint, à l'âge adulte, le plein usage de leurs facultés. Pourquoi donc la plupart des hommes ne font-ils pas l'effort de penser par eux-mêmes ? À quelles conditions la liberté de penser est-elle possible ?

■ À cette question, Kant donne une réponse très claire : c'est par paresse et par lâcheté que les êtres humains préfèrent généralement rester intellectuellement « mineurs » et déléguer leur pouvoir de penser à des « tuteurs » qui se chargent de penser pour eux. Pour le montrer, il procède en quatre temps : premièrement, il énonce sa thèse selon laquelle la paresse et la lâcheté sont les deux causes de l'état de minorité des êtres humains (l. 1-5) ; deuxièmement, il examine la cause de la paresse, qui est liée au refus de l'effort (l. 5-9) ; troisièmement, il examine la cause de la lâcheté, qui est liée à la crainte qu'entretiennent délibérément les tuteurs (l. 10-17) ; quatrièmement, il conclut en plaidant en faveur du courage de penser par soi-même (l. 17-20).

I Étude linéaire

1. Paresse et lâcheté sont les causes de la minorité intellectuelle

- Par **analogie implicite avec la minorité juridique**, qui désigne l'état de celui qui n'a pas atteint l'âge de la majorité et qui est placé sous la responsabilité d'un représentant légal, Kant désigne par le terme de « mineurs » (l. 5) une minorité d'un tout autre genre : la minorité intellectuelle.

> Par là, il faut entendre l'état de celui qui n'a pas atteint la maturité intellectuelle suffisante pour pouvoir penser par lui-même, et qui s'en remet pour cela à quelqu'un d'autre, que Kant appelle un « tuteur ».

- Selon lui, cette minorité intellectuelle se rencontre chez un « grand nombre d'hommes » (l. 1-2) et est tout à fait indépendante de l'âge. Elle concerne les adultes, c'est-à-dire ceux qui sont devenus par l'âge (« la nature », l. 2) et par l'éducation indépendants de l'autorité parentale ou scolaire (« direction étrangère », l. 2-3), et qui vivent librement (« affranchis », l. 2), de manière autonome. Il s'agit donc de tous ceux qui sont à la fois « naturellement majeurs » (l. 3) et, même si Kant ne le dit pas explicitement, juridiquement majeurs.
- Pourtant, malgré leur **majorité naturelle** et leur **majorité juridique**, ils n'ont paradoxalement pas atteint la **majorité intellectuelle**. Pire : ils ne l'atteignent pratiquement jamais (« leur vie durant », l. 4), du fait qu'ils se complaisent volontairement (« volontiers », l. 4) dans l'état de minorité. Selon lui, cette situation éminemment paradoxale s'explique par deux « causes » (l. 1) : la « paresse » et la « lâcheté » (l. 1).

2. Examen de la paresse : le refus de l'effort

- L'accès à la majorité intellectuelle requiert un effort qui est « en soi pénible » (l. 11), car il demande de la **volonté** et du **courage**. C'est pourquoi les hommes préfèrent généralement rester mineurs : cela est beaucoup plus facile (« si commode », l. 5).
- Pour nous en convaincre, Kant donne plusieurs **exemples** de cette facilité, dans lesquels le rôle du « tuteur » chargé de penser à la place du sujet est successivement joué par un livre, un directeur de conscience ou un médecin.

> Dans chaque cas, la **minorité** consiste à **se dispenser de penser en déléguant à un autre** le pouvoir de le faire par dévalorisation du travail de la pensée.

3. Examen de la lâcheté : la peur d'être libre et le pouvoir des tuteurs

■ Selon Kant, la complaisance dans l'état de minorité concerne la majorité des hommes et la totalité des femmes. S'il prend d'ailleurs la peine d'inclure les **femmes** (« le sexe faible », l. 10) dans son propos, c'est en réalité moins pour souligner leur prétendue faiblesse que pour montrer qu'**elles aussi** sont concernées par le problème de la pensée et qu'**elles aussi**, si elles n'étaient pas paresseuses et lâches comme les hommes, pourraient penser par elles-mêmes et sortir de la minorité. Autrement dit, la majorité intellectuelle est une question en quelque sorte « **unisexe** » : elle concerne autant les hommes que les femmes.

■ Or, les deux sexes sont tout aussi lâches qu'ils sont paresseux. En effet, ils se soumettent volontairement aux tuteurs qui, de leur côté, font tout pour entretenir cette soumission. Avec beaucoup d'**ironie** (« par bonté », l. 13), Kant dénonce l'hypocrisie avec laquelle les tuteurs se font **passer pour les protecteurs** des mineurs (« veiller sur eux », l. 13) alors qu'ils leur mentent en leur faisant croire qu'il y a du « danger » (l. 16) à tenter de devenir majeurs. En alimentant ainsi leur lâcheté par la peur du danger, les tuteurs renforcent de manière particulièrement détestable leur pouvoir sur les mineurs, dans le but de garder pleinement le contrôle sur eux, d'où la **métaphore** du « parc » (l. 15) et du « bétail domestique » (l. 14).

4. Kant plaide en faveur du courage de penser

■ Pour finir, Kant continue d'ironiser et ridiculise cette fois l'idée d'un danger à penser par soi-même.

■ Pour cela, il utilise la **métaphore de la marche**, dans laquelle il compare le fait de penser par soi-même au fait de « marcher » (l. 16-17) tout seul. De la même façon que l'on n'apprend pas à marcher sans faire des chutes dont on se relève toujours, de la même manière on n'apprend à penser par soi-même que si l'on prend le risque, certes inquiétant (« timide », l. 19), d'être **seul** sur le chemin de la réflexion.

II Discussion critique

■ L'**intérêt philosophique** de ce texte est de montrer, non seulement que la liberté de penser consiste à s'affranchir de la pensée d'autrui pour être soi-même l'auteur de ses pensées, mais encore qu'un tel affranchissement, qui nous fait devenir majeurs intellectuellement, ne peut se produire que grâce à un **effort volontaire**. En cela, Kant rejoint Malebranche lorsque celui-ci, dans *La Recherche de la vérité*, s'efforce de « comprendre comment il se peut faire que des gens qui ont de l'esprit aiment mieux se servir de l'esprit des autres dans la recherche de la vérité ». À cela, Malebranche voit plusieurs causes, dont la première est « la paresse naturelle des hommes qui ne veulent pas se donner la peine de méditer ».

Cependant, comme le souligne Gilles Deleuze dans ses *Pourparlers,* « on reconnaît volontiers qu'il y a du danger dans les exercices physiques extrêmes, mais la pensée aussi est un exercice extrême et raréfié ». Selon lui, « dès qu'on fait un pas hors de ce qui a été déjà pensé, dès qu'on s'aventure en dehors du reconnaissable et du rassurant, [...] penser devient un acte périlleux ». Autrement dit, la crainte qui fait reculer les hommes devant la tâche de penser par eux-mêmes n'est peut-être pas tout à fait sans fondement, s'il est vrai que penser par soi-même, du moins au niveau de la « pensée pensante », c'est sortir des sentiers battus pour s'orienter vers l'inconnu.

C'est pourquoi Kant a raison de dire, dans les lignes qui précèdent le début du texte : « *Sapere aude* ! **Aie le courage** de te servir de ton propre entendement ! »

[CONCLUSION]

Après avoir énoncé les deux grandes causes de la minorité intellectuelle des hommes, la paresse et la lâcheté, Kant les analyse successivement et montre que la première, qui correspond au refus de l'effort, et la seconde, qui correspond à la peur d'être libre, sont les pires ennemis de l'indépendance d'esprit et de la liberté intellectuelle, et privent les hommes de sortir de leur état de minorité. C'est pourquoi il nous encourage à avoir le courage de penser et à suivre en cela l'inspiration rationnelle des Lumières.

L'intérêt du texte est de montrer que l'exercice de la pensée libre peut être difficile et risqué, en ce qu'il demande effort et courage, mais qu'il est à la portée de tous.

86 Le devoir : terminologie et citations clés

I Terminologie

- Du latin *debere* (« être redevable, être débiteur, être obligé à »), le devoir désigne de manière générale l'**obligation** pour l'homme **d'obéir à un ou plusieurs commandements**.
- Bien que l'on parle de devoir religieux lorsqu'il s'agit d'observer des préceptes divins ou de devoir juridique lorsqu'il s'agit de respecter les lois, le devoir désigne avant tout l'obligation morale.

L'**obligation morale** correspond à la nécessité de se plier à des règles éthiques dans l'ordre de l'action.

II Citations

« Je ne remarque en nous qu'une seule chose qui nous puisse donner juste raison de nous estimer, à savoir l'usage de notre libre arbitre, et l'empire que nous avons sur nos volontés.

Descartes, *Les Passions de l'âme.*

« Le devoir est la nécessité d'accomplir une action par respect pour la loi.

Kant, *Fondements de la métaphysique des mœurs.*

« Agis de telle sorte que tu traites l'humanité aussi bien dans ta personne que dans la personne de tout autre toujours en même temps comme une fin, et jamais simplement comme un moyen.

Kant, *Fondements de la métaphysique des mœurs.*

« La doctrine de la volonté a été principalement inventée à fin de punir, c'est-à-dire *avec l'intention de trouver coupable.*

Nietzsche, *Le Crépuscule des idoles.*

« Tous les hommes reconnaissent le droit à la révolution, c'est-à-dire le droit de refuser fidélité et allégeance au gouvernement et le droit de lui résister quand sa tyrannie ou son incapacité sont notoires et intolérables.

Henry David Thoreau, *La Désobéissance civile.*

« Agis de façon que les effets de ton action soient compatibles avec la permanence d'une vie authentiquement humaine sur terre.

Hans Jonas, *Le Principe responsabilité.*

87 Que dois-je faire ? De la volonté à la loi

I Du bon usage de la volonté

Ainsi, précise Descartes dans une phrase célèbre, « ce n'est pas assez d'avoir l'esprit bon, mais le principal est de l'**appliquer bien** » (*Discours de la méthode*, I)

- Dans *Les Passions de l'âme*, **Descartes** écrit : « Je ne remarque en nous qu'une seule chose qui nous puisse donner juste raison de nous estimer, à savoir l'usage de notre **libre arbitre**, et l'**empire** que nous avons **sur nos volontés** » (art. 152).
- En effet, l'homme disposant librement de ses volontés, il n'y a pas d'autres raisons pour lesquelles « il doive être loué ou blâmé sinon pour ce qu'il en use bien ou mal » (art. 153). Autrement dit, la valeur morale de nos actions est fonction du bon usage de notre volonté.

II L'impératif catégorique ou la loi morale kantienne

- Dans la deuxième section des *Fondements de la métaphysique des mœurs*, **Kant** déclare : « Le devoir est la **nécessité** d'accomplir une action par **respect pour la loi.** » Dès lors, « la valeur morale de l'action ne réside pas dans l'effet qu'on en attend », mais bien dans « la **volonté seule** », en tant qu'elle est « la volonté d'un être raisonnable » (c'est-à-dire doué de raison) qui peut « se représenter la loi en elle-même » et, par conséquent, « faire de cette représentation [...] le principe déterminant de la volonté ».
- Cette loi, c'est le principe objectif du devoir en tant qu'il formule un « impératif catégorique » qui « ne contient en dehors de la loi que la nécessité, pour la maxime, de se conformer à cette loi ». Selon Kant, il peut être nommé « l'**impératif de la moralité** » et s'énonce comme suit : « Agis comme si la maxime de ton action devait être érigée par ta volonté en loi universelle de la nature ».
- Mais, comme « les êtres raisonnables sont appelés des **personnes**, parce que leur nature les désigne déjà comme des **fins en soi**, c'est-à-dire comme quelque chose qui ne peut pas être employé simplement comme moyen, quelque chose qui par suite limite d'autant toute faculté d'agir comme bon nous semble », alors l'impératif catégorique peut se formuler aussi de la manière suivante : « Agis de telle sorte que tu traites l'humanité aussi bien dans ta personne que dans la personne de tout autre **toujours** en même temps **comme une fin**, et **jamais** simplement **comme un moyen** ».

88 Critiques et déconstructions de la morale

I L'origine du devoir : la cruauté des créanciers

■ Dans *La Généalogie de la morale*, Nietzsche tente de déterminer l'origine du devoir à partir de la notion de **dette**. Selon lui, c'est de la sphère « du droit d'obligation, que le monde des **notions morales** comme "faute", "conscience", "devoir", "sainteté du devoir", trouve son foyer de naissance ».

■ En effet, dans la forme ancienne des échanges, celui qui ne rembourse pas ce qu'il « doit » (devoir-dette) se voit infliger une **peine**. Dès lors, « **faire souffrir** faisait un bien extrême » à la victime du dommage qui « obtenait de son côté un plaisir extraordinaire en contrepartie du préjudice ». Ainsi, « la cruauté était la réjouissance préférée de l'humanité primitive et entrait comme ingrédient dans presque tous les plaisirs ».

Nietzsche est le premier grand philosophe à remettre en cause intégralement le système des valeurs morales du monde occidental. Il appelle cela le « **renversement des valeurs** ».

■ C'est de là que provient, pour Nietzsche, « cette intrication des idées de "faute et de peine", devenue peut-être inextricable ». Or, lance-t-il, « comment la souffrance peut-elle être la compensation de la "dette" ? »

II L'« erreur du libre arbitre » : volonté et culpabilité

■ Dans *Le Crépuscule des idoles*, Nietzsche poursuit sa critique des fondements de la morale. Au paragraphe 7, il écrit que « la doctrine de la volonté a été principalement inventée à fin de punir, c'est-à-dire **avec l'intention de trouver coupable** ». C'est pourquoi « toute action devait être regardée comme voulue, l'origine de toute action comme se trouvant dans la conscience ».

■ Par conséquent « l'idée du libre arbitre » ne peut être considérée autrement que comme « le tour de force théologique le plus mal famé qu'il y ait, pour rendre l'humanité "**responsable**" à la façon des théologiens ».

89 De la désobéissance civile à la responsabilité collective

I Quand le devoir consiste à désobéir

- Dans *La Désobéissance civile*, publié en 1849 après un court séjour en prison pour refus de payer l'impôt en signe de protestation contre la politique esclavagiste et la guerre expansionniste menée au Mexique par l'État du Massachusetts, Henri David **Thoreau** écrit : « Tous les hommes reconnaissent le **droit à la révolution**, c'est-à-dire le droit de refuser fidélité et allégeance au gouvernement et le droit de lui résister quand sa tyrannie ou son incapacité sont notoires et intolérables. » En effet, « il existe des **lois injustes** : consentirons-nous à leur obéir ? [...] ou les transgresserons-nous tout de suite ? ».

- Comparant le gouvernement à une machine dont le frottement produit de l'injustice, il poursuit en ces termes : « Si, de par sa nature, cette machine veut faire de nous l'instrument de l'injustice envers notre prochain, alors je vous le dis, **enfreignez la loi**. »

II Le devoir à l'égard du futur ou « le principe responsabilité »

- Dans *Le Principe responsabilité*, Hans **Jonas** écrit : « Nous avons bien le droit de risquer notre propre vie, mais non celle de l'humanité. » En effet, « nous n'avons pas le droit de choisir le non-être des **générations futures** à cause de l'être de la génération actuelle » car « nous avons une **obligation** à l'égard de ce qui n'existe même pas encore ».

- C'est pourquoi Hans Jonas propose de formuler un nouvel impératif éthique : « Agis de façon que les effets de ton action soient compatibles avec la permanence d'une vie authentiquement humaine sur terre. »

Jonas propose aussi une autre formulation de cet **impératif éthique** : « Agis de façon que les effets de ton action ne soient pas destructeurs pour la possibilité future d'une telle vie. »

Quiz express

Vérifiez que vous avez bien retenu les points importants des **fiches 86 à 89**.

1 Un « devoir » est un commandement ou une obligation :

☐ **a.** de nature juridique
☐ **b.** de nature politique
☐ **c.** de nature éthique

2 Qu'est-ce que « l'impératif catégorique »chez Kant ?

☐ **a.** La formulation de la loi morale universelle
☐ **b.** La formulation de la loi naturelle universelle
☐ **c.** La formulation de la loi morale du sage

3 Parmi les formulations suivantes, laquelle ne correspond pas à l'impératif catégorique kantien ?

☐ **a.** « Agis comme si la maxime de ton action devait être érigée par ta volonté en loi universelle de la nature »
☐ **b.** « Agis de telle sorte que tu traites l'humanité aussi bien dans ta personne que dans la personne de tout autre toujours en même temps comme une fin, et jamais simplement comme un moyen »
☐ **c.** « Agis de façon que les effets de ton action soient compatibles avec la permanence d'une vie authentiquement humaine sur terre »

4 Chez Nietzsche, à quoi la théorie de la volonté sur laquelle se fonde la morale sert-elle principalement ?

☐ **a.** Rendre responsables les individus en vue de les punir
☐ **b.** Rendre responsables les individus en vue de les rendre libres
☐ **c.** Rendre responsables les individus en vue de les rendre raisonnables et raisonnés

5 La désobéissance civile est une théorie selon laquelle :

☐ **a.** face à une loi injuste, le devoir du citoyen n'est pas d'obéir mais de désobéir
☐ **b.** face à une loi injuste, le devoir du citoyen est d'obéir avec sa raison mais désobéir avec son cœur
☐ **c.** face à une loi injuste, le devoir du citoyen est d'obéir et de chercher les moyens d'abolir cette loi

RÉPONSES

1. c • **2.** a • **3.** c • **4.** a • **5.** a

SUJET 22 | Bergson, *Les Deux Sources de la morale et de la religion*

EXPLICATION DE TEXTE

Expliquez le texte suivant.

« Le souvenir du fruit défendu est ce qu'il y a de plus ancien dans la mémoire de chacun de nous, comme dans celle de l'humanité. Nous nous en apercevrions si ce souvenir n'était pas recouvert par d'autres, auxquels nous préférons nous reporter. Que n'eût pas été notre enfance si l'on nous avait laissé faire ! Nous aurions volé de plaisirs en plaisirs. Mais voici qu'un obstacle surgissait, ni visible ni tangible : une interdiction. Pourquoi obéissions-nous ? La question ne se posait guère ; nous avions pris l'habitude d'écouter nos parents et nos maîtres. Toutefois nous sentions bien que c'était parce qu'ils étaient nos parents, parce qu'ils étaient nos maîtres. Donc, à nos yeux, leur autorité leur venait moins d'eux-mêmes que de leur situation par rapport à nous. Ils occupaient une certaine place : c'est de là que partait, avec une force de pénétration qu'il n'aurait pas eue s'il avait été lancé d'ailleurs, le commandement. En d'autres termes, parents et maîtres semblaient agir par délégation. Nous ne nous en rendions pas nettement compte, mais derrière nos parents et nos maîtres nous devinions quelque chose d'énorme ou plutôt d'indéfini, qui pesait sur nous de toute sa masse par leur intermédiaire. Nous dirions plus tard que c'est la société.

Bergson, *Les Deux Sources de la morale et de la religion*,
chapitre 1, Paris, PUF, collection « Quadrige », 1992, p. 1.

DÉMARRONS ENSEMBLE

- Vous noterez que le texte commence par une **référence biblique**. Quel que soit votre niveau de culture religieuse, cela ne doit pas vous inquiéter. Il suffit d'analyser patiemment le sens que l'auteur donne à cette référence dans le texte, et ensuite de le restituer, comme pour n'importe quelle autre référence. Ici, dans la mesure où le texte porte sur l'**origine de l'obéissance**, vous remarquerez que la référence au « fruit défendu » est utilisée par Bergson comme exemple privilégié de l'interdiction.
- Puis Bergson poursuit son propos **en dehors du terrain religieux** pour tenter de caractériser le phénomène de l'obéissance, en particulier l'obéissance des enfants à leurs parents et à leurs enseignants. Relevez tous les termes dans le texte qui se rapportent, de manière directe ou indirecte, proche ou lointaine, à cette notion centrale.

CORRIGÉ

CORRIGÉ RÉDIGÉ

POINT MÉTHODE

Éviter la paraphrase

- Le but d'une explication de texte est de faire comprendre le sens du texte par l'élucidation de ses énoncés. Aussi l'exigence première est-elle de **reformuler le texte**, avec d'autres mots, sans en changer le sens, et surtout **sans** faire de **paraphrase**. On entend par là la répétition mécanique des mots du texte, dans le même ordre, sans rien apporter en termes d'explication.
- Pour éviter la paraphrase, un moyen sûr est de ne **jamais ré-utiliser la même structure syntaxique** que celle des phrases de l'auteur. Par exemple, une phrase à la forme passive pourra être reformulée à la forme active. Ce qui ne peut pas être remplacé par d'autres mots, ce sont les notions, comme « société », « plaisir », « raison ». Tout le reste peut être reformulé différemment, dans un autre ordre syntaxique et à l'aide de **synonymes**.

[Le corrigé suivant est présenté sous forme de plan détaillé. Les titres en gras ne doivent en aucun cas figurer dans votre copie.]

[INTRODUCTION]

- Chacun en a fait l'expérience dans son enfance : nous obéissons machinalement et pour ainsi dire naturellement à nos parents. Cette tendance naturelle à obéir, que l'on observe par la suite dans la relation aux maîtres et aux enseignants, puis dans celle qui nous lie à un employeur ou à un ensemble de lois politiques, est pourtant un phénomène culturellement construit. D'où vient alors que nous obéissons ? Qu'est-ce qui explique le comportement des enfants, et plus tard des adultes, à l'égard des « autorités » auxquelles ils obéissent ? En un mot, quelle est l'origine de l'obéissance ?
- Pour Bergson, qui aborde le problème par la métaphore biblique de la désobéissance d'Adam et Ève, l'origine de l'obéissance est la société, dont les adultes ou les personnes représentant une autorité sont des relais.

I Étude linéaire

1. Bergson introduit son propos par une métaphore biblique

- C'est dans le souvenir de l'**épisode biblique du jardin d'Éden** que Bergson propose tout d'abord de rechercher l'origine de l'obéissance. En effet, d'après le mythe de la Genèse, l'histoire morale de l'humanité commence par une interdiction, c'est-à-dire un commandement du devoir : ne pas manger des fruits de l'arbre de la connaissance (« fruit défendu », l. 1). Or, comme l'on sait, Adam et Ève n'ont pas respecté cette injonction prononcée par Dieu : ils ont désobéi. La conséquence est que Dieu les a punis en les chassant de l'Éden, devenu pour toujours le paradis perdu.

Pour éviter de faire de la paraphrase, il fa[ut] s'approprier l'id[ée] et la reformuler en indiquant entre parenthèse[s] les mots du text[e] qu'on est en tra[in] d'expliquer.

■ Pour Bergson, un tel événement semble avoir laissé de profondes **traces** en nous, dans la **mémoire individuelle** (« chacun de nous », l. 2) autant que **collective** (« l'humanité », l. 2), bien que ce soit de manière très enfouie, c'est-à-dire **inconsciente** (« recouvert par d'autres », l. 3). En effet, tout se passe comme si l'obéissance spontanée et machinale des enfants aux commandements de leurs parents était issue du souvenir, latent en eux, de la punition subie par Adam et Ève pour avoir désobéi. Évidemment, il s'agit là d'une métaphore sans autorité scientifique, mais dont Bergson se sert pour introduire son propos et poser le problème de l'**origine de l'obéissance**.

■ Ainsi, de la même manière qu'Adam et Ève ont été sujets à la tentation, les enfants eux aussi, si on ne leur interdisait rien, se laisseraient tenter par la quête sans fin du plaisir (« volé de plaisirs en plaisirs », l. 5). Or, tout se passe comme s'ils se souvenaient de l'épisode du jardin d'Éden puisque, contrairement à Adam et Ève, ils obéissent aux commandements qu'ils reçoivent de leurs parents sans résistance et sans curiosité (« la question ne se posait guère », l. 6-7), avec la plus grande facilité et le plus grand naturel, de manière régulière et automatique (« nous avions pris l'habitude », l. 7).

Ceci est un raisonnement par analogie, fondé sur une comparaison entre deux phénomènes semblables.

2. Bergson affine son propos : la place des adultes

■ Bien qu'elle soit séduisante, la métaphore biblique ne permet cependant pas d'expliquer l'**obéissance** spontanée **des enfants** à l'autorité parentale (« nos parents », l. 7), mais aussi à l'autorité scolaire (« nos maîtres », l. 7). Pourtant, l'obéissance des enfants n'est pas due à la personnalité des adultes auxquels ils obéissent (« leur autorité leur venait moins d'eux-mêmes », l. 9-10).

■ Pour Bergson, elle est due en réalité à la **fonction** qu'exercent les adultes, telle qu'elle se manifeste par la position hiérarchique qu'ils occupent dans la relation (« une **certaine place** », l. 10-11). En effet, la position parentale ou la position magistrale (*magister*, en latin, signifie « maître ») instaure une **dissymétrie symbolique** dans la relation adulte/enfant (« leur situation par rapport à nous », l. 10), qui donne aux commandements des adultes une force et une autorité qui ne seraient pas aussi efficaces (« force de pénétration », l. 11) si ces commandements provenaient d'une autre place, par exemple celle d'autres enfants. Autrement dit, quand on est enfant, on n'obéit pas à n'importe quel commandement. On n'obéit qu'aux commandements qui proviennent d'« une certaine place » (l. 10-11) : celle des adultes.

3. Bergson en déduit sa thèse : l'origine de l'obéissance est la société

Mais, pour Bergson, il y a encore une autre raison, plus fondamentale, qui explique l'autorité des adultes et l'obéissance des enfants. C'est que les adultes n'exercent pas leur autorité en leur nom ou pour leur compte. Ils ne sont que des **intermédiaires** et des serviteurs qui **agissent** en réalité **au nom de la société** tout entière. C'est cela que les enfants et les adolescents perçoivent comme un poids gigantesque (« de toute sa masse », l. 15-16) à travers l'autorité et le pouvoir des adultes. Autrement dit, c'est la société qui confère leur force aux commandements des adultes et ceux-ci ne sont donc que les représentants, les relais ou les porte-parole de la société (« délégation », l. 13).

> Pour éviter de faire de la paraphrase, il ne faut pas réemployer les mêmes mots que le texte mais chercher des synonymes ou des reformulations équivalentes.

Les enfants et les adolescents sont donc dans l'illusion quand ils croient obéir à leurs parents : ils **obéissent** en fait **à la société**, à la pression que celle-ci exerce sur eux afin de les intégrer, par l'apprentissage coercitif des règles et des codes sociaux. La société est donc à l'origine de l'obéissance et l'obéissance est à l'origine de la **socialisation**.

II Discussion critique

Pour chacun d'entre nous, le devoir commence avec l'obéissance aux parents et aux éducateurs et, à ce titre, est avant tout d'origine sociale, s'il est vrai que les adultes ne sont que les exécutants de la société et accomplissent pour elle le travail de socialisation qui conduit **de la nature à la culture**.

Toutefois, Bergson ne considère que l'obéissance au devoir parental et au devoir scolaire. Si l'on envisage l'obéissance au **devoir moral**, il semble difficile de se cantonner à une perspective sociale. Pour Kant, en effet, l'origine du devoir se situe dans la « bonne volonté » qui nous fait accomplir une action par pur respect pour la loi, telle qu'elle est formulée par l'impératif catégorique.

[CONCLUSION]

D'un point de vue biblique, tout se passe comme si nous obéissions parce que nous nous souvenons de l'épisode du jardin d'Éden. Une analyse plus approfondie montre cependant que l'obéissance spontanée des enfants et des adolescents provient de la dissymétrie symbolique qui structure la relation adulte/enfant. Ainsi, non seulement la société est à l'origine de l'obéissance mais l'obéissance est aussi à l'origine de la socialisation.

90 Le bonheur : terminologie et citations clés

I Terminologie

- Composé de *bon*, issu du latin *bonus* (« bon »), et de *heur*, qui signifie « destin favorable » et qui provient du latin *augurium* (« augure, présage, prophétie »), le terme de bonheur signifie à l'origine le « bon augure », c'est-à-dire la **bonne fortune**, la **chance**.

- Le bonheur désigne en général un état de pleine satisfaction dans lequel l'homme réalise ses désirs et ses aspirations, et qui se manifeste par la jouissance de vivre et la confiance en l'existence.

La notion de **bonheur** est intimement liée à celle de **plaisir** et s'oppose par conséquent à celles de malheur et de souffrance.

II Citations

« Vivre heureusement et vivre conformément à la nature est une même chose.

Sénèque, *De la vie heureuse.*

« Il y a des rochers qui s'avancent en pleine mer et qui brisent les flots, sans porter eux-mêmes la moindre trace des chocs furieux qu'ils subissent depuis tant de siècles : l'âme du sage est ainsi.

Sénèque, *De la constance du sage.*

« La béatitude n'est pas la récompense de la vertu, mais la vertu même.

Spinoza, *Éthique.*

« Qu'il s'agisse du plus petit ou du plus grand, il est toujours une chose par laquelle le bonheur devient bonheur : la faculté d'oublier.

Nietzsche, *Seconde Considération inactuelle.*

« Le plaisir est le commencement et la fin de la vie heureuse.

Épicure, *Lettre à Ménécée.*

« Tout plaisir, pris en lui-même et dans sa nature propre, est donc un bien, et cependant tout plaisir n'est pas à rechercher ; pareillement, toute douleur est un mal, et pourtant toute douleur ne doit pas être évitée.

Épicure, *Lettre à Ménécée.*

« Le programme que nous impose le principe de plaisir, devenir heureux, ne peut être accompli, et pourtant il n'est pas permis – non, il n'est pas possible – d'abandonner nos efforts pour le rapprocher d'une façon ou d'une autre de son accomplissement.

Freud, *Malaise dans la culture.*

91 Le bonheur ou la sagesse

I Le bonheur du sage : de la constance à la vertu

- Dans *De la vie heureuse*, **Sénèque** écrit : « Vivre heureusement et vivre conformément à la nature est une même chose » (§ 8). Dès lors, « recevons avec grandeur d'âme tout ce qu'il faut subir en raison de la constitution de l'univers : nous avons prêté le serment de supporter le sort des mortels et de **ne point nous troubler pour ce qui n'est pas en notre pouvoir d'éviter** » (§ 15).
- Fidèle aux **principes stoïciens**, Sénèque considère ainsi l'âme du sage comme un roc imperturbable (ou stoïque) qui ne doit pas être ébranlé par le cours ordinaire des événements : « Il y a des rochers qui s'avancent en pleine mer et qui brisent les flots, sans porter eux-mêmes la moindre trace des chocs furieux qu'ils subissent depuis tant de siècles : l'âme du sage est ainsi. » (*De la constance du sage*, III, 4-5.)
- C'est pourquoi « le bonheur véritable est [...] placé dans la vertu » (*De la vie heureuse*, § 16), conçue comme **détachement** d'avec les plaisirs corporels et instables.

Spinoza va dans le même sens lorsqu'il écrit dans l'*Éthique* (V, 42) : « La béatitude n'est pas la récompense de la vertu, mais la **vertu même** » ; par là, le sage « possède la vraie satisfaction de l'âme ».

II Oublier le passé : la condition pour jouir du présent

- Dans la *Seconde Considération inactuelle* (§ 1), **Nietzsche** écrit : « Qu'il s'agisse du plus petit ou du plus grand, il est toujours une chose par laquelle le bonheur devient bonheur : la **faculté d'oublier**. »
- C'est pourquoi il ne faut pas hésiter à **prendre ses distances avec l'histoire**, qui entretient exagérément la mémoire du passé car il y a « une limite à partir de laquelle le passé doit être oublié si l'on ne veut pas qu'il devienne le fossoyeur du présent ».
- Ainsi, « celui qui ne sait pas s'installer au seuil de l'instant, en oubliant tout le passé [...], celui-là ne saura jamais ce qu'est le bonheur, pis encore : il ne fera jamais rien qui rende les autres heureux ».

92 Le bonheur, entre plaisir et douleur

I Savoir choisir les plaisirs : l'eudémonisme épicurien

- Dans la *Lettre à Ménécée*, **Épicure** écrit : « Le plaisir est le commencement et la fin de la vie heureuse. » « Tout plaisir, pris en lui-même et dans sa nature propre, est donc un bien, et cependant tout plaisir n'est pas à rechercher ; pareillement, toute douleur est un mal, et pourtant toute douleur ne doit pas être évitée. »
- En effet, « chaque plaisir et chaque douleur doivent être appréciés par une comparaison des avantages et des inconvénients à attendre ». « Quand donc nous disons que le plaisir est le but de la vie, nous ne parlons pas des plaisirs des voluptueux inquiets, ni de ceux qui consistent dans les jouissances déréglées, ainsi que l'écrivent les gens qui ignorent notre doctrine, ou qui la combattent et la prennent dans un mauvais sens. »
- Car, poursuit Épicure, « ce n'est pas tout cela qui engendre la vie heureuse, mais c'est le **raisonnement vigilant**, capable de trouver en toute circonstance les **motifs de ce qu'il faut choisir et de ce qu'il faut éviter** ».

Pour Épicure, « le **plaisir** dont nous parlons est celui qui consiste, pour le corps, à ne pas souffrir et, pour l'âme, à être sans trouble ».

II Le bonheur n'est que le négatif de la souffrance

- Dans *Le Monde comme volonté et comme représentation* (§ 58), **Schopenhauer** écrit : « La satisfaction, le bonheur, comme l'appellent les hommes, n'est au propre et dans son essence rien que de **négatif** ; en elle, rien de positif. »
- Par là, il faut entendre que le bonheur n'a **pas de réalité propre**, de contenu réel, mais qu'il n'existe que par l'absence ou la négation d'un autre contenu, qui constitue sa seule réalité : la souffrance. En effet, « la satisfaction, le contentement, ne sauraient être qu'une délivrance à l'égard d'une douleur, d'un besoin » (*ibid.*).
- À l'inverse, « le manque, la privation, la douleur, voilà la chose positive, et qui sans intermédiaire s'offre à nous » (*ibid.*) puisque « la souffrance est le **fond** de toute vie » (§ 56).

93 Le travail psychique du bonheur

I Du gain de plaisir à l'évitement de déplaisir

- Dans *Malaise dans la culture* (II), **Freud** remarque que « c'est simplement le programme du principe de plaisir qui pose la finalité de la vie » en termes de bonheur puisque « la satisfaction pulsionnelle est bonheur ».
- Dès lors, l'aspiration à la vie heureuse a **deux faces** : « Elle veut d'une part que soient absents la douleur et le déplaisir, d'autre part que soient vécus de forts sentiments de plaisir ». Autrement dit, elle se compose d'un but **positif**, « le gain de plaisir », et d'un but **négatif**, « l'évitement de déplaisir ».
- Cependant, face aux trois grandes menaces de la souffrance (en provenance du corps, du monde extérieur et des relations avec autrui), « les hommes n'[ont] cessé de modérer leur prétention au bonheur » et c'est pourquoi, la plupart du temps, « on s'estime déjà heureux de **s'être sauvé du malheur**, d'avoir échappé à la souffrance ».

II La quête du bonheur, à la fois impossible et nécessaire

- De ce qui précède, Freud déduit, toujours dans *Malaise dans la culture* : « Le programme que nous impose le principe de plaisir, devenir heureux, ne peut être accompli, et pourtant il n'est pas permis – non, il n'est pas possible – d'**abandonner nos efforts** pour le rapprocher d'une façon ou d'une autre de son accomplissement. »
- En effet, précise-t-il dans *Le Président T. W. Wilson*, « la mort, la maladie, la perte de l'affection ou de la situation [professionnelle] sont inséparables de la vie humaine et impliquent tous la perte des débouchés de la libido, de sorte que l'homme le plus sage et le plus modéré ne peut espérer garder son bonheur ».

Ainsi, ajoute Freud dans *Malaise dans la culture*, le bonheur « n'est possible que comme **phénomène épisodique** ».

III L'« économie libidinale individuelle »

- Dans *Malaise dans la culture*, Freud achève son propos sur le bonheur par une touche tout de même optimiste : « Le bonheur, dans l'acception modérée où il est reconnu comme possible, est un problème d'économie libidinale individuelle. Il n'y a pas ici de conseil qui vaille pour tous ; **chacun** doit essayer de voir lui-même de quelle façon particulière il peut trouver la béatitude. »

Quiz express

Vérifiez que vous avez bien retenu les points importants des **fiches 90 à 93**.

1 Le bonheur désigne :

☐ **a.** la chance qui favorise la vie des uns au détriment des autres
☐ **b.** le moment du plaisir et la joie qui en découle
☐ **c.** la satisfaction durable des désirs

2 « Vivre heureusement et vivre conformément à la nature est une même chose ». Cette formule est :

☐ **a.** un principe de la morale stoïcienne formulé par Sénèque
☐ **b.** le principe fondateur de l'écologie formulé très tôt par Épicure

3 En quoi consiste le bonheur selon la philosophie stoïcienne ?

☐ **a.** Faire face de manière imperturbable et avec sa raison au cours des événements
☐ **b.** Se passionner énergiquement pour tout ce qui arrive
☐ **c.** Placer la vertu dans la recherche du plaisir

4 Être épicurien signifie :

☐ **a.** rechercher principalement le plaisir des sens dans toutes les situations de la vie
☐ **b.** rechercher systématiquement le plaisir mais par le raisonnement vigilant
☐ **c.** rechercher le plaisir aveuglément, sans se soucier des inconvénients possibles

5 Schopenhauer a écrit :

☐ **a.** « Le plaisir est le commencement et la fin de la vie heureuse »
☐ **b.** « La souffrance est le fond de toute vie »
☐ **c.** « Celui qui ne sait pas s'installer au seuil de l'instant, en oubliant tout le passé [...], celui-là ne saura jamais ce qu'est le bonheur ».

6 Selon Freud, le bonheur véritable consiste à :

☐ **a.** chercher à éviter la douleur et la souffrance, garantie de ne jamais être malheureux
☐ **b.** rechercher le gain de plaisir et la jouissance pulsionnelle, forme achevée du bonheur
☐ **c.** éviter la recherche du plaisir, trop superficielle et incapable de rendre heureux

RÉPONSES

1. c • **2.** a • **3.** a • **4.** b • **5.** b • **6.** b

SUJET 23 | Peut-on être heureux dans l'illusion ?

DISSERTATION

DÉMARRONS ENSEMBLE

- Comme beaucoup d'autres, ce sujet comporte une dimension **provocante** en s'opposant au sens commun, d'après lequel l'illusion ne peut être qu'une mauvaise chose dans laquelle ne se trouve aucun bonheur. Pourtant, l'**association** des deux notions de **bonheur** et d'**illusion** invite à un questionnement problématique qui va plus loin que l'évidence immédiate.
- Afin de progresser de manière logique et didactique, il conviendra de **commencer** le plan du développement par l'examen du présupposé négatif du sujet : l'illusion est un obstacle au bonheur, afin d'envisager ensuite des points de vue plus inattendus, aptes à approfondir l'enquête.
- Comme pour tous les sujets en « Peut-on », vous n'oublierez pas de faire **varier** le sens de la question, selon que l'on interprète le « Peut-on » au sens de la capacité effective (« A-t-on le **pouvoir de** ») ou de l'autorisation morale. (« A-t-on le **droit de** »).

CORRIGÉ

CORRIGÉ RÉDIGÉ

POINT MÉTHODE

Rédiger l'introduction d'une dissertation

- D'une longueur de 10 à 20 lignes (une demi-page au maximum), votre introduction doit impérativement se décomposer en **trois étapes**, facilement repérables sous la forme de trois alinéas.
- La première étape consiste à « **entrer en matière** » en illustrant le paradoxe du sujet, ce qui revient à constater les faits qui justifient d'ouvrir une enquête.
- La deuxième étape consiste à **poser la problématique** en commençant par reprendre le libellé du sujet puis en développant une série de questions (entre 2 et 4 au maximum) : vous devez alors ordonner les questions autour d'une opposition centrale, soit sous la forme d'une **suite linéaire** (A ? B ?), soit sous la forme d'une **alternative** (« A ou bien B ? »).
- La troisième étape consiste à **annoncer** clairement **le plan du développement** que vous allez suivre, même si parfois la problématique est déjà en elle-même une façon d'annoncer le programme de l'enquête.

POINT MÉTHODE

Rédiger la conclusion d'une dissertation

- Plus **brève** que l'introduction à laquelle elle fait écho, la conclusion constitue le moment de vérité de votre dissertation. D'une longueur approximative de 5 à 10 lignes, elle a pour but principal de formuler le **résultat de votre enquête**, autrement dit d'énoncer votre réponse à la problématique.
- Pour ce faire, il est conseillé de procéder en plusieurs temps : d'abord, faites un rapide **résumé** des grandes étapes de votre développement, puis formulez clairement la **réponse** à laquelle vous êtes parvenu, en utilisant des formules frappantes et marquantes qui reprennent le libellé du sujet.
- Pour finir, si vous le souhaitez et si vous avez de quoi le faire, vous pouvez ajouter une petite **ouverture** vers une question connexe, soit au moyen d'une citation appropriée, soit au moyen d'une question qui suscite l'intérêt de votre lecteur.

[Le corrigé suivant est présenté sous forme de plan détaillé. Les titres en gras ne doivent en aucun cas figurer dans votre copie.]

[INTRODUCTION]

Comme le souligne Pascal dans ses *Pensées*, « tous les hommes recherchent d'être heureux ; cela est sans exception ; quelques différents moyens qu'ils y emploient, ils tendent tous à ce but ». Cependant, comme le souligne Freud dans *Malaise dans la culture*, « il y a beaucoup moins de difficultés à faire l'expérience du malheur » que du bonheur, tant la souffrance nous menace de tous côtés, en provenance du corps, du monde extérieur ou des relations avec autrui. C'est pourquoi, selon lui, la recherche du bonheur se confond la plupart du temps avec celle du meilleur moyen d'éviter la souffrance, comme la sublimation, les jouissances de l'amour, ou les stupéfiants en tout genre (drogues).

On peut commencer l'introduction par un constat (exemple, citation, etc.) que l'on nuance ensuite par un constat ou une référence opposée, afin de **créer de la contradiction** en vue d'énoncer la problématique.

Dès lors, on peut se demander si l'illusion contribue au bonheur, en donnant aux hommes un moyen de soulager leurs souffrances, ou bien si, au contraire, elle ne fait que les précipiter dans la déception et la douleur. En quoi l'illusion est-elle un obstacle au bonheur ? N'y a-t-il pas, cependant, des illusions qui rendent heureux ? Quel bonheur l'illusion est-elle susceptible de procurer ?

I L'illusion est un obstacle au bonheur

1. L'illusion est une tromperie des sens

Comme l'a bien montré Platon au livre VII de *La République* au moyen de la célèbre allégorie de la Caverne, l'illusion est une **tromperie des sens** qui nous fait croire à un monde de chimères en tout point opposé à la réalité véritable, dont la connaissance seule peut nous apporter le repos de l'âme et la béatitude.

C'est là en effet toute la quête du sage qui, s'éloignant des plaisirs des sens et du corps, doit tâcher de s'élever à la vertu, en quoi consiste, selon Spinoza, la « vraie satisfaction de l'âme ».

2. L'illusion est source de déception et de souffrance : la désillusion

- Chacun fait un jour l'expérience de la désillusion, dans laquelle il découvre qu'il s'était trompé, que ce qu'il avait cru était faux. Ainsi, en 1492, Christophe Colomb croit découvrir les Indes, alors qu'il mettait en réalité le pied sur le sol américain.
- Mais, comme le souligne Freud dans *L'Avenir d'une illusion*, « **une illusion n'est pas la même chose qu'une erreur** ». Selon lui, il faut appeler « une croyance *illusion* lorsque, dans sa motivation, l'accomplissement d'un désir vient au premier plan ». Dès lors, toute illusion est une déception potentielle.

II Cependant, il y a des illusions qui rendent heureux

1. L'illusion protège contre la souffrance

Dans *Malaise dans la culture*, Freud dresse la liste de tous les procédés par lesquels, dans la conduite de leur vie, les hommes cherchent à éviter la souffrance. L'un des plus efficaces consiste à produire des **satisfactions substitutives** qui diminuent la souffrance de l'existence : dans ce cas, écrit-il, « la satisfaction est obtenue à partir d'illusions, que l'on reconnaît comme telles, sans se laisser troubler dans leur jouissance par le fait qu'elles s'écartent de la réalité effective. Le domaine d'où sont issues ces illusions est celui de la **vie de fantaisie** ». Par là il faut entendre les productions de notre **imagination**, des rêves aux œuvres d'art.

2. L'illusion artistique procure joie et plaisir

Dans *Le Livre du philosophe*, Nietzsche écrit que « la vie a besoin d'illusions, c'est-à-dire de non-vérités tenues pour des vérités ». Pour lui, il s'agit principalement des **illusions de l'art** en tant qu'elles constituent l'un des plus grands bonheurs de l'existence.

En effet, écrit Nietzsche, « nous ne vivons que grâce à des illusions » et « nous avons donc besoin, pour vivre, de l'art à chaque instant ».

III L'illusion ne procure qu'un bonheur superficiel et insuffisant

1. Les joies de l'illusion sont superficielles

Dans la *Lettre à Élisabeth* du 6 octobre 1645, Descartes écrit : « Voyant que c'est une plus grande perfection de connaître la vérité, encore même qu'elle soit à notre désavantage, que l'ignorer, j'avoue qu'il vaut mieux **être moins gai et avoir plus de connaissance** » car ce n'est « pas toujours lorsqu'on a le plus de gaieté qu'on a l'esprit plus satisfait ». Dès lors, il n'y a rien de bon « à se tromper, en se repaissant de fausses imaginations ; car tout le plaisir qui en revient, ne peut toucher que la superficie d'âme ».

2. Les joies de l'illusion sont insuffisantes

Dans *Malaise dans la culture*, après avoir reconnu que les illusions de la **vie de fantaisie** peuvent nous apporter de la satisfaction, Freud ajoute que « celui qui est réceptif à l'influence de l'art ne saurait la tenir en assez haute estime comme source de plaisir et comme consolation dans la vie » car « la **douce narcose** dans laquelle nous plonge l'art ne fait pas plus que soustraire fugitivement aux nécessités de la vie et n'est pas suffisamment forte pour faire oublier une misère réelle ».

[CONCLUSION]

Toute la tradition philosophique depuis Platon condamne l'**illusion** comme source d'erreur contraire à la raison qui, seule, peut mener au bonheur. Au premier abord, il semble donc inconcevable que l'illusion puisse rendre heureux d'une quelconque manière. Cependant, nous avons vu que, dans la vie artistique et imaginaire, de grandes sources de plaisir, de joie et de bonheur proviennent d'illusions fabriquées dans ce but.

Dès lors, il faut considérer la **capacité de l'illusion** à produire du bonheur de façon mesurée : les illusions peuvent être source de bonheur quand nous n'en sommes pas les esclaves inconscients, mais quand, au contraire, nous pouvons consciemment et délibérément choisir de nous laisser porter par elles, chacun à la manière qu'il sait lui convenir, sans perdre pied avec la réalité.

La conclusion doit commencer par rappeler le plan suivi dans développement, puis s'achever sur l'idée principale que vous souhaitez défendre en vue de répondre à la question posée.

Repères

FICHES

FICHE 94. Absolu – Relatif ... 236
FICHE 95. Abstrait – Concret ... 237
FICHE 96. En acte – En puissance ... 238
FICHE 97. Analyse – Synthèse ... 239
FICHE 98. Cause – Fin ... 240
FICHE 99. Contingent – Nécessaire – Possible ... 241
FICHE 100. Croire – Savoir ... 242
FICHE 101. Essentiel – Accidentel ... 243
FICHE 102. Expliquer – Comprendre ... 244
FICHE 103. En fait – En droit ... 245
FICHE 104. Formel – Matériel ... 246
FICHE 105. Genre – Espèce – Individu ... 247
FICHE 106. Idéal – Réel ... 248
FICHE 107. Identité – Égalité – Différence ... 249
FICHE 108. Intuitif – Discursif ... 250
FICHE 109. Légal – Légitime ... 251
FICHE 110. Médiat – Immédiat ... 252
FICHE 111. Objectif – Subjectif ... 253
FICHE 112. Obligation – Contrainte ... 254
FICHE 113. Origine – Fondement ... 255
FICHE 114. Persuader – Convaincre ... 256
FICHE 115. Ressemblance – Analogie ... 257
FICHE 116. Principe – Conséquence ... 258
FICHE 117. En théorie – En pratique ... 259
FICHE 118. Transcendant – Immanent ... 260
FICHE 119. Universel, général – Particulier, singulier ... 261

94 Absolu – Relatif

I Absolu

Du latin *absolutus* (« détaché, achevé, parfait »), qui provient du verbe *absolvere* (« détacher de, délier, dégager »), le terme « absolu » s'applique en premier lieu à tout ce qui est sans conditions ou **inconditionné**, c'est-à-dire détaché de toute dépendance à autre chose que soi-même. Ainsi, en mathématiques, on parle de la « valeur absolue » d'un « nombre relatif » pour désigner sa valeur numérique **indépendamment** de son signe algébrique (c'est-à-dire sans son signe + ou –).

Est **absolu** tout ce qui existe en soi en tant que cela est indépendant, inconditionné et potentiellement illimité ; en ce sens, l'absolu est toujours immuable.

En second lieu, le terme d'absolu s'applique à tout ce qui est sans limites ou **illimité**, c'est-à-dire potentiellement infini. Ainsi, en politique, on parle de « monarchie absolue » ou d'**absolutisme** lorsque le pouvoir du souverain n'est soumis à aucune limite ni aucun contrôle ou, chez les philosophes classiques, on parle de Dieu comme l'être absolu par excellence.

II Relatif

Du latin *relativus* (« qui est en rapport avec »), qui provient de *relatio* (« rapport, relation »), le terme « relatif » s'applique au contraire à tout ce qui est **relié** et **subordonné** à autre chose que soi-même, en tant que ce lien constitue une dépendance, une limitation ou une restriction. Ainsi, en grammaire, on parle de « pronom relatif » pour désigner un mot qui sert à relier une proposition subordonnée (dite « relative ») à un nom ou pronom qu'il représente et qui est son antécédent. Comme le souligne Aristote dans son traité des *Catégories* (chapitre 7), « on appelle relatives ces choses dont tout l'être consiste en ce qu'elles sont dites dépendre d'autres, ou se rapporter de quelque autre façon à autre chose ».

Est **relatif** tout ce qui existe en autre chose que soi selon une relation de dépendance et de limitation ; en ce sens, le relatif est toujours variable

Le **relativisme** est ainsi la doctrine selon laquelle les opinions, les vérités ou les valeurs sont relatives, c'est-à-dire dépendantes de conditions particulières et déterminées dans lesquelles elles changent. On parle ainsi de *relativisme moral* dans l'ordre des jugements de valeur (le bien et le mal varient selon les époques et les sociétés) ou de *relativisme esthétique* dans l'ordre des jugements de goût (les « goûts et les couleurs » varient selon les individus). Le premier représentant de cette doctrine fut le sophiste Protagoras dont le *Traité de la vérité* commençait par ces mots : « L'homme est la mesure de toutes choses ».

95 Abstrait – Concret

I Abstrait

Du latin *abstractus* (« abstrait »), qui provient de *abstrahere* (« éloigner de, détacher de, séparer de »), le terme « abstrait » s'applique en général au résultat de l'opération d'**abstraction**, qui consiste à **isoler par la pensée** un objet d'un autre afin de le considérer en lui-même et pour lui-même (par exemple, *abstraire* le sujet *de* l'objet). Ainsi, on considère que les concepts philosophiques sont des idées abstraites, au sens où ce sont des **idées générales** détachées des cas particuliers qui les illustrent. C'est pourquoi, selon Whitehead dans *Procès et réalité* (I, 1, 4), « l'étude de la philosophie est un voyage en quête des généralités les plus grandes » au sens où celles-ci « rendent plus lucide notre appréhension des faits d'expérience ». On appelle parfois **êtres de raison** les idées générales et abstraites, parmi lesquels on trouve aussi les objets mathématiques (nombres, figures, etc.), au sens où ils n'existent que par et pour la raison humaine.

Est **abstrait** tout ce qui est intellectuel et général.

Plus particulièrement, le terme « abstrait » s'applique en philosophie à tout ce qui a une existence **séparée du sensible** et **isolée de la matière**, c'est-à-dire une pure existence **idéelle** ou **intellectuelle** pour et dans un esprit. Ainsi, chez Platon, les Idées ou essences intelligibles sont des êtres purement abstraits puisqu'elles définissent « ce que chacun des êtres est en lui-même et sans mélange » (*Phédon*, 66a), c'est-à-dire sans mélange avec le sensible.

II Concret

Du latin *concretus* (« épais, condensé, compact »), qui provient de *concrescere* (« croître par agrégation, s'épaissir, se durcir »), le terme « concret » s'applique au contraire à tout objet réel constituant une **entité matérielle perceptible par les sens**, et faisant partie de notre expérience immédiate. Dans le domaine de la peinture et des arts plastiques, on entend ainsi par *abstrait* une œuvre non-figurative, c'est-à-dire qui n'imite pas les réalités du monde sensible.

Est **concret** tout ce qui est sensible et particulier.

96 En acte – En puissance

I Définition

■ L'expression « en acte » (en grec, *energeia*) et l'expression « en puissance » (en grec, *dunamis*) sont issues du vocabulaire philosophique d'Aristote et qualifient, pour chaque chose, **deux modes d'existence différents**.

Est **en puissance** tout ce qui a la capacité de se produire sans être actuellement réalisé.
Est **en acte** tout ce qui est en train de se réaliser.

■ Du latin *actus* (« mouvement »), l'expression « en acte » désigne le caractère de **ce qui est effectivement en train de se produire** ou de se réaliser (action), par opposition à l'expression « en puissance » (du latin *posse*, « pouvoir, être capable de »), qui désigne le caractère de ce qui est **potentiel ou virtuel**, c'est-à-dire de ce qui peut se produire ou se réaliser, mais n'est pas actuellement accompli (pouvoir d'agir).

II Exemples

■ Dans *La Métaphysique* (Δ, 6), Aristote en donne les exemples suivants : « L'acte sera alors comme l'être qui bâtit est à l'être qui a la faculté de bâtir, l'être éveillé à l'être qui dort, l'être qui voit à celui qui a les yeux fermés mais possède la vue, ce qui a été séparé de la matière à la matière, ce qui est élaboré à ce qui n'est pas élaboré. Donnons le nom d'**acte** au premier membre de ces diverses relations, l'autre membre, c'est la **puissance** ». Autrement dit, il y a deux façons d'exister pour une même chose : soit elle **existe en puissance**, soit elle **existe en acte**.

■ Autre exemple : si j'ai l'idée de sculpter dans le bois une statue du dieu Hermès, alors, tant que la statue n'est pas réalisée, « Hermès existe en puissance dans le bois » ; mais, dès le moment où je réalise la statue, alors Hermès existe en acte dans le bois.

III Conclusion

■ « L'acte est donc le fait pour une chose d'exister en réalité et non de la façon dont nous disons qu'elle existe en puissance », poursuit Aristote. En ce sens, toutes les facultés (voir, sentir, penser, etc.) sont des puissances, dont la caractéristique essentielle est qu'elles peuvent s'actualiser.

■ Notez que l'acte pleinement accompli et achevé s'appelle chez Aristote entéléchie, au sens où il réalise complètement sa fin *(telos)*.

Existe en **entéléchie** tout ce qui est pleinement accompli et réalisé.

97 Analyse – Synthèse

I Analyse

Du grec *analuô* (« décomposer, dissocier, diviser »), l'analyse *(analusis)* désigne l'opération de **décomposition d'un tout en ses parties**, permettant d'obtenir la *résolution* d'un problème par sa *dissolution*. Ainsi, en chimie et en biologie, l'analyse consiste à décomposer et à évaluer les corps simples qui entrent dans la composition d'une substance (analyse de sang, analyse d'urine) ou, en grammaire, à décomposer la phrase afin de définir la nature et la fonction des mots (analyse logique).

L'analyse consiste donc à séparer les éléments constituants d'un ensemble afin de procéder à leur étude minutieuse.

L'**analyse** consiste à passer **de l'un au multiple** : c'est la division et la décomposition ; la **synthèse** consiste à passer **du multiple à l'un** : c'est la combinaison et la réunion.

II Synthèse

Du grec *sun* (« avec, ensemble ») et *thêsis* (« position »), dérivé de *tithêmi* (« poser, placer, mettre »), la synthèse *(sunthêsis)* est l'action de **mettre ensemble** des composants différents. Elle désigne donc l'opération inverse de l'analyse puisqu'elle consiste à **réunir** ou rassembler au sein d'une totalité **plusieurs éléments séparés**.

Ainsi, en biochimie, la synthèse consiste à combiner des corps simples afin de produire des substances complexes (synthèse des protéines, photosynthèse). De même, dans la culture générale, on appelle « synthèse » une vue d'ensemble qui fait le point sur un sujet en **rassemblant** les principales données à connaître.

III Référence

Chez **Kant**, l'analyse et la synthèse sont utilisées pour différencier deux catégories de jugements. Un jugement est le fait d'affirmer ou de nier une relation entre deux termes (exemple : « La Terre est ronde »). Selon Kant, il existe des jugements dans lesquels le deuxième terme (*prédicat*) se déduit de la décomposition du premier terme (*sujet*). C'est pourquoi il les appelle **jugements analytiques**. Par exemple, le jugement « La Terre est une planète ».

Mais il existe aussi des jugements dans lesquels le deuxième terme (*prédicat*) n'est pas contenu dans le premier (*sujet*) et ne peut donc pas être tiré de lui par analyse. Kant les appelle **jugements synthétiques** parce qu'ils posent ensemble (*synthèse*) le prédicat et le sujet sans que l'un puisse être déduit de l'autre. Par exemple, le jugement « La Terre pèse $5{,}97 \times 10^{24}$ kg ».

98 Cause – Fin

I Cause

■ Du latin *causa* (« cause, motif, raison, prétexte »), le terme de « cause » désigne de manière générale ce qui est à l'**origine** d'une chose quelconque (phénomène naturel, action humaine, etc.).

■ La **cause** est donc une chose qui **occasionne** ou **engendre** une autre chose, au sens où elle exerce une action modificatrice sur celle-ci, c'est-à-dire produit un **effet**. Par exemple, « dès que l'on nous pique nous sentons de la douleur », écrit Malebranche dans les *Conversations chrétiennes* (Entretien I) : l'épine qui nous pique est cause de la douleur qui nous affecte.

II Fin

■ Du latin *finis* (« limite, borne, terme, achèvement, but »), la fin s'entend principalement en deux sens : en premier lieu, elle désigne le **terme** comme point de cessation (la « fin de la vie » ou « la fin du film ») ; en second lieu, elle désigne le **but ou** la **finalité** comme point de visée (« la fin de la science est la vérité »).

■ Ce n'est que par adaptation du grec *telos*, qu'elle désigne parfois l'**état d'achèvement** comme point de perfection (« la fin ultime de l'existence est le bonheur »).

III Références

■ Dans *La Métaphysique* (A, 3), **Aristote** expose sa célèbre théorie des quatre causes :

- 1. la **cause formelle** est la « quiddité » de la chose, c'est-à-dire « la notion de cette chose » ou la définition de son essence (par exemple, le concept d'Athéna comme déesse de la cité pour une statue d'Athéna) ;

- 2. la **cause matérielle** est « la matière ou le substrat » de la chose, c'est-à-dire ce dont elle est faite (le marbre de la statue d'Athéna) ;

- 3. la **cause motrice** (ou cause efficiente) est « le principe d'où part[ent] le mouvement » et le changement, c'est-à-dire ce qui a effectivement engendré la chose (le travail de Phidias qui a sculpté la statue d'Athéna) ;

- 4. la **cause finale** est « ce en vue de quoi » la chose est faite, c'est-à-dire la fin ou finalité de la chose (l'exposition de la statue d'Athéna dans le Parthénon, temple d'Athéna).

> Des **quatre causes** d'Aristote, il ne subsiste dans l'usage actuel que la **cause motrice** et la **cause finale**, que l'on appelle respectivement **cause** et **fin**.

99 Contingent – Nécessaire – Possible

I Possible

Du latin *posse* (« pouvoir, être capable de »), le terme « possible » s'applique à tout ce qui a la **capacité de se produire** mais ne s'est pas encore accompli, c'est-à-dire à tout ce qui existe **en puissance**. Autrement dit, est possible ce qui remplit les conditions nécessaires pour exister ou se produire, sans que cela implique une réalisation effective. Par exemple, il est possible qu'il pleuve demain, ce qui ne veut pas dire qu'il pleuvra effectivement.

II Contingent

- En ce sens, la **possibilité** fait partie de la **contingence**. En effet, le terme « contingent » (du latin *contingere*, « toucher, atteindre, échoir, se produire ») s'applique à tout **ce qui peut être autrement** qu'il n'est ou ne pas être du tout. Ainsi, un fait contingent est un fait qui s'est produit effectivement (en cela, il est « réel » et non « possible »), mais qui aurait pu ne pas se produire ou bien se produire autrement. Par exemple, aujourd'hui, il a plu : cela aurait pu être autrement. Par conséquent, **est contingent ce qui enveloppe d'autres possibles**.

- Toutefois, malgré leur parenté apparente, il ne faut pas confondre le « **hasard** » **et** la « **contingence** » : un fait dû au hasard est un fait qui semble indéterminé (sans cause identifiable ou identifiée), alors qu'un fait contingent est un fait déterminé, mais qui aurait pu être déterminé autrement.

> Est **possible** ce qui est en puissance ; est **contingent** ce qui pourrait être autrement ; est **nécessaire** ce qui ne peut pas être autrement.

III Nécessaire

- Au contraire, le terme « nécessaire » (du latin *necesse*, « inévitable, inéluctable, obligatoire »), s'applique à tout **ce qui ne peut pas être autrement**, qu'il s'agisse de faits ou de phénomènes, de propositions ou de relations logiques, voire de valeurs morales. Comme le souligne Aristote dans *La Métaphysique* (Δ, 5), « la nécessité présente l'idée de quelque chose d'**inflexible** ».

- En effet, poursuit-il, « quand une chose ne peut pas être autrement qu'elle n'est, nous disons qu'il est **nécessaire** qu'il en soit ainsi ». Autrement dit, « la nécessité est ce en vertu de quoi il est impossible qu'une chose soit autrement ». En ce sens, « la démonstration fait partie des choses nécessaires, parce qu'il est impossible que la conclusion soit autre qu'elle n'est ». Par exemple, il n'est pas possible que la somme des trois angles d'un triangle ne soit pas égale à celle de deux angles droits.

100 Croire – Savoir

I Croire

Du latin *credere* (« confier en prêt, avoir confiance, croire »), le verbe « croire » signifie **tenir une chose pour vraie** sans en avoir la preuve, c'est-à-dire accorder du *crédit* ou donner *créance* à une idée ou à une doctrine, sans autre justification que le seul **assentiment**. Par exemple, le fait de *croire* que le soleil se lèvera demain ne repose sur rien d'autre que sur une adhésion spontanée de l'esprit.

En outre, en matière religieuse, le verbe « croire » signifie **avoir la foi** ou être croyant, c'est-à-dire adhérer à l'idée qu'il existe une réalité divine. En cela, la croyance a en commun avec l'**opinion** de n'avoir **aucun fondement objectif**. En effet, dans la *Critique de la raison pure* (partie II, chapitre II, troisième section), Kant écrit que « l'*opinion* est une croyance qui a conscience d'être insuffisante aussi bien subjectivement qu'objectivement ». Et « si la croyance n'est que subjectivement suffisante et si elle est en même temps tenue pour objectivement insuffisante, elle s'appelle *foi* ».

La **croyance** est une conviction subjective (valable pour soi) issue d'un assentiment personnel, tandis que le **savoir** est une certitude objective (valable pour tous) issue d'une démonstration nécessaire.

II Savoir

Au contraire, le verbe « savoir » (du latin *sapere*, « avoir de l'intelligence, connaître, comprendre »), désigne l'acte de **connaître**, c'est-à-dire de se forger une **représentation objective** de la réalité qui constitue une **vérité rationnelle** et **démonstrative**.

Par exemple, le fait de *savoir* que la circonférence de la Terre est égale à 40 009 kilomètres constitue une connaissance apodictique (nécessairement vraie) car elle résulte d'un calcul mathématique incontestable. En ce sens, comme le souligne Aristote dans les *Seconds Analytiques*, « le savoir porte sur ce dont on possède la **démonstration** » (I, 1) puisque « la démonstration a pour objet une conclusion **nécessaire** » (I, 6).

101 Essentiel – Accidentel

I Essentiel

Du latin *essentia* (« essence, nature d'une chose »), qui provient de *esse* (« être, exister »), le terme « essentiel » qualifie tout ce qui rapporte à l'**essence**. Par là, on entend l'**être fondamental** d'une chose, c'est-à-dire l'ensemble de ses caractères constitutifs et nécessaires qui font qu'elle ne peut pas être autrement qu'elle n'est et sans lesquels elle ne serait pas.

C'est ce qu'on appelle aussi sa **quiddité** (du latin *quid*, « quoi »), c'est-à-dire ce qui répond à la question *quid sit ?* (qu'est-ce que c'est ?), par opposition à la question *an sit ?* (est-ce que cela existe ?). En ce sens, comme le souligne Aristote dans *La Métaphysique* (Z, 4), « la quiddité d'un être est son essence individuelle et déterminée », c'est-à-dire la définition de son *être-tel* ou « **talité** » (caractère d'être *tel* qu'on est et pas autrement), en tant qu'elle est distincte de son existence.

C'est ce que Platon désigne dans le *Phédon*, à propos des Idées ou formes intelligibles, comme « ce mode d'être essentiel dont le nom signifie “ce que c'est” » (92 d), c'est-à-dire « ce que chacun des êtres est en lui-même » (66 a) et qui « constitue son essence *(ousia)* » (65 d-e). Par exemple, le dossier d'une chaise fait partie de ses caractères essentiels : si on le supprime, on supprime la chaise et on obtient à la place un tabouret.

> Est **essentiel** ce qui constitue un attribut fondamental et nécessaire ; est **accidentel** ce qui constitue un attribut superficiel et contingent. En ce sens, dans une chose, tout ce qui n'est pas essentiel est accidentel, et réciproquement.

II Accidentel

Du latin *accidentalis* (« accidentel »), qui provient de *accidere* (« tomber sur, arriver, se produire »), le terme « accidentel » qualifie au contraire tout ce qui appartient, dans une chose, à ses **accidents**. Par là, on entend tous les **attributs secondaires et contingents** qui affectent son essence sans la modifier et que l'on peut supprimer sans supprimer la chose elle-même.

En effet, selon Aristote dans *La Métaphysique* (Δ, 30), « *accident* se dit de ce qui appartient à un être et peut en être affirmé avec vérité, mais n'est pourtant **ni nécessaire, ni constant** ». Par exemple, la couleur rouge d'une chaise constitue un accident : cela n'est ni nécessaire ni constant pour une chaise d'être rouge. De même, c'est par accident que l'on est musicien ou architecte, blond ou brun, juif ou arabe. Pour Aristote, en effet, « la quiddité de chaque être, c'est ce qu'il est dit être par soi » : « Être toi, en effet, ce n'est pas être musicien, car ce n'est pas par toi que tu es musicien ; ta quiddité est donc ce que tu es par toi » (*La Métaphysique*, Z, 4).

102 Expliquer – Comprendre

I Expliquer

Du latin *explicare* (« déployer, dérouler, développer »), qui provient de *plicare* (« plier, enrouler »), lui-même issu du grec *plekô* (« tresser, entrelacer »), le verbe « expliquer » s'entend en deux sens.

En premier lieu, il se rapporte à la problématique de la **signification**, en référence au **langage** et à l'interprétation, et désigne l'acte de **faire comprendre**, c'est-à-dire l'acte de restituer le **sens** d'un **énoncé** en le rendant *compréhensible* et *accessible* à un autre que soi grâce à diverses reformulations de cet énoncé. Par exemple, expliquer un texte philosophique, c'est faire pleinement la lumière sur son sens en le reformulant. Autrement dit, le but de l'acte d'expliquer, c'est de comprendre.

En second lieu, le verbe « expliquer » se rapporte à la problématique de la **connaissance**, en référence à la science, et désigne l'acte de **rendre raison**, c'est-à-dire de donner la cause, la raison d'être, la justification d'un phénomène, en révélant les **lois** auxquelles il obéit. En ce sens, la science explique les phénomènes, puisqu'elle consiste, selon Auguste Comte, dans « la simple recherche des lois, c'est-à-dire des notions constantes qui existent entre les phénomènes observés » (*Discours sur l'esprit positif*, I, 1, § 12). Expliquer ou rendre raison, c'est là aussi révéler le sens des choses, mais à partir d'une interprétation rationnelle de la nature.

> **Comprendre**, c'est recevoir le sens en soi par l'acte de concevoir au moyen de l'intellect ; **expliquer**, c'est restituer le sens à un autre par l'acte de communiquer au moyen du langage.

II Comprendre

Du latin *comprehendere* (« saisir ensemble, embrasser, entourer » puis « saisir par l'intelligence, embrasser par la pensée »), le verbe « comprendre » désigne l'acte de **concevoir** au moyen de l'**intellect**, c'est-à-dire de se forger une **représentation** claire et distincte du sens d'un phénomène, d'un théorème, d'un énoncé, etc.

Contrairement à l'acte d'expliquer, qui implique une communication avec un locuteur, l'acte de comprendre est donc une pure **opération intériorisée de l'esprit**. Comme le souligne Descartes dans la sixième des *Méditations métaphysiques* (§ 4), « l'esprit en concevant se tourne en quelque façon vers soi-même, et considère quelqu'une des idées qu'il a en soi ».

103 En fait – En droit

I Définitions

Du latin *factum* (« fait, action, entreprise »), qui provient de *facere* (« faire »), l'expression « en fait » ou « de fait » (en latin *de facto*) s'applique à **tout ce qui existe effectivement** dans la réalité, c'est-à-dire tout ce qui est actuellement inscrit dans l'ordre des faits (ou « factuel »).

Du latin *directus* (« qui est en ligne droite, aligné, ordonné »), l'expression « en droit » ou « de droit » (en latin *de jure*) se réfère à la justice et s'applique au contraire à **tout ce qui doit être**, *légalement* (dans l'ordre juridique des lois) ou *légitimement* (dans l'ordre éthique des valeurs), c'est-à-dire tout ce qui est conforme aux principes du droit, que ce soit le droit positif ou le droit naturel. Par exemple, les crimes existent *en fait*, mais sont condamnés *en droit*.

Existe **en fait** tout **ce qui est** (réellement et objectivement) ; existe **en droit** tout **ce qui doit être** (légalement ou légitimement).

II Références

Dans *Le Prince* (chapitre 15), Machiavel se demande « quels doivent être les façons et gouvernement d'un prince avec ses sujets et avec ses amis » et prend le parti de rechercher des **vérités de fait** : « Mon intention étant d'écrire chose utile à qui l'entend, il m'a paru plus pertinent de me conformer à la vérité effective de la chose qu'aux imaginations qu'on s'en fait. »

Dans *Du contrat social* (dont le sous-titre est : « Principes du droit politique »), Rousseau choisit quant à lui de rechercher des **vérités de droit** : « Je veux chercher si dans l'ordre civil il peut y avoir quelque règle d'administration légitime et sûre, en prenant les hommes tels qu'ils sont, et les lois telles qu'elles peuvent être » (livre I). Dans la première version de l'ouvrage, dite « Manuscrit de Genève », il affirme encore plus clairement : « Je cherche le droit et la raison et ne discute pas des faits. »

104 Formel – Matériel

I Formel

■ Du latin *forma* (« forme, conformation, type »), le terme « formel » qualifie tout ce qui se rapporte à la **forme**. Par là, on entend en premier lieu les **contours géométriques** d'un objet grâce auxquels il se distingue des autres et peut être identifié et reconnu : c'est ce qu'on appelle la **figure**. Par exemple, un globe n'a pas la même forme qu'un cube.

■ En second lieu, la forme désigne l'ensemble des traits caractéristiques d'une chose quelconque, qu'il s'agisse d'une réalité concrète (corps, objets, etc.) ou abstraite (idée, mot, etc.), c'est-à-dire l'ensemble des **caractères communs** propres à une classe d'êtres. Ainsi, la forme désigne chez Platon l'essence intelligible (le beau en soi) de chaque chose sensible et particulière (un corps beau) et, chez Aristote, la cause formelle ou quiddité.

Est **formel** ce qui se rapporte à un contenant, à un aspect, à une structure, à un « comment » ; est **matériel** ce qui se rapporte à un contenu (abstrait ou concret), à des éléments constituants ou composants, à un « quoi ».

II Matériel

■ Du latin *materia* (« bois de construction, matériaux »), le terme « matériel » qualifie au contraire tout ce qui appartient à la **matière**, par opposition à la forme. Par là, il faut entendre la **substance des corps sensibles**, en tant qu'ils font l'objet d'une perception dans l'espace et dans le temps. Par exemple, le morceau de cire dont parle Descartes dans la deuxième Méditation change de *forme* lorsqu'on l'approche du feu mais conserve sa *matière*, en passant de l'état solide à l'état liquide.

■ Par extension, la matière est devenue synonyme de **contenu**, par exemple dans des expressions comme : « entrer en matière » (contenu du discours) ou « table des matières » (contenu d'un livre).

III Références

■ Depuis **Aristote**, qui définit la sensation comme « la faculté apte à recevoir les formes sensibles sans la matière », jusqu'à **Kant**, qui distingue entre la matière de la **connaissance** (l'intuition ou ce qui est donné par la sensation) et sa forme (les concepts ou ce qui est pensé par l'entendement), la distinction entre « formel » et « matériel » s'est enrichie d'emplois très différents.

■ Par exemple, en logique, on distingue la **vérité matérielle** d'une proposition (ou vérité-correspondance) de sa **vérité formelle** (ou vérité-cohérence).

105 Genre – Espèce – Individu

I Genre

Du latin *genus* (« génération, race, espèce, genre, sorte »), le « genre » est un terme de logique qui désigne une **classe d'objets** possédant un ou plusieurs caractères communs (par exemple, l'ensemble des caractéristiques propres à la classe des animaux constitue le genre animal). En ce sens, comme le souligne Aristote dans *La Métaphysique* (Δ, 28), « ce qui est comme le premier élément constituant, qui est affirmé dans l'essence, c'est le genre ».

Notez que le terme « **générique** » désigne tout ce qui se rapporte à un genre (par exemple, la faculté de sentir est un caractère générique propre à tous les animaux) mais, en tant qu'il concerne la totalité des individus d'une classe, on l'appelle aussi « **général** ».

Un **genre** est une somme de caractères généraux définissant une classe d'objets constitués comme des sous-classes ; chaque sous-classe d'un genre constitue une somme de caractères spécifiques appelée **espèce** ; et chaque élément indivis inclus dans une espèce constitue un **individu**.

II Espèce

Du latin *species* (« ensemble de traits caractéristiques, aspect, type »), le terme « espèce » désigne chacune des **sous-classes d'objets** en lesquelles un genre peut être divisé (par exemple, l'ensemble des caractéristiques propres à la sous-classe des chiens constitue l'espèce des chiens).

Notez que le terme « **spécifique** », quant à lui, désigne tout ce qui se rapporte à une espèce (par exemple, le fait d'avoir une queue est un caractère spécifique des chiens).

III Individu

Du latin *individuus* (« indivisible, atome »), le terme « individu » désigne chacun des **objets singuliers** qui composent une classe et qui ne peuvent pas être divisés en sous-éléments (par exemple, mon chien Médor).

Notez que le terme « **indivis** » se rapporte à chaque individu singulier d'une classe et désigne son indivisible individualité (mon chien Médor est indivis). On appelle **subsumer** le fait de penser un individu comme compris dans une espèce, ou une espèce comme comprise dans un genre (par exemple, subsumer l'espèce des chiens sous le genre animal).

106 Idéal – Réel

I Idéal

Du latin *idea* (« idée, type des choses »), le terme « idéal » qualifie en premier lieu tout ce qui a seulement une **existence intellectuelle** dans et pour un **esprit**, c'est-à-dire tout ce qui constitue une représentation abstraite ou **idée**, en tant que cela est un **objet de pensée** pour un **sujet pensant**. En ce sens, le terme « idéal » est synonyme de « **idéel** ». On appelle classiquement « **idéat** » l'objet d'une idée, c'est-à-dire la chose dont elle forme la représentation, que cette chose existe ou non en dehors de l'esprit. Par exemple, l'idée de soleil a pour idéat le soleil. Ainsi Spinoza écrit dans l'*Éthique* (livre I, axiome 6) : « L'idée vraie doit convenir avec son idéat » (vérité-correspondance, page 000). Dans la philosophie de Platon, le terme Idée *(eidos)* a toutefois un sens particulier : il désigne la forme en soi qui constitue, pour chaque **chose sensible** et changeante, son **essence intelligible** et permanente, en tant qu'elle est son **être vrai** : par exemple, la justice idéale ou justice en soi par différence avec les actes justes. En ce sens spécifiquement platonicien, le terme « idéal » est synonyme d'« **intelligible** ».

En second lieu, le terme « idéal » s'applique à tout ce qui possède un certain **degré d'élévation et de perfection**, comme lorsqu'on parle de la « beauté idéale » dans le domaine esthétique. Lorsque ce degré de perfection est trop élevé pour être atteint, l'idéal s'entend alors comme ce qui est **irréalisable** et n'existe que dans l'**imagination** : par exemple, dans le domaine amoureux, on parle de l'« homme idéal » ou de la « femme idéale », ou dans le domaine politique, de la « société idéale ». En ce sens, le terme « idéal » signifie chimérique ou utopique (« qui n'existe dans aucun lieu », du grec *topos*, « lieu »), c'est-à-dire précisément ce qui n'est **pas réel**.

> Ce qui est **idéal** existe dans l'esprit sous la forme d'une **idée** abstraite et formelle, tandis que ce qui est **réel** existe hors de l'esprit sous la forme d'une **chose** concrète e[t] matérielle.

II Réel

Du latin *res* (« chose, objet, fait, acte »), le terme « réel » qualifie au contraire tout ce qui **existe effectivement et concrètement** en dehors du sujet pensant et de ses idées, c'est-à-dire tout ce qui n'est ni idéel ni intelligible, ni imaginaire ni fictif, mais constitue au contraire une **chose matérielle** et **sensible** ou **factuelle** et **objective**. Par exemple, un corps céleste comme la lune constitue un objet « réel », par opposition à la représentation mentale que j'en ai et qui forme un objet « idéel ».

107 Identité – Égalité – Différence

I Identité

Du latin *idem* (« le même, la même »), le terme « identité » s'oppose à celui de « différence » et désigne le caractère de ce qui est le même, ce qui s'entend en deux sens. En premier lieu, il s'agit de l'**identité qualitative** entre deux objets (similitude), c'est-à-dire le caractère de ce qui est semblable qualitativement, mais distinct quantitativement : par exemple, deux personnes distinctes peuvent avoir une couleur de cheveux identique (identité de couleur).

En second lieu, il s'agit de l'**identité temporelle et numérique** d'un être ou d'une chose (permanence et unité), c'est-à-dire le caractère de ce qui demeure égal à soi-même malgré les changements et de ce qui ne fait qu'un avec soi-même : par exemple, l'identité du moi, ou l'identité d'un bâtiment (pensez aussi à votre « carte d'identité »).

II Égalité

Du latin *æqualis* (« égal »), qui provient de *æquus* (« plat, égal, équitable »), le terme « égalité » désigne en effet l'absence de différence, ce qui s'entend en deux sens.

Au sens mathématique, il s'agit de l'**absence de différence quantitative** : par exemple, comme le démontre Euclide dans ses *Éléments* (livre I, proposition 32), « la somme des trois angles intérieurs d'un triangle est égale à celle de deux angles droits ».

Est **identique** ce qui est le même, c'est-à-dire égal à soi ; est **égal** ce qui n'est pas différent ; est **différent** ce qui est distinct et autre que soi.

Au sens éthique et politique, il s'agit de l'**absence de différence qualitative** : par exemple, dans la Déclaration des droits de l'homme et du citoyen de 1789, il est écrit que « les hommes naissent et demeurent libres et **égaux** en droits » (article premier).

III Différence

Du latin *differentia* (« différence spécifique, caractère distinctif »), le terme « différence » désigne au contraire le caractère de ce qui est **autre** et qui permet d'établir une **distinction** entre deux choses, tant du point quantitatif que qualitatif. Par exemple, une « différence de cinq centimètres » permet de mesurer un écart entre deux grandeurs (point de vue quantitatif), contrairement à une « différence d'opinion » (point de vue qualitatif).

108 Intuitif – Discursif

I Intuitif

Du latin *intuitus* (« coup d'œil, regard, vue »), le terme « intuitif » qualifie tout ce qui se rapporte à l'**intuition**. Par là, on entend une **vue immédiate de la vérité**, une connaissance directe et certaine qui s'impose à l'esprit comme une **évidence** intellectuelle, sans passer par les étapes du raisonnement ou de la démonstration.

Dans la troisième des *Règles pour la direction de l'esprit*, Descartes définit l'**intuition** comme « la conception d'un esprit pur et attentif, conception si facile et si distincte qu'aucun doute ne subsiste sur ce que l'on comprend ». Ainsi, poursuit-il, « chacun peut voir par intuition qu'il existe, qu'il pense, que le triangle est défini par trois lignes seulement, etc. ».

Est **intuitif** ce qui procède d'une vue immédiate de l'esprit ; est **discursif** ce qui procède par la médiation du raisonnement et du langage.

II Discursif

Du latin *discursus* (« action de courir, course, discours, conversation »), le terme « discursif » désigne, quant à lui, tout ce qui se rapporte au **discours rationnel** conçu comme l'équivalent du grec *logos* (« discours, raison »). Par là, il faut entendre les connaissances auxquelles l'esprit parvient par les étapes successives et ordonnées d'un **raisonnement** énoncé dans un **langage**. Ou, pour le dire avec Leibniz, « le discours est le passage de l'esprit qui pense d'une proposition à une autre en suivant un certain ordre » *(Opuscules et fragments)*.

En cela, les connaissances discursives, qui passent par la médiation du langage, **s'opposent** aux connaissances intuitives, qui sont instantanées et immédiates.

III Référence

Selon Bergson, dans *La Pensée et le Mouvant* (chapitre 4), la pensée d'un philosophe se ramène toujours à une « intuition originelle », c'est-à-dire « quelque chose de simple, d'infiniment simple, de si extraordinairement simple que le philosophe n'a jamais réussi à le dire » et dont tout son système est une tentative approximative de formulation. C'est ce qu'il appelle « l'**intuition philosophique** ». Elle est due au fait que, selon Bergson, « au-dessus du mot et au-dessus de la phrase il y a quelque chose de beaucoup plus simple qu'une phrase et même qu'un mot : le **sens** ».

109 Légal – Légitime

I Légal

Du latin *legalis* (« relatif aux lois »), qui provient de *lex* (« loi »), le terme « légal » qualifie à l'origine tout **ce qui concerne la loi ou est défini par la loi**. Par exemple, la majorité est l'âge *légal* à partir duquel une personne jouit de l'exercice de ses droits civils ; ou encore l'heure *légale* est l'heure officielle fixée dans chaque pays par le gouvernement (on en constate les effets avec les changements d'heure).

II Légitime

- Du latin *legitimus* (« fixé, établi par la loi, conforme aux lois »), le terme « légitime » qualifie à l'origine tout **ce qui est conforme au droit positif**. Par exemple, une « femme légitime » est une épouse officiellement reconnue par un acte de mariage, par opposition à une maîtresse ou à une concubine.
- On entend aussi par « légitime » ce qui est **conforme à l'équité** et, dans le domaine politique, le fait que le pouvoir des gouvernants soit conforme aux aspirations des gouvernés.

III Usage

- En philosophie, les termes « légal » et « légitime » ont cependant acquis un sens plus précis et plus rigoureux : est légal ce qui est strictement **conforme au droit positif,** c'est-à-dire aux lois en vigueur dans un État (légalité) ; est légitime ce qui est **conforme au droit naturel**, c'est-à-dire à la loi morale de la raison (légitimité).
- Ainsi, ce qui est légal n'est pas nécessairement légitime (par exemple, les lois de l'apartheid, en Afrique du Sud, de 1948 à 1994) et ce qui peut être considéré comme légitime n'est pas toujours légal (par exemple, certaines pratiques d'euthanasie).

> Est **légal** ce qui est conforme au droit positif ; est **légitime** ce qui est conforme au droit naturel et à la moralité. et du langage.

110 Médiat – Immédiat

I Définition

Du latin *medius* (« qui est au milieu, au centre, intermédiaire »), le terme « immédiat » qualifie tout ce qui est **sans intermédiaire**, sans étapes, sans délais, c'est-à-dire **direct**, spontané et instantané. Par exemple, la conscience *immédiate* correspond à la conscience empirique, en tant qu'elle fournit des informations directement issues des sens.

Est **immédiat** ce qui est sans intermédiaire ; est **médiat** ce qui procède par intermédiaire(s).

Au contraire, le terme « médiat » qualifie tout ce qui passe par un ou plusieurs **intermédiaires**, c'est-à-dire tout ce qui est **indirect** et procède par étapes.

II Exemples

La **déduction** est une opération intellectuelle **médiate**, parce qu'elle consiste à poser un ou plusieurs principes dont elle tire ensuite une conclusion, tandis que l'**intuition** est une opération intellectuelle **immédiate**, parce qu'elle consiste en quelque sorte à aller directement à la conclusion.

C'est également en ce sens que les moyens de communication courants (presse, radio, télévision...) sont appelés **médias** : ils constituent des intermédiaires entre les choses et nous.

111 Objectif – Subjectif

I Objectif

Du latin *objectus* (« qui est jeté devant, placé devant »), le terme « objectif » se rapporte à la notion d'**objet** et s'entend en deux sens majeurs.

En premier lieu, il qualifie tout ce qui a une existence **en dehors de l'esprit** et **indépendante du sujet pensant**, et constitue à ce titre un ob-jet, au sens de ce qui est « placé devant » un sujet qui peut en former une représentation ou **idée**. Par exemple, les corps matériels que je perçois aussi bien que les autres sujets qui m'entourent sont pour moi des *objets*, en tant que je suis un *sujet*.

En second lieu, le terme « objectif » qualifie tout jugement ou discours qui est **fidèle à la réalité des objets** et n'est pas entaché de subjectivité, c'est-à-dire de sentiments, de préférences ou d'intérêts personnels. Par exemple, les théories scientifiques sont *objectives* au sens où elles sont valables pour tous les sujets universellement parce qu'elles rendent compte des phénomènes de la nature tels qu'ils sont, indépendamment des opinions et des croyances de chacun.

> Est **objectif** ce qui constitue un objet pouvant être pensé par un sujet, ou alors ce qui vaut universellement pour tous les sujets. Est **subjectif** ce qui appartient au sujet pensant et conscient, ou alors ce qui vaut individuellement pour un seul sujet.

II Subjectif

Du latin *subjectus* (« qui est jeté sous, placé dessous »), le terme « subjectif » qualifie au contraire tout ce qui **appartient à un sujet**, indépendamment de tout objet.

En premier lieu, il faut entendre par là tout ce qui concerne le **sujet conscient et pensant**, par opposition au monde des objets physiques. Par exemple, une idée ou représentation intentionnelle constitue une réalité *subjective*, c'est-à-dire qui existe et vaut dans et pour un sujet qui en a conscience.

En second lieu et par extension, le terme « subjectif » qualifie tout ce qui est **valable pour un seul sujet**, en tant que cela repose sur ses inclinations individuelles (en particulier affectives). Par exemple, les goûts ou les croyances de chacun sont subjectifs, au sens où ils reposent sur des préférences personnelles déterminées qui n'ont pas de valeur universelle (pour tous les sujets).

112 Obligation – Contrainte

I Obligation

Du latin *obligare* (« attacher, lier, engager »), le terme « obligation » désigne à l'origine un **lien de droit** entre deux ou plusieurs personnes en vertu duquel l'une des parties (le créancier) peut contraindre l'autre (le débiteur) à exécuter une prestation (rembourser une dette). Autrement dit, il s'agit d'une obligation **imposée par la loi** de faire quelque chose : par exemple, en France, avant que le service national ne soit suspendu, les garçons étaient soumis à l'*obligation militaire*.

Dès lors, le terme « obligation » désigne :
- soit un **devoir légal**, c'est-à-dire un **lien juridique** par lequel le citoyen est astreint à faire quelque chose (par exemple, l'*obligation de réserve* des fonctionnaires) ;
- soit un **devoir moral**, c'est-à-dire un **lien éthique** par lequel l'homme est tenu de faire quelque chose (par exemple, le respect de la dignité de la personne humaine).

L'**obligation** est une contrainte légale ou morale à laquelle on se soumet librement. La **contrainte** est une force physique ou mentale qui s'oppose à notre liberté.

II Contrainte

Du latin *constringere* (« lier ensemble, enchaîner »), le terme « contrainte » désigne quant à lui l'action de **forcer** quelqu'un à agir **contre sa volonté**. Il ne s'agit donc pas d'une obligation légale ou morale à laquelle on choisit librement de se soumettre, mais au contraire d'une forme de **violence** qui fait **obstacle à la liberté**. C'est ce qu'Aristote appelle « le contraint et le forcé, c'est-à-dire ce qui, contre l'impulsion et le choix délibéré, fait obstacle et empêchement » (*La Métaphysique*, Δ, 5).

Dès lors, la contrainte peut être :
- soit **naturelle**, c'est-à-dire **due aux forces de la nature** (par exemple, une violente tempête qui empêche de sortir de chez soi) ;
- soit **sociale**, c'est-à-dire due à la **violence des hommes** (par exemple, l'esclavage et la traite des Noirs) ;
- soit **psychique**, c'est-à-dire due à la **violence pulsionnelle** des fantasmes et des angoisses inconscients.

Dans *Du contrat social* (I, 3), Rousseau écrit : « Céder à la force est un acte de nécessité, non de volonté ». En ce sens, la « force ne fait pas droit », autrement dit la contrainte ne peut jamais avoir valeur d'obligation.

113 Origine – Fondement

I Origine

Du latin *origo* (« provenance, naissance, cause »), le terme « origine » désigne en premier lieu le point de départ, le **commencement**, la première apparition d'un phénomène : par exemple, l'origine de l'univers, l'origine de la vie.

En second lieu, il désigne la source, la **provenance**, c'est-à-dire ce dont une chose est issue : par exemple, l'origine d'un mot, l'origine ethnique d'un individu.

En troisième lieu et par extension, le terme « origine » peut être pris pour synonyme de **cause** et désigne ce qui provoque et détermine l'apparition d'un phénomène : par exemple, l'origine du tsunami du 26 décembre 2004 en Asie du Sud-Est est un séisme.

L'**origine**, c'est le commencement, la provenance, la cause ; le **fondement**, c'est le soubassement ou la raison d'être. Rousseau a rendu cette distinction très célèbre avec son *Discours sur l'origine et les fondements de l'inégalité parmi les hommes.*

II Fondement

Du latin *fundamentum* (« fondement, fondation, base, support »), le terme « fondement » désigne en premier lieu les **fondations d'un édifice**, c'est-à-dire l'ouvrage de maçonnerie qui se fait en terre jusqu'au rez-de-chaussée et qui sert à élever un bâtiment.

Par métaphore, il désigne en second lieu tout ce qui sert de **soubassement**, d'assise et de socle à un **édifice théorique**, c'est-à-dire tout un ensemble de principes généraux et simples sur lesquels repose une certaine conception des choses (par exemple, les fondements de la morale ou les fondements de l'État).

En troisième lieu et par conséquent, le terme « fondement » désigne ce qui légitime ou justifie quelque chose et lui donne sa **raison d'être** (comme lorsqu'on dit qu'une idée est « sans fondement »). Ainsi, dans la première des *Méditations métaphysiques*, Descartes présente le projet du doute méthodique et radical comme une entreprise de **fondation** de la connaissance sur une base solide et fiable : « Il me fallait entreprendre sérieusement une fois en ma vie de me défaire de toutes les opinions que j'avais reçues jusques alors en ma créance, et commencer tout de nouveau dès les **fondements**, si je voulais établir quelque chose de ferme et de constant dans les sciences. »

114 Persuader – Convaincre

I Persuader

Du latin *persuadere* (« décider quelqu'un à faire quelque chose, persuader, convaincre »), le verbe « persuader » signifie **provoquer l'adhésion** de son interlocuteur en s'adressant de préférence à ses **sentiments** et à ses **passions**, par exemple en essayant de l'émouvoir ou de l'attendrir, de le faire rire ou de le mettre en colère. L'art de persuader consiste donc à rechercher la **complicité** avec l'autre en jouant avec les moyens formels du **discours**, comme le ton et le rythme, l'implicite et le niveau de langue, l'humour et la provocation, l'emphase et l'ironie, les questions oratoires et les appels à témoins.

Le discours pour la liberté de la presse de Victor Hugo, prononcé à l'Assemblée législative le 9 juillet 1850, en donne une illustration éclatante : « Quand vous aurez détruit la presse, il vous restera quelque chose à détruire : Paris. Quand vous aurez détruit Paris, il vous restera quelque chose à détruire : la France. Quand vous aurez détruit la France, il vous restera quelque chose à tuer : l'esprit humain. »

Au mieux, l'art de persuader s'apparente donc à une forme de **séduction** agréable qui vise à *influencer* et, au pire, à une forme de **domination** qui vise à soumettre et à *subjuguer*, ou, comme disait Lacan, à « sidérer l'assistance ».

Persuader signifie emporter l'adhésion de l'autre par la séduction et l'émotion ; **convaincre** signifie emporter l'adhésion de l'autre par la démonstration et la raison.

II Convaincre

Du latin *convincere* (« confondre un adversaire, prouver la culpabilité, démontrer ou prouver victorieusement »), le verbe « convaincre » signifie lui aussi **provoquer l'adhésion** de son interlocuteur mais en s'adressant de préférence à sa **raison** et à son **jugement**. Il provient initialement du vocabulaire juridique, où il signifie **prouver** de manière irréfutable la culpabilité de quelqu'un. L'art de convaincre consiste donc à amener l'autre à reconnaître quelque chose comme **vrai** par des **démonstrations** certaines et des **raisonnements** rigoureux.

À ce titre, produire la conviction relève de la **logique** ou *science du raisonnement vrai*, et procède d'un certain nombre de techniques d'**argumentation** et de **principes formels** qui impliquent une organisation **méthodique** du discours (thèse, arguments, exemples) et un effort du **sujet rationnel** pour se détacher des sentiments, des croyances et des préjugés. En ce sens, le discours des sciences démonstratives, qu'il s'agisse de la logique, des mathématiques ou de la physique, relève toujours du « convaincre ».

115 Ressemblance – Analogie

I Ressemblance

- Du latin *similis* (« semblable, ressemblant, pareil »), le terme « ressemblance » désigne le caractère de deux choses qui, tout en étant **différentes** dans leur **totalité**, présentent certains éléments **identiques** dans leurs **parties**, c'est-à-dire certaines caractéristiques **communes** qui créent ainsi une **apparence générale d'identité**. Par exemple, la ressemblance physique (le visage) ou psychologique (le comportement) entre un père et son fils, ou la ressemblance phonique entre deux mots homonymes (comme « sein » et « saint ») ou la ressemblance graphique entre deux mots paronymes (comme « conversation » et « conservation »).

- La ressemblance consiste donc en un **rapport de similitude**, de **parenté** ou d'**homologie** entre deux choses quelconques, fondé sur une *identité apparente* ou *partielle*, et non sur une *identité réelle* ou *totale*. En ce sens, comme le souligne Aristote dans *La Métaphysique* (Δ, 9), « *semblable* se dit des choses [...] qui sont affectées de plus de ressemblances que de différences ».

II Analogie

La **ressemblance** est une identité partielle entre deux choses ; l'**analogie** est une identité de rapports entre deux séries de choses.

- Du grec *analogia* (« proportion, correspondance »), le terme « analogie » est à l'origine un terme mathématique qui désigne une **proportion**, c'est-à-dire une égalité de deux rapports. Par exemple, $2/3 = 6/9$ constitue une proportion au sens où le rapport entre 2 et 3 est égal au rapport entre 6 et 9.

- Par extension, le terme « analogie » désigne, sur le modèle de la proportionnalité mathématique, toute **ressemblance** fondée sur une **identité de rapports** ou une correspondance de relations entre plusieurs éléments.

- Comme le souligne Aristote dans l'*Éthique à Nicomaque* (V, 6), « la proportion étant une égalité de rapports et supposant quatre termes au moins » (1131 a 30), la formule-type de l'**analogie** s'énonce comme suit : « Ce que le terme A est à B, le terme Γ le sera à Δ » (1131 b 5). Par exemple, la mort est à la fin de la vie ce que le crépuscule est à la fin du jour ; le roi est au peuple ce que le père est à la famille ; le microprocesseur est aux ordinateurs ce que le cerveau est au corps humain ; les enseignants sont aux élèves ce que les parents sont aux enfants... En ce sens, l'analogie repose sur une **double comparaison** (la mort est comparée au crépuscule et la durée de la vie à la durée d'une journée...) et permet de révéler des **affinités fonctionnelles** entre des phénomènes de **nature très différente**.

116 Principe – Conséquence

I Principe

- Du latin *principium* (« commencement, début, origine »), issu de *princeps* (« qui est en premier, en tête »), le terme « principe » désigne de manière générale tout ce qui constitue un **commencement** et un point de départ.
- En premier lieu, il désigne l'origine ou la **cause première** d'une chose : par exemple, chez les philosophes classiques, Dieu est le principe de l'univers.
- En second lieu, il désigne la **cause motrice** ou efficiente d'un phénomène, ce qui le fait exister et agir, c'est-à-dire « le point de départ du mouvement de la chose » (Aristote, *La Métaphysique*, Δ, 1) : par exemple, le principe du mouvement des corps, le principe de la chaleur, le principe du gouvernement. En ce sens, « toutes les causes sont des principes » (Aristote, *ibid.*).
- En troisième lieu, il désigne toute proposition qui constitue le **point de départ d'un raisonnement** et dont découle une conséquence ou conclusion, dans le cadre général d'une **inférence** logique. Dans le cas particulier du **syllogisme**, c'est ce qu'on appelle une **prémisse**. Selon Aristote, en effet, « le syllogisme est un discours dans lequel, certaines choses étant posées, quelque chose d'autre que ces données en résulte nécessairement par le seul fait de ces données » (*Premiers Analytiques*, I, 1).

Un **principe** est un élément premier, fondateur et déterminant qui engendre une ou plusieurs conséquences ; une **conséquence** es la suite nécessai d'un principe.

II Conséquence

- Du latin *consequentia* (« suite, succession »), issu de *sequor* (« suivre, venir après, poursuivre »), le terme « conséquence » désigne de manière générale les **suites** qu'une chose **entraîne**, en vertu d'une relation de **cause** à **effet**. Par exemple, un délit entraîne une peine, la crise entraîne le chômage, le mouvement des rouages d'une montre entraîne celui de ses aiguilles, etc. La conséquence d'une chose est donc l'**effet** qu'elle engendre, le **résultat** qu'elle produit, l'**incidence** qu'elle a.
- En philosophie, le terme « conséquence » désigne plus particulièrement **ce qui découle d'un principe**, c'est-à-dire toute proposition qui **résulte** nécessairement d'une autre selon des lois logiques. C'est en ce sens que la conclusion d'un syllogisme est la conséquence de ses prémisses.

117 En théorie – En pratique

I Définitions

Est « **en théorie** » ce qui n'a qu'une valeur abstraite et spéculative ; est « **en pratique** » ce qui est conforme aux faits et à l'action.

■ Du grec *theôrein* (« regarder, observer, contempler »), l'expression « en théorie » s'applique à tout ce qui vaut dans une **théorie**, c'est-à-dire dans un ensemble de concepts **abstraits** et de connaissances générales organisés en système, à tout ce qui résulte d'une **construction** intellectuelle et qui appartient à la vie **contemplative**.

■ Du grec *praktikos* (« agissant, actif, effectif »), issu de *praxis* (« action »), l'expression « en pratique » s'applique au contraire à tout ce qui vaut dans la **pratique**, c'est-à-dire dans le domaine des **faits** réels et de l'**action** concrète. En ce sens, la pratique relève à la fois de l'**expérience** et de la vie **active**.

■ On appelle « **théorétique** » ce qui concerne la théorie et la spéculation abstraite, et « **pragmatique** » ce qui concerne la pratique et l'action concrète.

II Références

■ Lorsque les énoncés d'une théorie visent à rendre raison d'une classe de faits dans un domaine particulier de l'expérience, on dit que **la théorie s'applique à la pratique**. Selon Whitehead, c'est même l'ambition première de la philosophie en tant qu'activité théorique : « La métaphysique n'est rien d'autre que la description des généralités qui s'appliquent à tous les détails de la pratique », écrit-il dans *Procès et réalité* (I, 1). En revanche, lorsque les énoncés d'une théorie font l'objet d'une connaissance désintéressée et indépendante de ses applications, on dit que **la théorie est** purement **spéculative** (par exemple, les mathématiques *pures*). Dans le premier cas, la théorie vise l'élucidation de la pratique ; dans le second, elle est à elle-même sa propre fin.

■ Selon Marx, « les philosophes n'ont fait qu'interpréter le monde de diverses manières ; il s'agit désormais de le transformer » (*Thèses sur Feuerbach*, 11). En effet, « la question de savoir si la pensée humaine peut accéder à une vérité objective n'est pas une question théorique : c'est une question *pratique*. C'est dans la pratique que l'homme doit démontrer la vérité, c'est-à-dire [...] l'enracinement dans l'ici-bas de sa pensée » (*ibid.*, 2). Marx appelle ainsi « **praxis** » l'activité par laquelle l'homme transforme la nature et la société.

118 Transcendant – Immanent

I Transcendant

Du latin *transcendere* (« monter [*scandere*] en allant au-delà [*trans*], franchir, escalader »), le terme « transcendant » qualifie en général ce qui s'élève **au-dessus d'une limite donnée**. Par exemple, la *justice transcendante* est celle qui suppose l'intervention d'un principe extérieur et supérieur à l'acte répréhensible dans la détermination des sanctions ; ou, en mathématiques, on appelle *nombre transcendant* celui qui n'est solution d'aucune équation polynomiale à coefficients rationnels, comme par exemple le nombre π (3,1415926535897…).

En philosophie, le terme « transcendant » qualifie plus particulièrement ce qui s'élève **au-dessus du niveau moyen** et relève d'une nature **supérieure**. En ce sens, Dieu est considéré chez la plupart des philosophes classiques comme un être transcendant.

Dans la *Critique de la raison pure*, Kant distingue cependant ce qui est « **transcendant** », c'est-à-dire ce qui est au-delà de l'expérience possible, comme les choses en soi ou « **noumènes** » (opposé selon lui à *immanent*) ; et ce qui est « **transcendantal** », c'est-à-dire ce qui est une condition *a priori* de l'expérience, et non une donnée de celle-ci, comme l'espace et le temps (opposé selon lui à *empirique*).

Est **transcendant** ce qui est au-dessus d'une limite donnée ou du niveau moyen ; est **immanent** ce qui réside et demeure en soi-même.

II Immanent

Du latin *immanere* (« demeurer dans »), composé de *in* (« dans ») et *manere* (« rester, persister »), le terme « immanent » qualifie ce qui est présent et compris **en soi-même**, c'est-à-dire ce qui **réside dans** un être ou une chose de manière permanente et essentielle, sans aucune intervention extérieure. Par exemple, la *justice immanente* est celle dont les sanctions sont impliquées par l'acte répréhensible lui-même, par opposition à la *justice transcendante* ; ou encore, on dit qu'une chose est *immanente à* une autre au sens où elle est intrinsèquement présente en elle.

On considère généralement que la métaphysique de Spinoza est une philosophie de l'**immanence** au sens où Dieu n'est pas conçu chez lui comme un être supérieur et transcendant aux réalités individuelles, mais se confond avec la nature elle-même (« Dieu ou la Nature *[Deus sive Natura]* », *Éthique*, IV, 4), puisque chaque chose particulière, en tant qu'elle est un mode de l'un de ses attributs, est constitutive de Dieu (« tout est en Dieu », *Éthique*, I, appendice).

119 Universel, général – Particulier, singulier

I Universel, général

Du latin *universalis* (« universel, général »), issu d'*universus* (« tout entier, ensemble, sans exception »), le terme « universel » qualifie de manière générale ce qui s'étend à l'**univers** entier, c'est-à-dire à l'ensemble des réalités physiques (par exemple, la gravitation universelle), ou bien à l'**humanité** entière, c'est-à-dire à l'ensemble des êtres humains (par exemple, le langage est un phénomène universel).

En philosophie, le terme « universel » se dit au pluriel « universaux » et désigne plus particulièrement un **attribut** qui appartient à la **totalité** des individus d'une **même classe**, c'est-à-dire qui est prédicat de tous les sujets d'un **même genre**. En ce sens, ce qui est universel est nécessairement **général** (du latin *generalis,* « qui appartient à un genre »), au sens où cela convient à une multiplicité ou une totalité d'individus. Dans *De l'interprétation* (17 a 35-40), Aristote écrit : « J'appelle *universel* ce dont la nature est d'être affirmé de plusieurs sujets, et *singulier* ce qui ne le peut : par exemple, *homme* est un terme universel, et *Callias* est un terme individuel. »

Est **universel et général** ce qui constitue un attribut appartenant à la totalité des individus d'un même genre ; est **singulier et particulier** ce qui constitue ou s'applique à un seul individu.

II Singulier, particulier

Du latin *singularis* (« unique, seul, isolé, solitaire »), qui provient de *singuli* (« un par un, chacun un, un à un, un seul »), le terme « singulier » qualifie en effet tout ce qui rapporte à **un individu**, en tant que cela constitue un élément **unique**, indivisible et indépendant des autres objets de la même classe.

En ce sens, ce qui est singulier est nécessairement **particulier** (du latin *particularis,* « particulier, partiel », issu de *particula,* « petite partie, parcelle, particule »), au sens où cela concerne une seule chose en tant que **partie** parmi d'autres.

Boîte à outils

Brève histoire de la philosophie

L'Antiquité 264
Le Moyen Âge 266
L'âge classique 268
La modernité 270
L'époque contemporaine 272

Le programme

Les notions et les auteurs 274

L'épreuve

En quoi consiste l'épreuve ? 276
Qu'est-ce qu'une dissertation philosophique ? 278
Qu'est-ce qu'une explication de texte philosophique ? 280
Quels sont les critères d'évaluation ? 282
Comment choisir son sujet ? 284

Index des auteurs du programme .... *rabat*
Index des points méthode .... *rabat*

L'Antiquité (du VIe siècle av. J.-C. au Ve siècle ap. J.-C.)

Du grec *philein* (« aimer, chérir, se plaire à ») et *sophia* (« savoir, science, sagesse »), le terme *philosophia* (« philosophie ») apparaît en Grèce au Ve siècle av. J.-C., au moment de l'âge d'or de la civilisation grecque, qui voit naître tout à la fois les mathématiques et les sciences physiques, la citoyenneté et la démocratie, la poésie et la rhétorique, la tragédie et la médecine, etc.

Socrate
(470-399 av. J.-C.)
Premier philosophe

Diogène le Cynique
(413-327 av. J.-C.)
Fondateur du cynisme

Auteur de nombreux dialogues, dont le personnage principal est Socrate, Platon laisse une œuvre immense et originale.

Platon
(427-347 av. J.-C.)
Fondateur de l'Académie et de l'idéalisme

Aristote
(384-322 av. J.-C.)
Fondateur du Lycée et du réalisme

Fondateur de la logique, de la physique et de la zoologie, Aristote est l'auteur de très nombreux traités touchant tous les domaines de la connaissance.

INFO + Une manière de vivre

Durant l'Antiquité, le mot *philosophia* désigne indissociablement l'amour de la connaissance concernant les choses de la nature [savoir] et la recherche de la sagesse concernant la conduite de la vie [savoir-faire]. En effet, la philosophie antique se distingue de la philosophie moderne en ceci qu'elle n'est pas une « activité purement théorique ». Au contraire, elle « est bien avant tout une manière de vivre », au sens où « le discours philosophique prend son origine dans un choix de vie et une option existentielle et non l'inverse » [P. Hadot, *Qu'est-ce que la philosophie antique ?*].

Pyrrhon d'Élis
(365-275 av. J.-C.)
Fondateur du scepticisme

Zénon de Citium
(335-264 av. J.-C.)
Fondateur du Portique et du stoïcisme

Épicure
(341-270 av. J.-C.)
Fondateur du Jardin et de l'épicurisme, qui est un hédonisme

Plotin
(205-270)
Fondateur du néoplatonisme

Le Moyen Âge (du ve au xve siècle)

Depuis la constitution des premières « Églises » (du grec *ekklêsia*, « assemblée de citoyens » puis « assemblée de chrétiens »), au cours des ier et iie siècles, jusqu'à la christianisation complète de l'Europe au xe siècle, la civilisation occidentale tout entière devient en l'espace de quelques siècles une civilisation chrétienne. Dès lors, « si l'on veut étudier et comprendre la philosophie de cette époque, il faut la chercher là où elle se trouve, c'est-à-dire dans les écrits d'hommes qui se donnaient ouvertement pour théologiens » (E. Gilson, *La Philosophie au Moyen Âge*).

Augustin (saint)
(354-430)
Premier grand théologien, auteur des Confessions

Avicenne
(980-1037)
Philosophe encyclopédique

Boèce
(480-524)
Auteur de De la consolation de la philosophie, *le livre le plus lu du Moyen Âge*

Anselme de Cantorbéry (saint)
(1033-1109)
Inventeur de « l'argument ontologique » (preuve de l'existence de Dieu)

INFO + La foi en quête de l'intelligence

De la fin de l'Antiquité jusqu'à la Renaissance, la philosophie se confond avec la théologie et se définit elle-même, selon la formule d'Anselme de Cantorbéry, comme *fides quærens intellectum* (« la foi en quête de l'intelligence »). Elle est marquée et dominée par la scolastique, la philosophie de « l'École », c'est-à-dire la philosophie théologique qu'on enseigne dans les écoles et les universités européennes depuis le xe siècle jusqu'au xviie siècle, qui cherche à concilier la foi chrétienne avec la raison en se fondant sur la philosophie d'Aristote.

Abélard
(1079-1142)
Grand rationaliste, défenseur du nominalisme

Albert le Grand (saint)
(1206-1280)
Fondateur de la pensée scolastique

Le mot *scolastique* vient du grec *scholê*, « loisir consacré à l'étude, école ».

Averroès
(1126-1198)
le grand « Commentateur » d'Aristote

Thomas d'Aquin (saint)
(1228-1274)
Le plus grand des penseurs scolastiques

Dans son œuvre maîtresse, la *Somme théologique*, il élabore une monumentale explication de la foi qui s'accorde avec la raison.

L'âge classique (XVIIe et XVIIIe siècles)

Au cours de la Renaissance (XVe-XVIe siècle), les arts et les « belles lettres » connaissent un renouveau important sous l'effet des idées humanistes, qui prônent la liberté d'esprit et la dignité de l'homme. Dans ce contexte, les premières critiques de la science scolastique ne tardent pas à apparaître.

Francis Bacon
(1561-1626)
Théoricien de la méthode expérimentale

Blaise Pascal
(1623-1662)
Génie mystique et rationaliste

René Descartes
(1596-1650)
Fondateur du rationalisme moderne

Baruch Spinoza
(1632-1677)
Défenseur du monisme panthéiste

C'est en 1637 que paraît le *Discours de la méthode*, en préface à trois courts essais scientifiques.

INFO + La « chasse aux faits »

La « philosophie nouvelle » du XVIIe siècle commence avec Francis Bacon, baron Verulam, qui forme dès 1605 le projet d'une réforme des sciences avec son *Instauratio magna* (le « Grand renouvellement »). Selon lui, il faut purger la raison des « idoles » et faire la « chasse aux faits », en se fondant seulement sur l'observation et l'expérience : « La meilleure démonstration est de loin l'expérience », écrit-il (*Novum organum*, I, 70). Ainsi commence le XVIIe siècle, surnommé le « Grand Siècle », qui voit naître le rationalisme et la science modernes et qui aboutit aux « Lumières » du XVIIIe siècle.

John Locke
(1632-1704)
Défenseur de l'empirisme et du libéralisme politique

Jean-Jacques Rousseau
(1712-1778)
Fondateur de la pensée démocratique

Dans sa célèbre *Enquête sur l'entendement humain* (1758), Hume défend un « scepticisme mitigé ».

David Hume
(1711-1776)
Défenseur de l'empirisme, Hume réveille Kant de son « sommeil dogmatique »

Emmanuel Kant
(1724-1804)
Fondateur de la philosophie transcendantale

Dans son œuvre maîtresse, la *Critique de la raison pure* (1781), Kant établit les conditions de possibilité de la connaissance rationnelle grâce à ce qu'il appelle la « philosophie transcendantale ».

La modernité (XIXe siècle)

Au cours du XIXe siècle, sous l'effet de la révolution industrielle et de la naissance des États modernes, la culture européenne connaît d'importantes transformations. L'essor des sciences et des techniques consacre le succès du positivisme d'Auguste Comte (1798-1857), qui rejette toute spéculation métaphysique et voit dans la science moderne le plein état de développement de l'intelligence humaine.

G. W. F. Hegel
(1770-1831)
Défenseur de l'idéalisme absolu

Défenseur et théoricien du système, Hegel est l'auteur d'une philosophie de la totalité qui vise le **savoir absolu**.

Auguste Comte
(1798-1857)
Représentant du positivisme

Arthur Schopenhauer
(1788-1860)
Représentant du pessimisme

Søren Kierkegaard
(1813-1855)
Penseur de l'existence et de la foi

INFO + Le « désenchantement du monde »

Le développement croissant de la rationalité scientifique au détriment de la métaphysique contribue alors à produire ce que le sociologue Max Weber appellera le « désenchantement du monde ». Ainsi, à l'opposé de Hegel, qui est le dernier philosophe à entreprendre la construction d'un grand système métaphysique, les philosophes de « l'ère du soupçon » dénoncent, chacun à sa manière, les mirages de la rationalité classique.

Selon Marx, les philosophes n'ont fait qu'interpréter le monde de diverses manières ; il s'agit désormais de le **transformer**.

Karl Marx
(1818-1883)
Le philosophe le plus influent de la modernité

Émile Durkheim
(1858-1917)
Fondateur de la sociologie française

C'est dans *Humain, trop humain* (1878) que Nietzsche amorce une **critique** de l'ensemble de la métaphysique occidentale.

Friedrich Nietzsche
(1844-1900)
Auteur d'une critique de la philosophie occidentale

Max Weber
(1864-1920)
L'un des premiers grands sociologues

L'époque contemporaine (XXe siècle)

Lorsque l'Europe entre dans le XXe siècle, au sortir de la guerre de 1914-1918, la crise de la raison annoncée par le XIXe siècle prend une ampleur particulière et culmine dans les drames politiques du XXe siècle comme le nazisme allemand et le communisme soviétique, qui consacrent l'extrême fragilité des idéaux des Lumières dans une époque où s'affirme, avec Albert Camus, la conscience de l'absurde.

Sigmund Freud
(1856-1939)
Inventeur de la psychanalyse

Après avoir fait l'hypothèse de l'inconscient et découvert le sens des rêves, Freud met au jour le complexe d'Œdipe et invente le nom de « **psychanalyse** ».

Henri Bergson
(1859-1941)
Philosophe spiritualiste et vitaliste

Pour Husserl, je suis certain que j'existe mais je suis également certain de l'existence d'autrui. Le monde extérieur au sujet est un « monde intersubjectif ».

Edmund Husserl
(1859-1938)
Inventeur de la phénoménologie

Gaston Bachelard
(1884-1962)
Philosophe des sciences et de l'imaginaire

INFO + L'essor des sciences humaines

Les sciences humaines en plein essor donnent alors naissance au structuralisme des années 1960, marqué par l'anthropologie de Claude Lévi-Strauss, la psychanalyse de Jacques Lacan ou la linguistique de Roman Jakobson. Mais c'est aussi le siècle de l'épistémologie (avec Gaston Bachelard et Karl Popper) et de l'herméneutique (avec Hans-Georg Gadamer et Paul Ricœur).

On entend par philosophie **analytique** une philosophie qui s'intéresse à l'analyse logique du langage.

Ludwig Wittgenstein
(1889-1951)
Représentant de la philosophie analytique

Jean-Paul Sartre
(1905-1980)
Icône de la philosophie française engagée

Martin Heidegger
(1889-1976)
Un des philosophes les plus influents de son siècle

Michel Foucault
(1926-1984)
Auteur d'une archéologie critique de la culture

Les notions et les auteurs

L'enseignement de la philosophie en terminale a pour objectif de favoriser l'accès de chaque élève à l'exercice réfléchi du jugement et de lui offrir une culture philosophique initiale. Le programme se compose d'une liste de notions et d'une liste d'auteurs.

I Les notions

Les notions définissent le champ des problèmes abordés dans l'enseignement. La liste des notions au programme varie selon les séries.

Série L	Série ES	Série S
Le sujet La conscience La perception L'inconscient Autrui Le désir L'existence et le temps	**Le sujet** La conscience L'inconscient Autrui Le désir	**Le sujet** La conscience L'inconscient Le désir
La culture Le langage L'art Le travail et la technique La religion L'histoire	**La culture** Le langage L'art Le travail et la technique La religion L'histoire	**La culture** L'art Le travail et la technique La religion
La raison et le réel Théorie et expérience La démonstration L'interprétation Le vivant La matière et l'esprit La vérité	**La raison et le réel** La démonstration L'interprétation La matière et l'esprit La vérité	**La raison et le réel** La démonstration Le vivant La matière et l'esprit La vérité
La politique La société La justice et le droit L'État	**La politique** La société et les échanges La justice et le droit L'État	**La politique** La société et l'État La justice et le droit
La morale La liberté Le devoir Le bonheur	**La morale** La liberté Le devoir Le bonheur	**La morale** La liberté Le devoir Le bonheur

II Les auteurs

Les auteurs fournissent les textes, en nombre limité, qui font l'objet d'une étude suivie.

1. Antiquité et Moyen Âge

Platon, Aristote, Épicure, Lucrèce, Sénèque, Cicéron, Épictète, Marc Aurèle, Sextus Empiricus, Plotin, Augustin, Averroès, Anselme, Thomas d'Aquin, Guillaume d'Ockham.

2. Période moderne

Machiavel, Montaigne, Bacon, Hobbes, Descartes, Pascal, Spinoza, Locke, Malebranche, Leibniz, Vico, Berkeley, Condillac, Montesquieu, Hume, Rousseau, Diderot, Kant.

3. Période contemporaine

Hegel, Schopenhauer, Tocqueville, Comte, Cournot, Mill, Kierkegaard, Marx, Nietzsche, Freud, Durkheim, Husserl, Bergson, Alain, Russell, Bachelard, Heidegger, Wittgenstein, Popper, Sartre, Arendt, Merleau-Ponty, Levinas, Foucault.

III Les repères

L'étude méthodique des notions est précisée et enrichie par des repères.

- Absolu, relatif
- Abstrait, concret
- En acte, en puissance
- Analyse, synthèse
- Cause, fin
- Contingent, nécessaire, possible
- Croire, savoir
- Essentiel, accidentel
- Expliquer, comprendre
- En fait, en droit
- Formel, matériel
- Genre, espèce, individu
- Idéal, réel
- Identité, égalité, différence
- Intuitif, discursif
- Légal, légitime
- Médiat, immédiat
- Objectif, subjectif
- Obligation, contrainte
- Origine, fondement
- Persuader, convaincre
- Ressemblance, analogie
- Principe, conséquence
- En théorie, en pratique
- Transcendant, immanent
- Universel, général, particulier, singulier.

En quoi consiste l'épreuve ?

Vous passez tous une épreuve écrite composée de trois sujets au choix. Peuvent être amenés à passer l'épreuve orale de contrôle les élèves qui ont obtenu une moyenne générale aux épreuves écrites inférieure à 10.

I L'épreuve écrite

1. Durée et coefficient de l'épreuve

L'épreuve écrite de philosophie est une épreuve terminale du premier groupe.

- **Durée** : 4 heures (dans toutes les séries).
- **Coefficient** : 7 pour la série L, 4 pour la série ES, 3 pour la série S.

2. Structure de l'épreuve

- Dans toutes les séries, trois sujets sont proposés au choix des candidats, en rapport avec le programme de chacune des séries (→ page 274).
- Les **deux premiers sujets** sont des sujets de **dissertation** et se présentent sous la forme d'une question directe et ouverte. Leur formulation évite à la fois de reprendre les termes du programme afin de ne pas inviter le candidat à reproduire un cours, et à employer des expressions sans rapport apparent avec les notions. Sont également écartés les termes techniques ou les termes exigeant la connaissance d'une doctrine philosophique déterminée, ainsi que les sujets exigeant des connaissances trop spécialisées. Pour plus d'informations sur la dissertation : → p. 278.

Les sujets peuvent recouper plusieurs champs mais sont formulés de telle sorte qu'au moins **une des notions du programme** soit toujours clairement identifiable par l'élève.

- Le **troisième sujet** est un sujet d'**explication de texte**. Dans toutes les séries, le texte est emprunté à un auteur qui figure dans la liste du programme (→ page 275). D'une longueur de 10 à 20 lignes, il concerne un problème essentiel en rapport avec une ou plusieurs notions. La nature de l'épreuve incite à éviter les textes les plus fréquemment expliqués en classe.
Pour plus d'informations sur l'explication de texte : → p. 280.

3. La gestion du temps au cours de l'épreuve

La gestion du temps est un des paramètres importants à maîtriser pour réussir l'épreuve. Vous disposez de 4 heures pendant lesquelles vous devez vous organiser méthodiquement. C'est pourquoi il faut vous entraîner pendant l'année à faire des devoirs en temps réel.

- Les dix premières minutes doivent être employées au **choix du sujet**. Il faut donc les lire calmement et, en aucun cas, commencer à traiter tous les sujets en même temps. Une fois que votre choix est fait (voir les conseils pour bien choisir un sujet → p. 284), ne revenez plus en arrière.
- Ensuite, quel que soit le type d'épreuve, vous devez **analyser votre sujet** durant 1 h 30 à 2 h au brouillon. Cette étape est fondamentale pour rendre un devoir construit.
- Quoi qu'il arrive, gardez 10 minutes pour **vous relire**. Il vaut mieux un devoir plus court mais correctement écrit qu'une longue série de phrases incohérentes, pleines de fautes d'orthographe…

II L'épreuve orale de contrôle

1. Durée de l'épreuve

L'épreuve orale (ou « oral de rattrapage ») est une épreuve du second groupe.

- Préparation : 20 minutes environ.
- Interrogation : 20 minutes environ.

2. Déroulement de l'épreuve

- Le candidat présente à l'examinateur la liste des œuvres philosophiques qui ont fait l'objet d'une étude suivie pendant l'année. Deux œuvres au moins doivent avoir été étudiées en série L, et une au moins dans les séries ES et S.
- L'interrogation consiste en une **explication de texte orale** à partir d'un bref extrait de l'une des œuvres présentées, suivie d'un entretien avec l'examinateur.

L'interrogation doit essentiellement permettre au candidat de tirer parti de sa culture, de ses qualités de réflexion, des lectures qu'il a pu faire pendant l'année.

Les **œuvres** doivent obligatoirement avoir été choisies parmi celles des auteurs figurant dans la liste du programme.

Au cours de l'**entretien,** une notion du programme peut éventuellement faire l'objet d'une interrogation distincte ou, si possible, en liaison avec l'étude du texte.

Qu'est-ce qu'une dissertation philosophique ?

La dissertation est l'exercice philosophique par excellence. D'abord, parce qu'elle vous met dans les conditions mêmes du philosophe en vous laissant pleinement assumer la liberté et la responsabilité de la construction de votre réflexion. Ensuite, parce qu'elle est l'occasion d'apprendre une méthode de pensée dont vous constaterez l'utilité dans toutes les occasions où il s'agit de penser un problème.

I Dissertation de français et dissertation de philosophie

1. Des points communs

Au premier abord, la dissertation de philosophie n'est pas si différente de la dissertation de français, avec laquelle elle a en commun un certain nombre de caractéristiques fondamentales propres à toute dissertation. Comme en français :

- la dissertation de philosophie est un travail d'**écriture** ;

- elle doit définir une **problématique** à partir de la question posée (introduction) ;

- elle a pour but d'apporter une réponse à cette problématique (conclusion) en conduisant une **réflexion** personnelle et argumentée (développement).

2. La définition officielle de l'exercice

■ En cela, la définition officielle proposée dans le programme de philosophie ne dit rien de très différent : « La dissertation est l'étude méthodique et progressive des diverses dimensions d'une question donnée » (*Bulletin officiel* n° 25 du 19 juin 2003).

■ Voici comment l'on peut interpréter cette définition :

- par « diverses dimensions d'une question donnée », il faut entendre précisément la **problématique** ;

- par « l'étude », il faut entendre le travail **écrit** de la **réflexion** ;

- par « méthodique », il faut entendre le caractère **organisé, argumenté et rigoureux** de cette réflexion ;

– par « progressive », enfin, il faut entendre le caractère dynamique de cette réflexion, c'est-à-dire le fait qu'elle avance par **étapes** vers une **solution**.

II L'originalité de la dissertation philosophique

Cependant, cette définition générale peut s'appliquer aussi bien à une dissertation de français que d'histoire-géographie et ne permet pas de saisir l'originalité de la dissertation de philosophie. Celle-ci se distingue pourtant clairement de tout autre type de dissertation.

1. La forme des sujets

Les sujets de dissertation en philosophie sont toujours des **questions directes**, qui portent au moins sur une notion philosophique du programme. La question peut être plus ou moins longue et, sur le plan grammatical, n'appelle pas toujours une réponse par « oui » ou par « non ».

Exemple. « Sur quoi fonder la justice ? » ou bien : « Le développement des sciences autorise-t-il à penser qu'il n'existe aucune vérité définitivement établie ? »

2. La méthode de la dissertation

- Parce qu'elle est elle-même philosophique, la méthode de la dissertation de philosophie est une reformulation entièrement différente de la méthode générale de la dissertation. Ainsi, l'analyse du sujet, la problématique ou la technique d'argumentation sont subordonnées à l'exigence fondamentale de toute philosophie, à savoir l'**élucidation conceptuelle**.
- Cela signifie qu'en tout point de la dissertation, vous devez analyser les concepts impliqués, définir en détail les idées générales et abstraites et explorer les moindres recoins de sens des différentes notions. Il ne doit pas subsister de concept clé du sujet que vous n'ayez retourné dans tous les sens ni de notion qui n'ait été élucidée.

3. La nécessité de la référence aux philosophes

Dans une dissertation de philosophie, le travail d'élucidation des concepts ne peut se déployer dans toutes ses dimensions que par le recours aux grandes conceptions philosophiques du passé. Il faut donc vous appuyer le plus souvent possible sur votre **connaissance des auteurs**.

Pour en savoir plus sur la méthode de la dissertation en philosophie, utilisez l'**index des points méthode** (→ *rabat*).

Qu'est-ce qu'une explication de texte philosophique ?

En philosophie, expliquer un texte consiste à la fois à le détailler, le décomposer, le justifier et le juger. Cela est indispensable pour procéder ensuite au commentaire critique du texte, qui consiste à juger de son intérêt philosophique.

I Commentaire de français et explication de texte philosophique

Contrairement à la dissertation, l'explication de texte philosophique présente de grandes différences avec le commentaire de français.

1. La nature des textes

En français, le texte à commenter appartient à un genre littéraire. En philosophie, il s'agit d'un **texte de type argumentatif** en rapport avec une **notion philosophique** du programme.

2. La finalité de l'exercice

- En français, le commentaire consiste à analyser un texte d'un point de vue littéraire, c'est-à-dire à interpréter le texte à partir de son étude formelle.
En philosophie, au contraire, « l'explication s'attache à dégager les enjeux philosophiques et la démarche caractéristique d'un texte [...] sans jamais séparer l'analyse formelle d'un souci de compréhension de fond, portant sur le **problème traité** et sur l'**intérêt philosophique** de la position construite et assumée par l'auteur » (*Bulletin officiel* n° 25 du 19 juin 2003).
- Dans une explication de texte philosophique, l'analyse formelle est toujours au service de l'**analyse des idées**, qui constitue la visée première et fondamentale de l'exercice.

Par exemple, il peut être intéressant de repérer une métaphore dans un texte philosophique mais à condition de montrer comme celle-ci remplit une **fonction argumentative** au sein du texte

II Qu'est-ce qu'expliquer ?

La consigne qui accompagne le texte du troisième sujet de l'épreuve de philosophie est claire : « **Expliquez le texte suivant** ». Tout le problème consiste donc à bien comprendre ce que l'on entend en philosophie par « expliquer ».

1. Déplier ou détailler

On a coutume de dire, en se référant à l'étymologie latine du mot (*explicare* : « déployer, dérouler »), que le terme *expliquer* signifie étymologiquement « déplier ». Ainsi, expliquer un texte, c'est comme en **défaire les plis** (repérer ses articulations logiques) afin de l'ouvrir et de l'étendre entièrement (dérouler l'ensemble du propos selon l'ordre des parties) en révélant tous ses éléments constitutifs (thèse, arguments, exemples, présupposés, etc.). C'est ce qu'on appelle en philosophie **détailler** le texte.

2. Décomposer ou analyser

L'étymologie permet de mettre en lumière une autre dimension essentielle de l'acte d'expliquer : en effet, le mot latin *plicare* dérive du grec *plekô* qui signifie « tresser, entrelacer ». Le texte est comme un **tissu qu'il faut détisser**, défaire, en démêlant les fils qui en forment la trame. Ce détissage du texte, c'est proprement ce qu'on appelle en philosophie une **analyse**.

3. Justifier ou élucider

- Enfin, la dimension majeure et fondamentale de l'acte d'expliquer est celle qui consiste à **révéler le sens lui-même**. Pour cela, il faut reformuler une à une toutes les idées du texte en imaginant que n'importe qui puisse, à partir de votre explication, se forger une **représentation claire et juste** de ce qu'il signifie sans avoir besoin de le connaître ou de l'étudier.
- Dès lors, pour élucider une idée, il faut toujours se fixer deux objectifs indissociables et concomitants :

– faire comprendre le sens des mots employés par l'auteur pour formuler son idée, ce qui signifie **définir cette idée** ;

– faire comprendre les raisons grâce auxquelles l'auteur soutient son idée, ce qui signifie **justifier cette idée**.

Par conséquent, expliquer philosophiquement un texte philosophique, cela consiste toujours à rendre raison de l'argumentation de l'auteur.

III Qu'est-ce que commenter ?

Cependant, en philosophie, l'explication de texte ne doit pas se limiter au seul travail d'analyse et d'élucidation des idées, même si celui-ci en constitue la part principale. En effet, comme le disent les textes officiels, il faut également que le souci de compréhension porte « sur l'intérêt philosophique de la position construite et assumée par l'auteur ».

Il s'agit de **critiquer** le texte, au sens de le soumettre à un examen objectif et raisonné, dans le but de juger rationnellement de son intérêt philosophique.

Quels sont les critères d'évaluation ?

En philosophie, la notation est une notation globale, c'est-à-dire sans barème détaillé. Toutefois, afin que vous puissiez mieux vous repérer et aborder l'épreuve, on peut distinguer des critères majeurs d'évaluation, sur l'énoncé desquels les correcteurs de l'examen sont globalement tous d'accord.

I Les critères d'évaluation d'une dissertation

1. Problématique et problématisation

C'est l'exigence cardinale de votre dissertation. Vous ne pouvez pas espérer obtenir la moyenne si, à un moment ou à un autre de votre devoir, vous ne parvenez pas à **problématiser le sujet**, ce qui, comme nous l'avons vu, consiste à énoncer dès l'introduction une problématique et à veiller à ce que l'intégralité du développement soit problématisé.

2. Raisonnement et argumentation

Vous êtes ensuite jugé sur votre aptitude à produire un raisonnement et une argumentation solides et valides. Par là, on entend l'ordre et la logique du **plan**, la force et la rigueur des **arguments**, la précision et la finesse des **définitions**. Raisonnement et argumentation sont appréciés pour eux-mêmes, en tant que qualités de la technique argumentative, quelles que soient les idées que vous défendez.

3. Connaissances philosophiques

Même si les sujets de dissertation ne sont jamais des questions de cours mais toujours des questions de réflexion, le correcteur attend que vous convoquiez un certain nombre d'**auteurs et de conceptions philosophiques** pour étayer votre argumentation.

Néanmoins, ces **connaissances** ne sont jamais appréciées pour elles-mêmes ma[is] seulement en ta[nt] qu'elles servent votre raisonnement.

4. Pertinence de la réponse

Enfin, le correcteur apprécie la pertinence de la réponse que vous apportez au sujet, c'est-à-dire le **degré d'adéquation entre le résultat de votre enquête et le problème** à résoudre. Cela comprend à la fois le bien-fondé et l'intérêt de votre réponse, mais également son ingéniosité et son originalité, voire son courage intellectuel.

II Les critères d'évaluation d'une explication de texte

1. Problème et thèse du texte

Le premier critère d'une explication de texte réussie, c'est la **justesse de la compréhension de la thèse**. En effet, c'est la première chose que votre correcteur vérifie : avez-vous bien compris la thèse du texte ? Et comme la thèse est forcément liée au problème philosophique auquel elle répond, cette exigence est inséparable d'une autre : avez-vous bien cerné le problème dont il est question ?

2. Fidélité au texte

Le deuxième critère majeur sur lequel se penche votre correcteur, c'est le degré de fidélité de votre explication au texte qu'elle prétend expliquer. Autrement dit : avez-vous été fidèle au sens du texte ? Ne l'avez-vous pas un peu trahi, transformé, altéré, voire complètement déformé ? Cela implique d'apprécier si cette **adéquation** est seulement ponctuelle ou véritablement **constante** tout au long de votre devoir.

3. Capacités d'élucidation et de reformulation

Le travail d'explication de texte étant un travail sur les mots dans le but de restituer le sens des mots d'un autre, votre correcteur juge également de votre aptitude à reformuler le texte, c'est-à-dire de l'ensemble de vos **ressources d'énonciation et d'expression conceptuelles**, envisagées dans leur force d'élucidation.

4. Qualité de la discussion philosophique

Enfin, puisque vous devez aussi porter un jugement de valeur sur l'intérêt philosophique du texte, votre correcteur apprécie votre **aptitude au commentaire raisonné**, en tenant compte de votre capacité à prendre un recul critique par rapport au texte, de votre habileté à le confronter à d'autres thèses et à mobiliser dans ce but des connaissances philosophiques maîtrisées.

Comment choisir son sujet ?

Il ne faut jamais choisir un sujet par hasard ou, pire, par indifférence. Choisir, en effet, c'est affirmer sa liberté en étant guidé par de vraies motivations qui vous impliquent personnellement. Le choix du sujet doit donc être le premier acte libre de votre pensée.

I Trois réactions possibles

Face aux sujets, vous serez généralement amené à réagir de trois manières différentes qui doivent être immédiatement exploitées afin de vous permettre de répondre à une série de questions qui en sont le prolongement.

1. La réaction affective (« j'aime ou j'aime pas »)

Dès la lecture du sujet, c'est généralement la première chose qui passe par l'esprit : est-ce que ce sujet me plaît ou me déplaît ? Est-ce qu'il me donne envie de réfléchir sur lui pendant quatre heures ? Est-ce qu'il m'attire, me séduit, m'interpelle ?

2. La réaction épistémologique (« je sais ou je sais pas »)

C'est souvent la réaction qui suscite le plus d'inquiétude et de stress : est-ce que j'ai des connaissances sur ce sujet ? Qu'est-ce que je sais du cours qui pourrait être en rapport avec ce sujet ? Est-ce que j'ai en tête des citations d'auteur et des références appropriées ?

3. La réaction cognitive (« je comprends ou je comprends pas »)

Souvent négligée, cette réaction est **décisive pour la réussite de l'épreuve** : que signifie concrètement la question posée (dissertation) ou le texte proposé (explication de texte) ? Est-ce que j'en ai bien compris tous les sens possibles ? Qu'est-ce que le sujet peut bien vouloir dire d'autre que ce à quoi j'ai pensé immédiatement ?

II Sur quoi fonder son choix ?

1. D'abord sur votre réaction cognitive

- La **bonne compréhension du sujet** constitue l'élément clé de la réussite. Choisissez donc avant tout le sujet que vous comprenez spontanément le mieux, celui dont vous percevez a priori le sens le plus concrètement et le plus clairement. Choisir le sujet

> Notez qu'il ne s'agit pas forcément du sujet qui semb[le] le plus facile, o[u] sur lequel vous croyez en savo[ir] le plus, ni mêm[e] de celui qui vo[us] plaît le plus.

que vous comprenez le mieux, cela signifie celui dont vous percevez le mieux le problème qu'il pose, celui que vous pourriez reformuler le plus facilement avec vos propres mots.

- Prenez par conséquent le temps de lire le texte du troisième sujet plusieurs fois, même si ce n'est pas celui-là que vous choisirez finalement.

2. Ensuite sur votre réaction affective

- Vous devez ensuite être attentif à votre réaction affective, dont il ne faut jamais sous-estimer l'importance. Le **plaisir de penser** est en effet le premier moteur du travail intellectuel. Plus un sujet vous séduit et vous interpelle, plus il stimule votre créativité et votre vivacité d'esprit.
- Réciproquement, un sujet dans lequel vous n'arrivez pas à trouver une petite parcelle de plaisir ou d'intérêt ne vous donnera aucun dynamisme et aucune inventivité. Ne choisissez pas un sujet qui ne vous motive pas.

3. En dernier lieu sur votre réaction épistémologique

Votre réaction épistémologique ne mérite pas que vous vous en souciiez plus tôt. En effet, tant qu'on ne maîtrise pas bien le sens du sujet, tant qu'on n'a pas pris le temps de l'analyser en détail pendant au moins 40 minutes, il y a toutes les chances pour qu'on ne l'ait pas encore vraiment bien compris.

Conclusion : au moment du choix, la seule chose qui compte, c'est d'opter pour un sujet stimulant et intelligible pour vous. Donnez-vous 15 minutes au maximum pour choisir.

TABLE DES ILLUSTRATIONS

dépliant	ph © gmoulart-Fotolia
14,16,25	ph © Photo Josse/Leemage
32	ph © MP/Leemage
43	ph © François Leclaire/Sygma/CORBIS
51	ph © PrismaArchivo/Leemage
52	ph © Aisa/Leemage
53	ph © Costa/Leemage
61	ph © Farabola/Leemage
62	ph © Selva/Leemage
72	ph © PrismaArchivo/Leemage
74	ph © Heritage Images/Leemage
79	ph © Aisa/Leemage
82,88,89	ph © DeAgostini/Leemage
98	ph © Lebrecht/Leemage
106-h	ph © Lebrecht/Leemage
106-b	ph © Aisa/Leemage
107	ph © DeAgostini/Leemage
108	ph © Effigie/Leemage
118	ph © North Wind Picture/Leemage
136	ph © Effigie/Leemage
146	ph © DeAgostini/Leemage
147	ph © British Library/Robana/Leemage
156	ph © DeAgostini/Leemage
158	ph © Lebrecht/Leemage
166	ph © Fototeca/Leemage
167	ph © Photo-Re-Pubblic/Leemage
186	ph © Photo Josse/Leemage
187	ph © Lee/Leemage
195	ph © North Wind Picture/Leemage
196	ph © Photo Josse/Leemage
198	ph © FineArtImages/Leemage
209	ph © Costa/Leemage
210,218	ph © Photo Josse/Leemage
219	ph © Photo-Re-Pubblic/Leemage
227	ph © Costa/Leemage
228	ph © Frassinetti/Agf/Leemage
229	ph © MP/Leemage
264-hg	ph © DeAgostini/Leemage
264-hd	ph © Electa/Leemage
264-bg,bd	ph © DeAgostini/Leemage
265-hg	ph © Fototeca/Leemage
265-hd	ph © DeAgostini/Leemage
265-bg	ph © Frassinetti/Agf/Leemage
265-bd	ph © MP/Leemage
266-hg	ph © Electa/Leemage
266-hd	ph © MP/Leemage
266-bg,bd	ph © Fototeca/Leemage
267-hg	ph © Costa/Leemage
267-hd	ph © Raffael/Leemage
267-bg	ph © DeA/Ambrosiana/Leemage
267-bd	ph © Leemage
268-hg	ph © Aisa/Leemage
268-hd	ph © Lee/Leemage
268-bg	ph © Photo Josse/Leemage
268-bd	ph © Costa/Leemage
269-hg	ph © North Wind Picture/Leemage
269-hd	ph © Photo Josse/Leemage
269-bg	ph © DeAgostini/Leemage
269-bd	ph © Lebrecht/Leemage
270-hg	ph © Aisa/Leemage
270-hd	ph © Photo Josse/Leemage
270-bg	ph © Costa/Leemage
270-bd	ph © MP/Leemage
271-hg	ph © DeAgostini/Leemage
271-hd	ph © Leemage
271-bg	ph © Photo-Re-Pubblic/Leemage
271-bd	ph © MP/ Leemage
272-hg	ph © MP/Leemage
272-hd	ph © PrismaArchivo/Leemage
272-bg	ph © MP/Leemage
272-bd	ph © Tal/Rue des Archives
273-hg	ph © Farabola/Leemage
273-hd	ph © Selva/Leemage
273-bg	ph © Farabola/Leemage
273-bd	ph © Bruno de Monès/Roger-Viollet

Maquette de principe : Frédéric Jély
Mise en pages : Graphismes
Illustrations : Pierre Bouillé
Iconographie : Hatier illustration
Schémas (dépliant) : Vincent Landrin
Édition : Luce Camus

Achevé d'imprimer par Loire Offset Titoulet à Saint-Etienne - France
Dépôt légal : 99545-3/01 - Décembre 2015